KB196126

제임스 앨런의 생각의 지혜
4

제임스 앨런의 생각의 지혜
4

제임스 앨런 지음 | 이주영 옮김

도서출판 물푸레

옮긴이

이주영은 이화여자대학교 경제학과를 졸업하고 증권사에서 투자 및 분석 업무를 담당했다. 현재 바른번역 전문 번역가로 활동하고 있다. 옮긴 책으로는 《우리는 다시 연결되어야 한다》, 《원하는 것이 있다면 끝까지 버텨라》, 《두 도시 이야기》 등이 있으며 《하버드 비즈니스 리뷰 코리아》 번역에도 참여했다.

제임스 앨런의 생각의 지혜 4

지은이 | 제임스 앨런
옮긴이 | 이주영
그림 | 김미식
펴낸이 | 우문식
펴낸곳 | 도서출판 물푸레

초판 인쇄 | 2024년 11월 07일
초판 발행 | 2024년 11월 11일
등록번호 | 제 1072-25호
등록일자 | 1994년 11월 11일

경기도 의왕시 위인로 15, 101동 1101호
TEL | (031)453-3211 FAX | (031)458-0097
e-mail | ceo@kppsi.com
homepage | www.kppsi.com

정가 23,800원
ISBN 978-89-8110-351-4 04180
ISBN 978-89-8110-345-3(세트)

변하지 않는 다정한 기질을 유지하며 오직 순수하고
온화한 생각만 하고 어떤 상황에서도 행복해지는 것,
이렇게 축복받은 환경과 더불어 아름다운 인격과 삶은 모든 사람,
그중에서도 특히 이 세상에서 불행을 줄이고 싶은 이들의 목표가 되어야 한다.
거칠고 불순하고 불행한 삶에서 스스로 벗어나지 못한 자가
어떤 이론이나 신학을 전파해 세상을 더 행복하게 만들 수 있다고
생각한다면 그것은 대단한 착각이다.
매일 거칠고 불순하고 불행한 삶을 살아가는 사람은
날마다 세상에 불행을 더한다.

제임스 앨런에 대하여

제임스 앨런(1864~1912)은 20세기 '신비의 문인'으로 불린다. 그의 베스트셀러인 고전《생각하는 그대로As a Man Thinketh》를 비롯한 저서들은 전 세계 1억 명 넘는 독자가 읽었지만, 정작 저자인 앨런에 대해서는 별로 알려진 바가 없다.

앨런은 1864년 영국 레스터에서 태어났으며, 어릴 때 아버지를 따라 미국으로 건너갔다. 그의 아버지는 유복한 사업가였지만 좋지 않은 경제 상황 탓에 1878년 파산했고, 그다음 해 비참하게 살해당했다. 이러한 가정환경 때문에 앨런은 열다섯 살 때부터 가족의 생계를 위해 생활 전선에 뛰어들 수밖에 없었다. 이후 앨런은 결혼해 가정을 꾸렸고, 영국 거대 기업에서 행정을 다루는 개인 서기관으로 일했다.

서른여덟 살 때 앨런은 인생 갈림길에 서게 되었다. 톨스토이의 저작들을 읽으며 영향을 받은 그는 돈을 벌고 소비하는 데 모든 것을 바치는 경박한 행위가 삶을 의미 없게 만든다는 사실을 깨달았다. 이후 직장을 그만둔 그는 묵상의 삶을 살고자 영국 남서부 연안에 있는 작은 시골집으로 이사했다. 그곳 해안 골짜기에서 자신의 스승이던 톨스토이의 교훈대로 자발적 빈곤, 영적인 자기 훈련, 그리고 검소한 삶을 통해 꿈을 수행해나갔다.

앨런은 성경 말씀 속 빛나는 지혜들을 마음 깊이 새겼을 뿐 아니라, 동양 고전에서도 많은 깨달음을 얻었다. 매일 글쓰기와 명상을 하고, 소일거리로 정원 가꾸는 일을 하면서 정신적인 삶을 영위하는 데 필요한 토양을 마련했다.

당시 앨런은 아침 일찍 일어나 한 시간 넘게 명상을 하기 위해 바다가 내려다보이는 절벽을 산책하는 것이 일상이었다. 명상을 통해 그는 눈에 띄지 않는 거미집처럼 영적인 비전이 고양되었고, 스스로 알려고 하지 않아도 우주의 비밀이 눈앞에 펼쳐졌다. 그리고 이러한 고요한 감동들은 오롯이 그의 내부에 각인되었다. 그는 산책을 마치고 집에 돌아와서는 종이에 자신이 느낀 단상들을 기록했다. 그리고 오후에는 정원을 가꾸는 일에 매진했으며, 저녁에는 고상한 철학적 주제에 대해 논쟁하길 원하는 마을 사람들과 친교를 다졌다.

10년 동안 앨런은 묵상과 사색을 하며 하루하루를 지냈고, 자신의 저서들에서 나오는 적은 로열티로 생활했다. 그러다 마흔여덟 살이 되었을 때 갑작스레 우리 곁을 떠났다.

앨런은 참으로 미지의 사람이었고, 명성으로 인해 폄훼되지 않았으며, 운명에 휩쓸리지 않은 채 자신이 원하던 삶의 방식대로 살다가 죽었다. 그의 저서들은 후에 문학 분야에서 천재적이고 영적인 걸작으로 인정받았다. 또한 수많은 철학자, 신학자, 정치가, 심리학자는 물론, 데일 카네기Dale Carnegie부터 나폴리언 힐Napoleon Hill, 스티븐 커비Stephen Covey, 잭 캔필드 Jack Canfield에 이르기까지 수많은 자기 계발 구루의 삶에 영향을 미쳤으며 그들의 저서에도 인용되고 있다.

이는 살아생전 알려지지 않았던 영국 신비주의자가 원하는 길이기도 했다. 앨런이 죽은 후 그의 영적인 통찰력은 세계로 전파되었다.

《생각하는 그대로》에서 앨런은 "고결하고 숭고한 인격은 신의 은혜를 입거나 운이 좋아서 생긴 것이 아니다. 올바른 생각을 하려고 끊임없이 노력하고, 신과 같은 숭고한 생각을 소중하게 품어온 대가다"라고 언급했다.

앨런은 또한 "인간은 자신의 정신으로부터 분리될 수 없다"는 원칙을 깨달았는데, 실로 인간의 삶은 자기 정신과 생각으로부터 분리될 수 없다. 마치 빛, 광채, 색상을 따로 떼어놓을 수 없듯이, 정신과 생각도 인간의 삶과 떨어질 수 없는 관계다. 따라서 생각이 변하면 사람도 변할 수 있다는 결론이 나온다.

이와 같은 명상(영성) 문학의 원조로 알려져 있다. 앨런이 남긴 저서들을 연도별로 살펴보면 다음과 같다.

《번영의 길The Path to Prosperity》(1901), 《마음의 평화에 이르는 길The Way of Peace》(1901), 《생각하는 그대로As A Man Thinketh》(1903), 《거룩한 삶Heavenly Life》(1903), 《천국 들어가기Entering Kingdom》(1903), 《마음속 깊은 곳에서부터 Out From The Heat》(1904), 《축복의 샛길Byways of Blessedness》(1904), 《평화의 시 Poems of Peace》(1907), 《승리하는 삶The Life Triumphant》(1907), 《아침 · 저녁의 사색Morning And Evening Thoughts》(1908), 《선의 문을 통해Through the Gate of Good》(1908), 《운명의 지배The Mastery of Destiny》(1909), 《삶의 혼란을 넘어 Above Life's Turmoil》(1910), 《격정에서 평화까지From Passion to Peace》(1910), 《인 간: 마음 · 몸 · 환경의 왕Man: King of Mind, Body & Circumstance》(1911), 《번영의 여덟 가지 기둥Eight Pillars of Prosperity》(1911), 《인생의 어려움을 밝히는 빛 Light on Life's Difficulties》(1912), 《행복과 성공을 위한 주춧돌Foundation Stone to Happiness and Success》(1913), 《제임스 앨런의 365일 명상James Allen's Book of Meditation for Everyday in The Year》(1913), 《인간과 체제Man and System》(1914), 《빛 나는 문The Shining Gateway》(1915), 《신성한 동반자The Divine Companion》(1919).

이 책들은 모두 물푸레 출판사에서 완역해 《제임스 앨런의 생각의 지혜》 1~5권, 개별 낱권과 e북으로 출간했다.

우리 시대 최고의 신비주의자 제임스 앨런

대다수 사람이 인생에서 얻고 싶어 하는 것은 경제적 성공과 진실한 사랑 이 아닐까? 학문적 성취나 예술 활동을 최고 가치로 삼는 사람도 물론 있을 것이다. 반면 정신적 성공을 인생 목표로 삼는 이는 사실상 드물다. 즉 영 감靈感이 넘치는 인생, 우주의 영원한 질서와 하나가 된 삶, 지속적으로 인식을 확장하는 삶을 추구하는 사람은 드물다고 할 수 있다. 왜 그럴까? 그런 삶이 인간에게 가능하다고 차마 믿을 수가 없기 때문이다. 인간이란 그저 경제적 성공과 정서적 안정만 누려도 잘 산다고 할 수 있으며, 거기에 더해 학문과 예술까지 즐기면서 살아가는 행복이 인간이 지닌 한계라고 생각하는 것이다.

그런데 앨런은 이렇게 말한다. 먼저 정신적 성공을 최고 가치로 추구하면 경제적 성공과 정서적 안정, 진실한 사랑까지 성취할 수 있을 뿐 아니라, 정신적 성공은 인간이 꼭 이루어야 할 운명이라고, 또한 인간의 가장 근본적 열망은 높은 곳에 대한 사랑이며, 자신의 모든 잠재력을 불러일으키는 길은 가장 높은 곳을 향해 걸어가는 것이라고 믿다.

앨런의 책을 읽다 보면 그가 말하는 성공의 길이 주로 두 차원에서 이뤄진다는 것을 알 수 있다. 즉 수직적 차원에서는 저속한 생각과 격정passion을 극복하고 고귀한 방향으로 나아가는 길이요, 수평적 차원에서는 이기적인 생각과 자아를 극복하고 세계 전체로 시야를 확대하는 길이 그것이다. 결국에는 저속한 생각과 이기적인 생각을 완전히 없애고, 수직으로나 수평으로나 하염없이 마음과 정신을 넓힘으로써 수직적 차원에서는 신神과 합일하고, 수평적 차원에서는 인류 전체와 우주 전체를 껴안는 것이 마지막 평화, 마지막 행복, 마지막 성공이라고 앨런은 강조한다.

이런 지고지순한 행복과 성공은 사실 동서양 고대 철학자들이 이미 인생 목적이라고 말했던 것으로, 앨런은 성경과 동양 고전에서 얻은 깨달음을 쉽고 간결한 언어로 현대인에게 전달하고자 했다. 그런데 앨런이 말하는 내용의 특이점 중 하나는 가장 불교적인 방법으로 가장 기독교적인 목적을 달성하라고 권고한다는 사실이다. 정신적 우주에도 엄격한 질서가 있음을 이해하고 그 질서에 맞추어 생각의 힘을 잘 이용해 자기 마음을 다스리는 것은 불교적인 방법인데, 바로 이 방법을 통해 기독교적인 구원을 이루라고 강조하고 있는 것이다. 앨런이 왜 그렇게 말하게 되었는지는 이 책을 읽다 보면 누구나 충분히 알 수 있다. 그 이유를 파악하는 것은 앨런이 말하는 성공의 열쇠를 손에 쥐는 것과 같다.

다만 앨런의 책을 읽으면서 주의해야 할 부분이 하나 있다. 그것은 'passion'이라는 영어 단어의 뜻 문제다. 영어 passion은 한국어로 정열, 열정, 격정 등으로 번역되며 철학 용어로 쓰일 때는 '정념情念'으로 번역되기도 한다. 그런데 문제가 발생하는 이유는 한국어에서 '정열'이 '무기력'의 반대말로 자주 쓰이는 반면, 영어에서는 '이성理性'의 반대말로 많이 쓰이기 때문이다. 격정의 반대말로 온유함을 쓰기도 한다. 앨런은 '무기력'의 반대말로 '열망aspiration'이라는 단어를 쓰고 있으며, '정열'은 맹목적 감정이라는 뜻으로 사용한다. 따라서 책에 나오는 '정열'이라는 단어를 어디까지나 '이성'의 반대 뜻으로 이해하길 바란다.

행복과 번영은 누구나 원하는 바이지만, 소위 성공했다고 일컬어지는 사람 중에서도 자기가 행복과 번영을 누리며 살아간다고 자신 있게 말하는 이는 드물다. 그들 역시 자신의 상황이 앞으로 어떻게 바뀔지 모르고 또 마음속에 불안이 남아 있음을 스스로 느끼기 때문이다. 그렇다면 진정한 행복과 번영은 도대체 무엇이고, 어떻게 해야 그것들을 누릴 수 있을까? 앨런의 책은 이 문제를 집중적으로 다루고 있으며, 모든 인간사를 관통하는 이치를 설명함으로써 자연스럽게 결론을 유도한다.

앨런이 모든 인간사를 관통하는 이치로서 제시하는 핵심 개념은 '생각의 힘'과 '영원한 법칙의 힘', 그리고 '섭리의 힘'이다. '생각의 힘'은 사람의 성격과 환경, 운명이 모두 생각이라는 씨앗에서 자라난 열매라는 의미다. 앨런에 따르면 원인과 결과의 관계는 자연 현상에서와 마찬가지로 정신세계에서도 필연적이며, 생각이 원인이 되어 성격과 환경, 운명이라는 결과를 만들어낸다. 그래서 사람은 자신의 환경과 운명을 직접 선택하는 것이 불가능하고 자기 성격도 뜻대로 변화시킬 수 없지만, 자신의 생각을 선택하는 것은 가능하며, 따라서 간접적이지만 확실하게 자기가 원하는 환경과 운명, 성격을 만들어낼 수 있다. 사람들은 흔히 돈의 중요성을 잘 알면서도 시간의 중요성은 잘 깨닫지 못하고, 생각의 중요성은 더더욱 간과한다. 그래서 돈을 손해 보면 크게 화내는 사람이 시간을 낭비하는 것은 대수롭지 않게 생각하고, 나쁜 생각이 마음속에 자리 잡은 것에 대해서는 그 심각성을 아예 느끼지 못하는 경우가 많다. 그러나 진정한 행복과 번성을 원하는 사람은 돈보다는 생각을 더 중요하게 관리할 필요가 있다. 앨런에 따르면 나쁘고 불순한 생각은 설령 실천에 옮기지 않더라도 신경계를 약화할뿐더러, 나쁘고 불순한 상황을 끌어당긴다. 더군다나 그것을 실천에 옮기면 나쁜 습관으로 구체화되고 마침내 나쁜 환경으로 굳어진다. 이에 반해 좋은 생각은 그 자체로 건강과 힘을 증진하며 유익한 상황을 끌어당기고, 실천에 옮기면 좋은 습관으로 구체화되어 마침내 좋은 환경으로 굳어진다.

'영원한 법칙의 힘'은 자연계와 정신세계를 포함한 우주 전체 질서를 유지하는 영원한 법칙의 절대성을 의미한다. 동양에서는 이 법칙을 '도道', '다르마'라는 이름으로 불러왔고, 서양 기독교 전통에서는 '로고스(말씀)'라고 하는데, 이 법칙은 물리적인 자연 현상에서뿐 아니라 도덕 영역에서도 "각자가 뿌린 대로 거두는" 질서를 유지한다. 인간은 자유 의지를 가지고 있지만 그 자유란 자신의 생각과 행위를 선택할 수 있는 자유일 뿐, 생각과 행위의 결과는 오직 '영원한 법칙의 힘'에 의해 규정된다. 운명은 인간의 생각과 행위라는 원인에 대한 우주적 법칙의 반작용이며, 사람은 사실상 매순간마다 생각과 말, 행위를 통해 자기 운명을 만들고 있다. 따라서 이미 저지른 결과를 순순히 받아들이고 원인을 새롭게 선택하는 것이 운명을 지배하는 첫걸음이 되며, 그 순간 비로소 진지한 인생이 시작된다.

영원한 법칙의 힘을 깨닫는 것은 나쁜 생각을 몰아내는 지름길이기도 하다. 나쁜 생각들은 우주의 질서를 믿지 못하는 공포심 속에서만 번성할 수 있다. 영원한 법칙의 힘을 신뢰하면 자신의 생각을 관리함으로써 성격과 환경, 운명도 스스로 관리할 수 있다는 자신감이 생기고, 자신에게 닥치는 모든 상황을 불평 없이 긍정할 수 있다. 무너지지 않는 번영은 생각의 힘과 영원한 법칙의 힘을 이해하고 신뢰할 때 가능하다.

　마지막으로 '섭리의 힘'이란 인간이 합리적 이성으로 파악할 수 없는 질서와 초자연적 존재의 작용을 의미한다. 앨런이 제시하는 우주관은 자연과학자들이 설명하는 우주관과는 조금 다르다는 점에 주의해야 한다. 앨런에 따르면 우주는 그저 시계처럼 정확히 기계적으로 움직이는 시스템이 아니라, 신성한 사랑의 완전한 실현을 향해 나아가는 하나의 정신적 생명체다. 이러한 우주의 목적과 반대되는 목표나 가치관을 가진 개인은 남에게 피해를 주지 않았는데도 본의 아니게 불행에 처하게 된다. 즉 인간에게는 자기 자신과 공동체의 좀 더 나은 삶, 좀 더 나은 완성을 실현하고자 계속해서 노력하는 태도가 요구된다. 생존 문제를 해결하는 데 너무 신경 쓴 나머지 자신도 모르게 공동의 가치를 훼손하는 일은 그것에 상응하는 반작용을 낳기에 고생의 길을 자초하는 셈이다. 이와 반대로 공동의 목표를 위해 봉사하는 사람에게는 우주가 그것에 상응하는 보답을 주며, 그 보답 안에는 경제적 문제 해결도 포함된다. 전체를 위해 사심 없이 봉사하면서 생존의 문제를 잊는 것, 이것이 변치 않는 행복이다. 따라서 성공을 꿈꾸는 사람은 경제적 문제 해결이나 개인적 명예를 위해서가 아니라, 전체 이익을 위해 봉사하려는 마음으로 성공을 꿈꾸는 편이 더 낫다. 이와 같은 앨런의 주장은 성공과 종교적 수행을 결코 분리하지 않는다. 물론 그가 말하는 성공은 상식적 의미에 국한하는 것이 아니라, 올바른 생각과 정서적으로 큰 기쁨이 늘 함께하는 것을 가리킨다.

　앨런은 인생의 궁극적 목적은 신과 합일하고 자아를 완전히 초월해 영원한 생명을 얻는 것이라는 기독교 교리를 자주 강조한다. 그러면서 행복과 번영의 완성이 바로 영원한 생명이요, 신과의 합일이라고 주장한다. 그런데 이 책을 읽다 보면 앨런이 석가모니를 무척 존경하고, 석가모니의 말과 가르침을 자주 인용한다는 사실을 알게 된다. 그가 어쩌면 기독교의 '영원한 생명'과 불교의 '열반'을 동일시하는 것이 아닌가라는 생각이 들 정도다. 이 문제는 우리나라의 종교 상황에서 다소 민감한 측면이 있으니 판단은 독자의 몫으로 남겨두도록 하겠다.

다음은 앨런의 저서 22권을 완역해 《제임스 앨런의 생각의 지혜》 5권으로 묶은 내용이다. 《제임스 앨런의 생각의 지혜 1》과 《제임스 앨런의 생각의 지혜 2》는 2008년, 2015년에 출간된 《제임스 앨런의 생각의 지혜》에 내용을 추가하고 수정해 2권으로 나눈 것이다. 독자의 가독성을 위해 편집했지만 집필 순서대로 읽기를 원한다면 출판 연도에 따라 읽어도 무방하다.

제임스 앨런의 생각의 지혜 1

- 생각하는 그대로 As A Man Thinketh(1903)
- 번영의 길 The Path to Prosperity(1901)
- 마음의 평화에 이르는 길 The Way of Peace(1901)
- 마음속 깊은 곳에서부터 Out From The Heart(1904)
- 격정에서 평화까지 From Passion to Peace(1910)

제임스 앨런의 생각의 지혜 2

- 운명의 지배 The Mastery of Destiny(1909)
- 거룩한 삶 The Heavenly Life(1903)
- 천국 들어가기 Entering Kingdom(1903)
- 인간: 마음 · 몸 · 환경의 왕 Man: King of Mind, Body & Circumstance(1911)
- 아침 · 저녁의 사색 Morning And Evening Thoughts(1908)

제임스 앨런의 생각의 지혜 3

- 축복의 샛길 Byways of Blessedness(1904)
- 행복과 성공을 위한 주춧돌 Foundation Stone to Happiness and Success(1913)

마지막 《제임스 앨런 회고록》은 그의 아내 릴리 앨런이 썼다. 제임스 앨런의 소년 시절부터 성장 시기, 왕성한 활동 시기, 마지막 임종까지 남편이 아닌 신비주의자의 삶을 서술했다. 릴리는 "세월이 흘러도 그는 변함없이 곧은길을 나아갔으며 한 번도 뒤돌아보거나 신성한 길에서 벗어나지 않았다"고 회고했다.

릴리는 이 회고록을 앨런을 사랑하는 사람들, 온유한 마음과 눈물 어린 눈으로 이 글을 읽을 독자들을 위해 썼다고 한다. 제임스 앨런이 고요하고 평화롭고 조용하게 우리 곁을 떠난 1912년 1월 12일부터 1월 24일 수요일 새벽까지 순간을 덤덤하게, 하지만 슬픔이 가득한 마음으로 서술한 릴리의 글을 읽노라면 그 행간에 가득 담긴 사랑과 상실감, 또 다른 희망과 시린 아픔을 느낄 수 있을 것이다. 그리고 신비주의 작가 제임스 앨런의 주옥같은 글들에서 하나뿐인 삶을 살아가는 곧은길을 찾게 될 것이다. 마음과 머리에서 무거운 안개가 걷히는 듯한 느낌을 받으면서 말이다.

차 례

·19 빛나는 문

·20 평화의 시

16

승리하는 삶

평온한 마음이 있는 곳에 힘과 안식이 있고, 사랑과 지혜가 있다.

자신과의 무수한 전투에서 성공적으로 싸움을 계속해온 사람,

오랫동안 남몰래 자신의 실패에 맞선 사람은 마침내 승리를 거둘 것이다.

서문

　모든 존재는 자기 자신만의 정신세계에서 살아간다. 기쁨과 슬픔은 마음의 창조물로, 마음에 따라 생기고 없어진다. 대다수 사람이 생활하는 죄와 슬픔으로 어두워진 세상 가운데에는 빛나는 미덕과 오염되지 않은 기쁨으로 가득한 또 다른 환한 세상이 있다. 그곳에서는 완전한 사람들이 살아간다. 우리는 자기통제와 도덕적 미덕을 키움으로써 그 세상을 발견하고 들어갈 수 있다. 그곳은 완전한 삶의 세계로, 완벽함이라는 왕관을 써야 비로소 완전해지는 사람들에게 허락된다. 완전한 삶은 어둠 속에 있는 사람들이 생각하는 바처럼 멀고 불가능한 것이 아니라, 지극히 가능하며 매우 가깝고 현실적이다. 인간은 열등한 상태에 매달린 채 갈망하면서 죄 짓고 울며 회개하려 하는 한 계속해서 그 상태로 남아 있을 것이다. 그러나 어두운 꿈을 떨쳐버리고 일어나고자 할 때 비로소 일어나 성취한다.

—제임스 앨런

믿음과 용기

용감히 싸우고 굴복하지 않는 사람에게는 인생의 모든 어두운 것들에 대한 당당한 승리가 주어진다. 처음부터 이 말을 하는 이유는 독자들 역시 여기에 어떤 불확실성도 없다는 사실을 알 것이기 때문이다. 이 책에서는 평온한 힘과 비할 바 없는 승리를 거두는 삶을 살아가는 데 어떤 성격적·행동적 요소가 필요한지 이야기할 것이다.

진리와 대면하는 것, 무수한 방황과 고통 끝에 지혜와 행복에 도달하는 것, 마침내 패배해 내쫓기는 것이 아니라 결국 모든 내면의 적으로부터 승리를 거두는 것, 이것이 인간의 신성한 운명이며 영광스러운 목표다. 그리고 모든 성인과 현자, 구세주가 분명히 밝혔던 바다.

결국에는 모두 도달하겠지만, 현 인류 단계에서는 승리 자리에 도달할 사람이 거의 없다. 하지만 과거에는 승리 자리에 오른 완전하고 영예로운 사람들이 있었으며, 이들의 수는 세대를 흐르면서 계속 늘어나고 있다. 인간은 아직 인생이라는 학교에서 배움을 얻는 존재이고, 대부분 배우다가 생을 마감한다. 물론 현생에서 목적을 굳게 가지고 어둠과 고통, 무지에 꺾이지 않으면서 인생에 관한 바른 지식을 습득해 학생 단계를 기쁘게 통과

하는 사람도 있다. 인간은 어리석음과 죄에 사로잡혀 우주의 영원한 학생으로 남아서는 안 된다. 의지를 가지고 소망한다면 인간은 과제를 수행하기로 마음먹은 뒤 인생의 가르침을 터득해 자신감 있고 숙련된 학자가 되어 무지와 불행이 아닌, 이해와 평화 속에서 살 수 있다.

인생의 슬픔은 심오하고 깊지만 헤아려 뿌리 뽑을 수 있다. 인간 본성의 격정과 감정은 통제되지 않은 상태에서는 사람을 압도하고 고통스럽게 충돌한다. 하지만 깨우친 목적을 달성하기 위해 충실한 종이 된다면 이를 누그러뜨리고 조화를 이루어 현명하게 다스리고 이해할 수 있다. 인생의 어려움은 크고, 싸움은 격렬하며, 소망하는 문제들은 불확실해 파악하기 어렵다. 그래서 사람들은 매순간 피로감에 무너져 내린다. 다만 이러한 상황은 객관적이고 임의적인 실재가 아니다. 그 본질은 주관적이고 순전히 정신적이며 초월 가능하다. 우주 질서에 내재된 영원한 악은 없으며, 우리는 악이 더는 닿지 못하는 도덕적 경지까지 정신을 고양할 수 있다.

영원하고 보편적인 정의와 지배적인 선善에 대한 확고부동한 믿음은 승리하는 삶의 전주곡이다. 강하고 고요하며 굳건한 마음을 목표로 삼은 사람은 처음부터 삶의 핵심이 선임을 의심하지 않아야 한다. 우주 질서를 응시하고 해방의 황홀경을 경험하려는 사람은 스스로 만들어내는 것 외에는 인생에 무질서가 없다는 사실을 깨달아야 한다. 이와 같은 깨달음은 얻기 어렵다. 게다가 마음은 불완전한 단계에서 자기 연민과 자기 정당화에 빠지기 쉽다. 하지만 해방된 삶을 누리려는 사람은 깨달음을 얻을 수 있으며 반드시 얻을 것이다. 처음에는 믿음을 가져야 하고, 깨달음과 지식으로 무르익을 때까지 그 믿음을 고수해야 한다.

인생에서 생겨나는 고통은 이를 훈련으로 받아들일 때 크게 줄일 수 있다. 믿음을 가진 사람은 이렇게 한다. 또한 인생에서 생겨나는 고통은 모든 경험을 선한 것으로 간주하며, 이를 인격 발달에 활용할 때 극복할 수 있다. 지식을 가진 사람이 그렇게 한다.

믿음은 지식의 완전한 동이 트기 전에 오는 회색빛 새벽이다. 믿음 없이는 힘과 영원한 안도감을 얻을 수 없다. 믿음을 가진 사람은 어려움이 닥쳐도 굴복하지 않고 고난이 덮쳐도 절망하지 않는다. 가는 길이 아무리 가파르고 어두워 보여도 앞에 더 밝은 길이 있을 것이라고 기대한다. 그는 저 너머에 있는 안식과 빛의 목적지를 본다. 선이 승리한다는 믿음이 없는 사람은 수치스럽게도 악에 굴복한다. 선을 높이지 않는 사람은 악을 높이고 악을 삶의 주인으로 섬기면서 악의 품삯을 받기 때문이다.

인생의 싸움에서 패배하고 타인 때문에 고통을 겪었다고 생각 없이 말하는 사람들이 있다. 그들은 자신이 배신당하거나 악행에 넘어가지만 않았다면 성공해서 부자가 되었거나 유명해졌을 것이라고 생각하면서 주변 사람들도 그렇게 믿길 바란다. 그리고 다른 이들이 자신을 어떻게 속였고 사취했으며 모욕했는지 수천 번쯤 이야기한다. 자신은 신뢰할 수 있고 순수하며 정직하고 선한 본성을 지닌 반면, 다른 이들은 대부분 나쁘고 악의를 지녔다고 여긴다. 그러면서 자신도 그만큼 이기적이었다면 성공해서 명예를 누렸을 것이고, 자신의 가장 큰 단점이자 실패한 이유가 지나치게 비이기적인 마음을 타고났기 때문이라고 말한다. 이렇게 자화자찬하며 불평만 늘어놓는 사람은 선과 악을 구별하지 못한다. 인간 본성과 우주의 선함에 대한 그들의 믿음은 죽어 있다. 그들은 타인을 바라볼 때는 악만 보고, 자기 자신을 바라볼 때는 고통받는 순결함만 본다. 자신에게서 악을 발견하기보다 모든 인류를 악하다고 여긴다. 그들은 마음속으로 비열한 악의 화신을 생명의 주님으로 우러르며, 일이 진행되는 과정에서는 늘 선이 짓밟히고 악이 승리하는 이기적인 싸움만 본다. 자신의 어리석음과 무지, 나약함을 보지 못한 채 운명이 불공평하다고 생각하면서 현 상태에서 고통과 불행에만 집중한다.

영적으로 고귀하며 승리한 삶은 말할 것도 없고, 유익하며 성공적인 삶을 살고자 하는 사람은 선하고 순수한 모든 것을 부정한 채 비열하고 불순한 것을 우위에 두는 불행한 마음 상태를 즉시 뿌리 뽑아야 한다. 성공적인 삶을 사는 최고 무기가 부정직함, 기만, 이기심이라고 믿는 사람에게는 불행과 곤궁, 패배가 반드시 기다리고 있다. 다른 이들과 보조를 맞추려면 계속해서 자신의 더 나은 본성을 부정하고 단념해야 한다고 믿는 사람이 과연 어떤 용기와 힘을 키울 수 있고, 어떤 안식과 행복을 누릴 수 있겠는가? 악이 선보다 강하고 악인이 최고의 삶을 산다고 믿는 사람은 여전히 악의 요소에 발을 담그고 있으며, 그렇기 때문에 반드시 패배한다.

세상이 사악함에 넘어가 악이 번성하고 선이 실패해 우연과 부정, 무질서만 존재하는 것처럼 보일 수도 있다. 하지만 그렇게 보지 말고 규정하기 어려운 상황이라고 생각해보자. 우리가 아직 삶을 있는 그대로 보지 못하고 만물의 이유를 헤아리지 못했다는 순수한 마음과 현명한 정신으로 삶을 바라볼 때 그 공평함을 보고 이해할 수 있으리라고 생각하는 것이다. 그리고 삶을 그렇게 바라보는 순간 지금 악을 보는 곳에서 선을, 무질서로 보이는 곳에서 질서를, 불의가 만연해 보이는 곳에서 정의를 보게 될 것이다.

우주는 혼돈이 아니라 질서이며 악은 번성하지 않는다. 세상에 많은 악이 존재하는 것은 사실이다. 그렇지 않다면 도덕적 목표가 필요하지 않을 것이다. 세상에는 불행도 많고, 악과 불행은 원인과 결과의 관계를 갖는다. 마찬가지로 세상에는 많은 선과 영속적인 기쁨이 존재하며, 선과 기쁨도 원인과 결과의 관계를 갖는다.

어떤 명백한 불의나 고통, 재앙도 흔들지 못하는 선의 힘과 지배권을 믿는 사람은 의심과 절망의 악마에 맞서는 고귀한 용기를 가지고 모든 위기, 시련, 어려움을 통과할 것이다. 그는 계획을 모두 성공시키지 못할 수도, 여러 번 실패를 겪을 수도 있다. 그럼에도 실패했을 때 더 고귀한 목표를 세워 더 높은 성취를 향해 올라가고, 처음 꿈꿨던 목표보다 더 큰 성공을 거두기 위해서만 실패할 것이다. 그의 삶은 실패하지 않고, 실패할 수도 없다. 사소한 부분에서 실패를 맛보겠지만, 이는 전체를 더 강하고 완전하게 만들기 위해 인격과 사건의 사슬에서 약한 고리를 끊어내는 일에 불과하다.

　동물적 용기는 전투에서 적의 포화나 맹수의 사나운 분노에는 침착하게 맞설 수 있으나, 삶이라는 전투에서는 실패를 맞닥뜨리거나 마음속에서 날뛰는 야수와 대면할 경우 무너져버린다. 전투의 열기 속에 있을 때보다 상실과 재난의 시기에 더 침착하려면 높고 신성한 용기가 필요하다. 타인을 극복하기보다 자기 자신을 극복하기 위해서는 더 높고 신성한 용기가 필요하다. 그리고 이렇게 신성한 용기는 믿음의 벗이다.

　흔히 신념과 혼동되는 단순한 신학적 믿음은 별 쓸모가 없다. 하나님, 예수, 창조주에 대한 믿음은 주로 관습에서 비롯된 피상적 의견에 불과하며, 인간의 진짜 삶에 닿지 않아 신념을 부여할 힘이 없다. 이러한 믿음은 신념을 동반하기도 하지만 신념과는 다르다. 하나님, 예수, 성경에 대한 특별한 믿음을 가장 끈질기게 고집하는 사람이 오히려 신념이 가장 약한 경우가 많다. 그들은 어떤 사소한 문제가 덮치면 곧바로 불평, 낙담, 슬픔에 빠져버린다. 인생의 사소한 일에서 짜증, 불안, 절망, 한탄에 빠진다면 그는 종교적 믿음이나 형이상학적 철학에 몰입하고 있다 해도 신념이 부족한 것이다. 신념이 있는 곳에 용기가 있고 불굴의 정신이 있으며 굳건함과 힘이 있기 때문이다.

　의견은 새로운 생각의 바람이 불 때마다 변하기에 가볍게 고려해야 한다. 즉 의견은 사물의 실재에서 차지하는 부분이 미미한 표면적 거품에 불과하다. 그러나 모든 의견의 이면에는 똑같은 인간의 마음이 있다. 교회에 다니면서 신앙 서원을 할지라도 선하지 않은 자는 '신을 믿지 않는 사람'이다. 반면 종교를 맹세하지 않더라도 선한 자는 '믿음이 깊은 사람'이다. 불평하고 탄식하는 사람은 신념이 없고 믿지 않는 자다. 선의 힘을 부정하거나 경시하고 자신의 삶과 행동에서 악의 힘을 긍정하고 확대하는 사람만이 진정한 무신론자다. 신념은 패배를 인생의 사소하고 이기적인 실망과 불행을 뛰어넘어 승리를 위한 단계로만 받아들일 뿐, 그 어떤 패배도 인정하지 않는다. 또한 신념은 인내할 수 있을 만큼 강하고 기다릴 수 있을 만큼 끈기 있으며 투쟁할 수 있을 만큼 뜨거운, 즉 만물에서 진리의 선한 법칙을 인식하고 마음의 최종적인 승리와 정신의 왕다운 힘을 확신하는 숭고한 용기를 부여한다.

　그러니 마음속에 신념의 등불을 켜고 그 빛을 따라 어둠 속을 걸어가라. 그 빛은 희미해 햇빛 같은 지식의 밝음과는 비교할 수 없지만, 의심의 안개와 절망의 칠흑 같은 어둠을 헤치고 아픔과 슬픔의 좁은 가시덤불을 지나 유혹과 불확실성의 위험한 평야를 안전하게 건너도록 인도하기엔 충분하다. 이로써 인간은 마음의 정글에서 날뛰는 사나운 짐승들을 물리쳐 이길 수 있으며, 더는 신념의 흐릿한 빛이 필요하지 않은 순수한 삶의 탁 트인 평원, 산 같은 승리의 고지에 안전하게 도달할 수 있다. 모든 어둠과 의심, 죄, 슬픔을 뒤로한 채 새로운 의식을 가지고 더 높은 삶의 차원에 들어가 충만하면서도 찬란한 지식의 빛 속에서 일하고 행동하며 자족적으로 평화롭게 살아갈 수 있다.

용기와 성실

남자가 진정으로 신성해지려면 먼저 남자다워야 하고, 여자가 진정으로 신성해지려면 먼저 여자다워야 한다. 도덕적 강함과 별개인 진정한 선은 존재할 수 없다. 우리는 비웃음, 가식, 거짓 행동, 아첨, 불성실, 냉소적 위선 등을 영원히 박멸하고 마음에서 떨쳐버려야 한다. 악은 본래 약하고 무익하며 비겁하다. 선은 본래 강하고 유익하며 용감하다. 나는 사람들에게 선해지라고 가르칠 때마다 강하고 자유롭고 자립적인 존재가 되라고 강조한다. 온화함, 순결함, 인내에 대한 가르침이 곧 여성적 약함을 뜻하는 것이라고 생각하는 사람은 크게 오해하는 것이다. 오직 남자다운 남자, 여자다운 여자만이 그런 신성한 자질을 올바르게 이해할 수 있다. 도덕적 자질, 고매한 순수성, 명예 의식과 함께 일반인에게도 있는 강력한 동물적 본성을 지닌 사람은 인생의 승리를 쟁취하기에 누구보다 준비된 자들이다.

사람은 자기 안에서 여러 형태로 끓어오르며 흥분했을 때 맹목적으로 휩쓸고 가 고귀한 본성과 인간적 존엄성, 명예를 잃게 하는 동물적 힘이 있다. 이 힘을 통제하고 길들여 올바르게 인도한다면 신성한 힘을 부여받아

가장 높고 고귀하며 더없이 행복한 참된 삶의 승리를 쟁취할 수 있다.

내 안의 야만인을 채찍질하고 벌해 복종시켜야 한다. 스스로가 자기 마음과 정신, 자기 자신의 주인이 되어야 하는 것이다. 내 안의 높은 자가 야만인을 통제하지 않고 그에게 지배의 고삐를 넘겨줄 때 인간은 약하고 비참해진다. 격정은 주인이 아닌, 종이 되고 노예가 되어야 한다. 내 안의 야만인을 그에 맞는 자리에 두고 온당하게 통제하면서 명령을 내리면 그 야만인은 충실하고 강건하며 행복하게 내게 도움을 줄 것이다.

당신은 '악인'이 아니다. 몸과 마음에 어떤 악한 부분도 없다. 자연은 실수하지 않는다. 우주는 진리 위에서 만들어졌다. 당신의 모든 효용과 능력, 힘은 선하다. 이것들을 올바르게 이끄는 것은 지혜, 신성함, 행복이며 잘못 이끄는 것은 어리석음, 죄, 불행이다.

인간은 나쁜 성질, 증오, 무질서한 욕심, 무가치하고 불법적인 쾌락으로 스스로를 과도하게 낭비하고 삶을 탓한다. 우리는 자기 자신을 탓해야 한다. 어떤 식으로든 자신의 본성을 남용하지 말고 자기를 더 많이 존중해야 한다. 늘 스스로를 다스리고 흥분을 피하며 서두르지 않아야 한다. 고귀한 마음을 가지고 분노에 굴복하지 말아야 한다. 타인의 행동과 의견에 화내거나, 폭력적이고 심술궂은 가해자와 무익한 논쟁을 벌이지 않아야 한다.

조용하고 겸손하며 남의 감정을 상하게 하지 않는 품위는 성숙하고 완벽한 인간성의 가장 주요한 특징이다. 타인을 존경하고 자신을 존중하라. 자신의 길을 선택해 물러서지 않는 단호한 발걸음으로 걸어가되, 타인의 지긋지긋한 방해를 피하라. 참된 사람은 서로 반대되는 자질들이 섞여서 조화를 이룰뿐더러, 유연한 친절함과 확고부동한 강인함을 함께 가지고 있다. 흔들림 없는 인간성의 기초 원칙을 희생하지 않으면서 온화하고 현명하게 타인과 조화를 이룬다. 잘못된 선택을 한 약한 적을 감싸는 부드러운 동정심과 함께 단 한 톨의 진리라도 양보하느니 침착하게 죽음을 향해 갈 수 있는 강철 같은 강인함을 갖추는 것이 바로 신성한 인간성을 지닌 사람다운 사람이 되는 길이다.

　자기 양심의 명령에 충실하라. 마찬가지로 자기 양심의 명령에 충실한 이들을 존중하라. 설령 다른 이들의 양심이 그들을 나와 반대되는 방향으로 이끌더라도 말이다. 가장 비겁한 성향 가운데 하나는 나와 반대되는 의견이나 종교를 선택했다는 이유로 다른 이들을 딱하게 여기는 것이다. 어째서 누군가를 불가지론자나 무신론자, 불교인, 기독교인이라며 동정하는가? 그가 이런저런 의견이나 믿음을 갖고 있지 않아서인가? 그런 동정은 경멸이라고 불러야 옳다. 약한 사람, 고통받는 사람, 무력한 사람에게 느끼는 것이 동정이다. 동정은 결코 "당신이 불쌍하다"라고 말하지 않는다. 친절하게 행동할 뿐이다. 강하고 자립적인 사람, 자신의 길을 찾아 그 길을 대담하게 걸어갈 용기를 가진 사람에게 당신을 동정한다고 말하는 것은 오만한 일이다. 왜 그가 당신의 의견을 억지로 받아들여야 하는가? 당신의 말과 행동이 그의 이성과 양심에 옳은 것으로 느껴진다면 그는 당신과 하나가 되어 함께 손을 맞잡고 일할 것이다. 하지만 당신의 일이 곧 그의 일이 되지 않더라도 그는 사람이다. 당신과 같은 의무는 아니어도 그에게는 자신의 의무가 있다. 개인적으로 나는 자존감과 독립심이 강한 사람을 만나면 한 인간으로서 그에게 경의를 표하고 그가 나의 결론을 거부한다는 이유로 마음속에 그에 대한 비열한 동정심을 품지 않을 것이다.

　법으로 생겨난 우주에서 책임감 있고 스스로 행동하는 존재가 되려면 내 의지의 주인이 되는 동시에 타인의 자유 의지를 존중해야 한다. 강하고 용기 있는 사람이 되려면 넓은 마음과 관대함을 가져야 한다. 인생의 불행을 이겨내려면 본성의 옹졸함을 초월해야 한다.

　인간은 자신의 나약함 때문에 울고, 마음의 불행과 정신의 타락 때문에 비명 지른다. 그러니 해방에 이르는 길은 얼마나 단순한가? 또 승리라는 과업은 얼마나 고귀한가? 자기 자신의 주인이 되고, 나약함을 없애라. 모든 나약함과 불행을 가진 자의 조롱하는 악마, 이기심을 쫓아내라. 부자연스러운 갈망, 불법적인 욕망, 병적인 자기애와 자기 연민에 영합하지 마라. 이런 욕망들을 인정사정없이 몰아내고 단호한 결단과 힘으로 즉시 뿌리 뽑아라. 이를테면 스스로를 자신의 완전한 영향력 안에 두어야 한다는 얘기다. 취하고 버릴 수 있어야 한다. 물건에 이용당하는 것이 아니라 물건을 이용할 줄 알아야 한다. 사치의 무력한 포로가 되거나 욕구에 채찍질당하는 노예가 되어서는 안 되며, 모든 상황에서 자족적이고 자립적인 스스로의 주인이 되어야 한다. 자기통제 방식으로 자신의 의지를 훈련하고 이끌어야 한다. 자기통제란 본성의 법칙을 따르는 순종의 길이다. 법칙에 대한 불순종은 인간의 가장 큰 악이자 모든 죄와 슬픔의 원천이다. 무지한 인간은 자신이 법칙을 이겨서 다른 이들의 의지를 복종시킬 수 있다고 생각한다. 그리고 이렇게 자신의 힘을 무너뜨린다.

인간은 자신의 불순종과 무지, 죄, 이기심, 불법을 극복할 수 있다. 또 자기 자신을 이겨내는 것이 가능하며, 바로 여기에 인간다운 강인함과 신성한 힘이 있다. 인간은 자기 존재의 법칙을 이해해 마치 아들이 아버지의 의지에 순종하듯이 그 법칙을 따를 수 있다. 자신의 모든 능력과 재능을 이기심이나 탐욕의 도구로 사용하지 않고 이타적인 일에 지혜롭게 사용함으로써 능력과 재능의 왕관을 쓴 왕을 앉힐 수도 있다. 뿌리 뽑지 못하는 나쁜 습관, 억제가 안 되는 죄, 이해할 수 없고 정복이 안 되는 슬픔은 없다. "사람에게 자신의 가치를 알게 하고 만사를 그의 발아래 두게 하라. 그를 위해 존재하는 세상에서 마치 자선학교에 다니는 가난한 소년 또는 무허가 상인처럼 엿보거나 훔치거나 살금살금 다니게 하지 마라."

굳건한 자기 신뢰는 신성한 겸손과 양립할 수 있을 뿐 아니라, 그것과 함께한다. 인간은 타인에 대한 권한을 강탈할 때만 오만하고 이기적이다. 자기 자신에 대해서는 지나친 권한을 주장하거나 행사하는 것이 불가능하기 때문이다. 강한 자제심과 타인에 대한 부드러운 배려심이 어우러져 진정 고결한 사람이 된다.

사람은 우선 정직하고 바르고 진실해야 한다. 가장 무모하면서도 어리석은 행동이 기만이다. 위선은 세상에서 가장 약한 행동이다. 다른 사람을 속이려 할 때 우리는 어느 누구보다 자기 자신을 속인다. 인간은 교활함, 비열함, 기만에서 자유로워야 한다. 분명하고 단호하며 열린 시선으로 수치심과 혼란 없이, 내면의 위축됨이나 불안 없이 모든 이를 바라볼 수 있어야 한다. 진실하지 않은 사람은 속이 빈 가면에 불과하고, 그가 하려는 일은 모두 생명력 없이 무익할 것이다. 텅 빈 그릇에서는 텅 빈 소리만 날 뿐이며, 마찬가지로 진실되지 못한 사람에게서는 공허한 말만 나올 뿐이다.

많은 사람이 의식적으로 위선자가 되려 하지는 않지만, 행복을 저해하고 인격의 도덕적 바탕을 파괴하는 사소한 거짓됨에 부주의하게 빠지곤 한다. 정기적으로 예배당에 가는 이들 중에서도 이런 사람이 있다. 그들은 매일같이 더 순수한 마음과 삶을 위해 기도하면서도 정작 원수를 헐뜯는다. 더 최악은 막상 만나면 미소와 함께 친절한 말만 주고받으면서 지금 자리에 없는 친구를 조롱하거나 중상모략을 일삼는 행위다. 여기에서 딱한 부분은 그들이 스스로의 거짓됨을 전혀 의식하지 못한 채 친구들로부터 버림받으면 세상이 공허하고 인간들이 신의가 없다고 불평하면서 이 세상에 진정한 친구는 존재하지 않는다며 슬퍼한다는 점이다.

실로 그런 사람에게는 영원한 우정이 없다. 거짓됨은 눈에 보이지 않아도 느껴지고, 신뢰와 진실함을 주지 못하는 사람은 그것을 받을 수 없기 때문이다. 당신이 타인에게 진실하면 그도 당신에게 진실할 것이다. 적에 대해 잘 생각하고 자리에 없는 친구를 지켜라. 인간 본성에 대한 믿음을 잃었다면 스스로 어디에서부터 잘못되었는지를 찾아라.

유교의 도덕규범에서 진실성은 '오대 덕목' 중 하나다. 공자는 다음과 같이 말했다.

진실함이 네 삶에 면류관을 씌우니, 진실치 않다면 선행도 가치를 갖지 못한다.

겉보기에 덕이 높아 보이는 사람도 위선자에 불과하며, 화려함으로 우리를 현혹하는 반짝이는 빛조차 작은 격정의 한숨에도 꺼질 수 있는 미광에 지나지 않을 것이다. (…) 마음이 순수해지려면 자기기만으로부터 자유로워져야 한다. 악취를 혐오하듯 악덕을 미워하고, 아름다운 대상을 사랑하듯 미덕을 사랑해야 한다. 그렇지 않고서는 자기 존중도 있을 수 없다. 이것이 군자가 홀로 있을 때조차 자신을 속이지 않는 이유다.

소인은 남들이 안 보는 시간을 남몰래 악행에 쓴다. 그의 악덕에는 한계가 없다. 그는 순수한 사람 앞에서 위선적 태도로 자신의 좋은 점만 내세운다. 그러나 진짜 인격이 한눈에 드러났을 때 이런 가장이 어떤 도움이 되겠는가?

많은 손이 가리키고 많은 눈이 바라보는 곳에 엄격한 감시가 있다는 말이 있다. 올곧은 사람은 홀로 있을 때 더욱 삼가야 한다.

진실한 사람은 드러났을 때 부끄러울 만한 행동이나 말을 하지 않는다. 그는 강직한 정신을 지닌 덕분에 동료들 사이에서도 올곧고 당당하게 걸을 수 있다. 그의 존재는 강력한 보호막이며, 그의 말은 늘 사실이기에 똑바로 나아갈 뿐 아니라 강력하다. 진실한 사람의 일은 무엇이든 번창한다. 언제나 듣기 좋은 말만 하는 것은 아니지만, 타인의 마음을 얻는다. 다들 그를 의지하고 신뢰하며 존경한다.

용기, 자기 신뢰, 진실성, 관대함, 친절은 강건한 인간성을 구성하는 미덕이다. 이러한 미덕이 없다면 인간은 환경의 지배 아래 놓인 진흙에 불과하다. 진정한 삶이 주는 자유와 기쁨 속에서 떨쳐 일어서지 못하는 나약하고 흔들리는 존재에 불과하다. 모든 젊은이가 이런 미덕을 기르고 함양해야 하며, 이런 미덕을 실천하며 살 수 있다면 인생에서 승리를 맛볼 것이다.

세상에 신인류가 오고 있다. 참으로 강하고 올곧고 고귀하며 지극히 현명해 분노와 부정, 다툼, 증오에 굴복하지 않는 남자들, 온유하고 진실하고 순수하며 동정심을 지녀 소문과 비방, 기만에 굴하지 않는 여자들이다. 그들의 배에서 똑같이 고귀하고 우수한 사람이 나올 테고, 그들이 다가가면 죄와 악의 어두운 악령들은 뒤로 물러날 것이 분명하다. 이 고귀한 신인류가 세상을 회복시키리라 믿는다. 그들은 인간에게 위엄을 주고 자연의 정당함을 입증해 인류를 사랑과 행복, 평화로 되돌아가게 할 것이다. 그리하여 이 세상에는 죄와 슬픔을 극복한 승리의 삶이 자리 잡을 것이다.

에너지와 힘

우주 에너지는 얼마나 경이로운가! 이 에너지는 지치지 않고 다함이 없으며 영원히 작용하는 것 같다. 우주 에너지는 원자와 별 속에서 열렬하게 쉼 없이 맥동하는 힘으로, 순간적인 조화 형태를 알려준다.

인간은 이 창조적 에너지의 일부다. 이 에너지는 애정, 열정, 지성, 도덕성, 이성, 이해, 지혜 같은 정신적 능력을 통해 나타난다. 인간은 이 에너지의 눈먼 지휘자가 되어서는 안 되며, 이를 의식적으로 사용하고 통제하고 지휘해야 한다. 느리지만 확실하게 외부 힘을 통제해 순종적으로 봉사하게 해야 한다. 마찬가지로 내부 힘, 즉 미묘한 생각의 에너지도 다스려 조화와 행복의 방향으로 이끄는 것이 필요하다.

우주에서 인간의 참된 자리는 노예가 아닌, 왕의 자리다. 인간은 악의 지배를 받는 무력한 도구가 아니라 선의 법칙을 따르는 지휘관이 되어야 한다. 몸과 마음은 인간이 다스려야 할 두 영토다. 인간은 진리의 주인이자 스스로의 주인이며, 순수하고 영원하고 창조적인 에너지의 현명한 사용자이자 통제자다. 부끄러움 없이 강하고 용감하며 부드럽고 친절한 태도로 세상을 걸어가라. 더는 자기 비하에 빠져 엎드리지 말고, 완전한 인간성을 가지고 위엄 있게 똑바로 걸어가라. 이기심과 후회로 비굴하게 굴지 말고, 용서와 자비를 구하지도 말며, 죄 없는 삶의 숭고한 위엄을 가지고 굳건하면서도 자유롭게 서라.

오랫동안 인간은 스스로를 비열하고 나약하며 무가치한 존재로 여겨왔고, 그렇게 사는 데 만족했다. 그러나 이제 막 도래한 새로운 시대에는 의지를 가지고 일어선다면 스스로가 순수하고 강하고 고귀한 존재라는 영광스러운 사실을 알게 될 것이다. 일어선다는 것은 외부 적에게 대항한다는 의미가 아니다. 이웃, 정부, 법률, 정신, 국가에 반기를 드는 것이 아니라, 마음을 지배해 자신을 괴롭히는 무지와 어리석음, 불행에 저항한다는 뜻이다. 인간은 무지와 어리석음에 의해서만 노예처럼 비참해지며, 지식과 지혜로 왕국을 재건한다.

사람들은 인간의 나약함과 무력함을 설교하지만, 나는 개인적으로 인간의 강인함과 능력을 가르치겠다. 나는 아기들 말고 어른들을 위해 글을 쓴다. 배움을 열망하고 성취를 소망하는 사람들, 세상의 선을 위해 개인의 하찮은 도락과 이기적인 욕망, 비열한 생각을 버리고 마치 갈망과 후회가 없는 것처럼 살아가는 사람들을 위해 집필한다. 진리는 경박하고 생각 없는 이들을 위한 것이 아니며, 인생의 승리는 경솔하고 빈둥대는 사람들을 위한 것이 아니다.

사람은 주인이다. 주인이 아니라면 법칙에 어긋나게 행동할 수 없다. 따라서 이른바 나약함은 오히려 강함을 보여주는 표시이며, 죄는 거룩해질 수 있는 능력을 반대로 보여주는 행위다. 방향이 잘못된 에너지, 오용된 힘 외에 나약함과 죄가 무엇이란 말인가? 이런 의미에서 잘못을 저지른 사람은 약하지 않고 강하다. 다만 무지해서 옳은 방향이 아닌 잘못된 방향으로, 사물의 법칙에 따르는 대신 그것에 반하는 힘을 행사했을 뿐이다. 고통은 방향이 잘못된 힘에 의한 반동이다. 악인은 자신의 행동을 뒤집음으로써 선해진다. 만약 죄 때문에 울고 있다면 그 죄를 범하기를 멈추고 반대의 미덕을 길러라. 그럼 약함이 강함으로, 무력함이 힘으로, 고통이 행복으로 바뀐다. 에너지를 낡은 악덕의 방향에서 새로운 미덕의 방향으로 전환함으로써 죄인은 성인이 된다.

우주 에너지는 무한할 수 있으나 특정 형태에서 그 총합은 엄격히 제한된다. 인간이 가진 에너지양은 정해져 있다. 우리는 그것을 잘 사용할 수 있지만 오용하기도 하고, 보존해 모을 수 있지만 낭비하고 흩뜨리기도 한다. 힘은 응집된 에너지이고, 지혜는 유익한 목적에 맞게 그 에너지가 조정된 것이다. 가지고 있는 모든 에너지를 하나의 큰 목적에 집중하고, 목적을 달성하고자 끈기 있게 노력하면서 기다리며, 좀 더 즐거운 다른 방향으로 향하려는 자신의 욕망을 희생하는 사람은 영향력과 힘을 가진다. 반면 쾌락을 주로 생각하면서 현재의 욕망을 만족시키거나 순간의 변덕, 충동에 따라 경솔하게 마음의 역정과 빈곤에 빠지는 사람은 어리석고 나약하다.

한 방향으로 사용한 에너지는 다른 방향으로 사용할 수 없다. 이는 물질 영역과 마음 영역 모두에 적용되는 보편적 법칙이다. 에머슨Emerson(랠프 월도 에머슨은 미국 사상가 겸 시인 · 1803~1882—편집자 주)은 이를 '보상의 법칙'이라고 부른다. 어느 한 방향에서 이득은 반대 방향에서 손실을 요한다. 한쪽 저울에 가해진 힘은 다른 쪽 저울에서 차감되는 것이다. 자연은 늘 균형을 맞추려고 노력한다. 게으름으로 낭비된 에너지는 일에 쓰이지 않는다. 쾌락을 추구하는 사람은 진리를 추구하는 사람이 될 수 없다. 화를 냄으로써 낭비되는 힘은 미덕 중에서도 특히 인내라는 미덕에서 차감된다. 영적으로 봤을 때 보상의 법칙은 희생의 법칙이다. 순수함을 얻으려면 이기적인 쾌락을 희생해야 하고, 사랑을 얻으려면 미움을 포기해야 하며, 미덕을 받아들이려면 악덕을 버려야 한다.

성실한 사람은 세속적 · 지적 · 영적 영역에서 강력하고 영구적인 성취를 달성하기 위해서는 욕망을 억제하고 달콤해 보이는 것들, 심지어 중요해 보이기도 하는 많은 것을 희생해야 한다는 사실을 곧 깨닫는다. 취미, 육체적 도락과 정신적 방종, 유혹적 교제, 매혹적 쾌락 등 인생의 중심 목적에 도움이 되지 않는 모든 것을 강한 결단력으로 희생해야 하는 것이다. 성실한 사람은 시간과 에너지가 엄격히 제한되어 있다는 사실에 눈뜨고 한쪽 에너지를 절약해 다른 한쪽에 집중한다.

어리석은 자는 추잡한 안락과 탐욕스러운 방종, 천박한 쾌락, 공허한 말, 미움이 가득한 생각과 성마른 격정을 표출하고 헛된 논쟁이나 지겨운 간섭을 일삼으면서 에너지를 낭비한다. 그러고는 주변의 많은 사람이 '운 좋게도' 유익하고 성공적이며 위대한 삶을 사는 데 필요한 조건을 자신보다 더 많이 갖추고 있다고 불평한다. 또한 의무를 다하고자 스스로를 희생하고 인생의 과업을 충실히 수행하고자 모든 에너지를 바친 명예로운 이웃들을 부러워한다. "올곧고 진실만을 말하며 자기가 맡은 일을 다하는 사람은 세상이 그를 소중히 여길 것이다." 옆으로 비켜서서 다른 사람의 의무를 비난하거나 간섭하는 데 에너지를 쓰지 말고 자신의 일에 전념하면서 인생 과업을 완벽히 달성하는 데 모든 에너지를 집중하라. 그러면 삶이 단순하고 건강하며 행복할 것이다.

우주는 선함과 힘으로 가득 차 있으며, 강한 자와 선한 자를 보호한다. 악과 약함은 자멸적이다. 방탕함은 곧 소멸이며, 자연은 강함을 사랑한다. '적자생존의 법칙'에는 애초에 아무런 잔혹함도 내재되어 있지 않다. 적자생존은 자연율일 뿐 아니라, 영적 법칙이기도 하다. 짐승이 가진 특징 가운데 더 강한 특징이 좀 더 높은 유형으로 진화하는 것이다. 인간의 도덕적 특징 가운데 더 고귀한 특징이 인간을 해방시킨다. 그리고 이 고귀한 특징으로 저속한 성벽을 억눌러 결국 몰아내야 한다. 확실한 점은 저속한 성벽에 지배권을 내주는 자는 파멸을 자초해 외적 인생의 싸움에서나 내적 진리의 싸움에서나 살아남지 못한다는 사실이다. 저속한 욕구에 바쳐진 삶은 더 고귀한 욕구를 신경 쓰지 않는다. 결국에는 낮은 욕구도 신경 쓰지 않으며, 기어코 모든 것을 잃게 된다. 궁극적으로 악은 무無이기 때문이다. 반면 더 고귀한 욕구에 바쳐진 삶은 보존되고 어떤 것도 잃지 않는다. 그 삶은 세상이 소중히 여기는 많은 것을 희생하지만 진짜로 소중한 것은 하나도 희생하지 않기 때문이다.

진실하지 않고 무가치한 것은 반드시 멸망한다. 선과 진리에 자신을 바치는 사람은 그 멸망에 불평하지 않으며, 마침내 희생이 끝나는 곳에서 모든 것을 얻는다. 그는 결국 외적 인생의 싸움에서 살아남고, 내적 진리의 싸움에서 승리할 것이다.

먼저 강해져라. 강함이라는 단단한 토대에서 '승리하는 삶'이라는 성전이 지어진다. 중심이 되는 동기와 확고한 결심이 없다면 인생은 가난하고 약해질 테고, 불안정하게 표류할 것이다. 마음속에 있는 영원하고 심원한 목적이 순간의 행동을 지배하게 하라. 매번 다르게 행동하겠지만, 마음이 옳다면 잘못된 행동을 하지 않을 것이다. 특히 스트레스가 큰 상황에서는 때론 넘어지고 길을 벗어나기도 하겠지만 내면의 도덕적 나침반을 따라가는 한, 그리고 도락을 위해 나침반을 버린 채 불확실한 표류에 스스로를 내맡기지 않는 한 자기 자신을 되찾으면서 더 현명하고 강해질 것이다. 양심을 따르라. 그리고 자신의 신념에 충실하라. 지금 당장 옳다고 생각하는 일을 하고 미루거나 망설이거나 두려워하지 마라. 특정 상황에서 의무를 수행할 때 가혹한 방법이 필요하다고 확신한다면 그 방법대로 하되, 그것에 대해 아무런 불확실함이 없게 하라. 약함보다는 강함의 편에서 죄를 지어라. 채택한 방법이 최선이 아닐 수도 있지만, 자신이 아는 한 최선이라면 이를 실행하는 것이 당연한 의무다. 스스로 발전하기를 열망하고 기꺼이 배우고자 한다면 그렇게 함으로써 더 나은 길을 찾을 수 있다. 미리 숙고하되 행동으로 옮길 때는 주저하지 마라. 분노와 고집, 정욕과 탐욕을 피하라. 화를 내는 자는 약한 사람이다. 새로운 방법을 배우거나 자기 방식을 고치려 하지 않는 고집 센 자는 어리석은 사람이다. 어리석은 사람으로 나이만 먹은 자에게 흰머리는 어떤 존경이나 명예도 가져다주지 않는다. 호색가는 오직 쾌락만을 위해 에너지를 쓸 뿐, 남자다움과 자기 존중에 필요한 에너지는 남겨두지 않는다. 탐욕스러운 사람은 인간 본성의 고귀함과 참된 삶의 영광을 보지 못한 채 천국의 행복을 누리는 대신, 지옥의 불행을 영속하는 데 에너지를 소비한다.

당신에게는 힘이 있으니 그 힘을 사용해 아래로 파고들거나 위로 올라갈 수 있다. 그 힘을 이기심으로 소진할 수도 있고 선함으로 보존할 수도 있다. 똑같은 에너지로 야수도, 신도 될 수 있다. 결과는 당신이 에너지를 쓰는 방향에 따라 결정된다. "내 정신력은 약하다"고 생각지 말고 정신력의 방향을 틀어 약함을 강함으로, 에너지를 힘으로 바꿔라. 생각을 고귀한 방향으로 전환하라. 헛된 갈망과 어리석은 후회를 버리고, 불평과 자기 연민을 없애며, 악과 어울리지 마라. 고개를 위로 들어라. 신성한 힘으로 일어나 마음과 삶에서 모든 비열함, 나약함을 쫓아내라. 구슬피 우는 노예의 거짓된 삶을 살지 말고 승리하는 주인의 참된 삶을 살아라.

자기통제와 행복

정신적 에너지를 저항이 가장 적은 경로를 따르게 하거나 쉬운 길로 빠지게 할 때 그것이 곧 나약함이다. 정신적 에너지를 모아 집중하고 그것을 올바른 방향으로 투입하는 순간 에너지는 곧 힘이 된다. 이렇게 에너지를 집중해서 힘을 얻는 것은 자기통제가 바탕이 되어야 가능하다.

자기통제에 대해 말하면 다들 오해하곤 하는데, 자기통제는 파괴적 억압이 아니며 건설적 표출과 관련 있다. 그 과정은 죽음이 아닌, 삶의 과정이다. 약한 것이 강한 것으로, 조악한 것이 훌륭한 것으로, 천한 것이 고귀한 것으로 바뀌면서 선이 악을 대신하고 어두운 격정이 밝은 지성 속에서 사라지는 신성하고 위대한 변화다.

타인에게 좋은 인상을 심어주는 것 외에 다른 고귀한 목적 없이 그저 본성을 감추고 숨기는 사람은 자기통제가 아닌 위선을 실천하는 것이다. 기술자가 타인의 편안함과 편의를 위해 석탄을 가스로, 물을 증기로 바꿔 더 정제된 힘을 응집해 쓰듯이, 지적으로 자기통제를 실천하는 사람은 자신의 저속한 성향을 더 좋은 성질로 바꿔 자기 자신은 물론 세상의 행복을 키운다.

사람은 자신을 통제하는 만큼 행복하고 지혜롭고 위대해진다. 반면 동물적 본성이 생각과 행동을 지배하도록 놓아두는 만큼 불행하고 어리석고 비열해진다.

스스로를 통제하는 사람은 자기 삶과 환경, 운명을 통제할뿐더러 어디든 영구적인 소유물처럼 행복을 가지고 다닌다. 스스로를 통제하지 못하는 사람은 걱정과 환경, 운명의 지배를 받는다. 그는 순간의 욕망이 충족되지 못하면 불행을 느끼고 좌절한다. 변덕스러운 행복을 외부적인 것에 의존하기 때문이다.

우주의 힘은 소멸하거나 사라지지 않는다. 에너지는 형태만 바뀔 뿐 파괴되지 않는다. 오래된 나쁜 습관의 문을 닫으면 더 좋은 새 습관의 문이 열린다. 쇄신하려면 먼저 버려야 한다. 방종과 금지된 쾌락, 악의에 찬 생각을 모두 버리면 영원한 아름다움을 지닌 더 순수한 것들이 생겨난다. 사람을 쇠약하게 만드는 흥분을 끊어버린 곳에서 활력의 바탕이 되는 기쁨이 솟아난다. 씨앗이 사라져야 꽃이 피고, 굼벵이가 사라져야 잠자리가 태어난다.

사실 변화는 순식간에 이루어지지 않는다. 그 과정이 즐겁고 쉬운 것도 아니다. 자연은 성장 대가로 노력과 인내를 요구한다. 진보 과정에서 승리는 고통과 겨루며 고군분투해야 얻어지는 것이지만, 결국 쟁취할 수 있고 또 영원히 남는다. 분투하는 시간은 반드시 지나가고 고통은 일시적이다. 고착화된 습관을 버리고 오랫동안 자동적으로 그래 왔던 정신적 성향을 깨뜨린 뒤 고매한 성격과 높은 덕을 만들어 키우려면 고통스러운 변화의 시간, 인내와 끈기가 필요한 어두운 과도기를 통과해야 한다. 사람들은 바로 여기에서 실패한다. 즉 너무 고생스럽고 가혹하다는 이유로 자기통제를 그만두고 따르기 쉬운 과거의 동물적 습관으로 되돌아간다. 그리하여 영원한 행복에 이르지 못한다. 악에 맞서 승리하는 삶은 가려져 그들에게는 보이지 않는다.

인간이 유흥, 흥분, 무가치한 쾌락의 방종에서 찾는 영원한 행복은 이 모든 것을 반대로 하는 삶, 즉 자기통제의 삶에서만 찾을 수 있다. 완전한 자기통제에서 벗어난 인간은 온전한 행복에 이르지 못한 채 불행과 나약함에 빠져 광기의 바닥에 내려앉고, 정신적 통제를 완전히 상실한 상태, 무책임한 상태에 빠지고 만다. 인간은 완전한 자기통제에 가까워지는 만큼 온전한 행복에 가까워질 뿐 아니라, 기쁨과 힘으로 가득 찬다. 신성한 인간성이 지니는 가능성은 무척이나 찬란해서 그 원대함과 행복에 제한을 둘 수 없다.

자기통제와 행복이 얼마나 밀접하게, 실로 불가분하게 연결되어 있는지를 안다면 자기 마음과 주변 세상을 들여다보게 되고, 통제되지 않은 마음이 기쁨을 파괴한다는 사실도 깨닫게 될 것이다. 인간의 삶을 관찰해 보면 성급한 말, 쓰라린 보복, 기만, 맹목적 편견, 어리석은 분노가 어떻게 불행을 가져오고 심지어 파멸에 이르게 하는지를 알 수 있다. 또한 각자 인생을 들여다보면 소모적인 후회와 끊임없는 불안, 참담한 슬픔의 날들이 떠오른다. 자기를 통제하지 못해 겪었던 고통의 시기다.

반면 바른 삶, 잘 다스린 삶, 승리를 거둔 삶에서는 이 모든 것이 사라진다. 행복한 목적을 달성하고자 새로운 마음 상태로 더 순수하고 영적인 도구를 사용하기 때문이다. 결국 더는 잘못을 저지르지 않기에 후회하지 않고, 더는 이기심이 없기에 불안하지 않으며, 진리가 행동의 근거이기에 슬퍼하지 않는다.

자기 자신을 완전히 통제하면서 일하고 기다리는 사람에게는 자아가 주체하지 못할 정도로 열렬히 원하지만 얻지 못했던 것이 스스로 찾아와 받아들여지길 간청한다. 증오, 조바심, 탐욕, 방종, 헛된 야망, 맹목적 욕망은 미완성된 존재를 형성하는 도구다. 이 얼마나 서투른 도구들인가! 그리고 그것을 사용하는 사람은 얼마나 무지하고 졸렬한가! 반면 사랑, 인내, 친절, 자기 수양, 성질이 변화된 야망, 절제된 욕망은 완성된 존재를 만드는 진리의 도구다. 이 얼마나 완벽한 도구인가! 그리고 그것을 사용하는 사람은 또 얼마나 지혜롭고 솜씨가 좋은가!

열띤 성급함과 이기적 욕망으로 얻어지는 모든 것은 고요함과 버림을 통해 더 완전하게 얻을 수 있다. 자연은 서두르지 않는다. 때가 되면 완벽함을 가져다준다. 진리는 명령을 받지 않는다. 그 자체의 조건이 있고 그것에 순종해야 할 뿐이다. 성급함과 분노보다 더 불필요한 것은 없다. 우리는 섭리를 다스릴 수는 없지만 자신을 다스릴 수 있고, 타인의 의지는 강제할 수 없지만 자신의 의지는 만들고 강제할 수 있다는 사실을 알아야 한다. 세상은 진리를 섬기는 자를 섬긴다. 사람은 자기 자신을 다스리는 자의 가르침을 얻고자 한다.

외부적으로 스트레스가 극심한 상황에서 스스로를 다스리지 못하는 사람은 타인을 이끌거나 정사政事를 지휘하기에 부적합하다. 이는 단순하고 자명한 진리다. 정사를 다스리기 전에 자기 자신부터 다스리는 법을 배워야 한다는 것이 공자의 도덕적·정치적 가르침에서 기본 원칙이다. 압박감을 느낄 때 습관적으로 히스테릭한 의심에 빠져 분노를 표출하고 화를 폭발하는 사람은 무거운 책임과 숭고한 의무를 맡기에 적합하지 않다. 이런 사람은 대개 가족 관계나 사업 경영 같은 일상적인 일에서도 실패한다. 자기통제가 안 된다는 것은 곧 어리석다는 뜻이고, 어리석음은 지혜보다 우선할 수 없다.

자신의 종잡을 수 없는 거친 생각을 억제하고 통제하는 방법을 배우는 사람은 날마다 더 지혜로워진다. 기쁨의 성전이 단숨에 완성되지는 않겠지만, 그는 힘을 모아 기초를 다지고 벽을 쌓을 것이다. 그러면 지혜로운 건축가처럼 스스로 지은 아름다운 성전에서 편히 쉴 날이 온다. 지혜는 자기통제 안에 존재하며, 지혜 안에 '즐거움과 평화'가 있다.

자기를 통제하는 삶은 메마른 박탈이나 단조로운 광야 같은 것이 아니다. 비록 절제가 필요하지만 지속적이고 참된 가르침을 실현하기 위해 덧없고 거짓된 것을 버리는 과정이다. 즐거움은 단절되지 않고 강화된다. 즐거움은 생명이지만, 그것을 향한 노예적 욕망은 생명을 앗아간다. 항상 새로운 감각을 갈망하는 사람보다 더 비참한 자가 어디 있겠는가? 자신을 통제함으로써 만족과 평온을 얻고 깨달은 사람보다 더 복된 존재가 어디 있겠는가? 오직 쾌락만을 위해 사는 대식가, 술주정뱅이, 호색가가 있고, 육체의 필요를 고려해 그 쓰임을 따르면서 자신의 몸을 복종시키고 절제하는 사람이 있다면 둘 중 누가 더 육체적 생명과 기쁨을 누리겠는가? 한 번은 나무에서 막 딴 잘 익은 사과를 먹고 있었다. 그때 옆에 있던 한 사내가 "그런 사과를 먹을 수만 있다면 뭐든 줄 것 같군요"라고 말했다. 그래서 "왜 못 드시나요?"라고 물었다. 그러자 그는 이렇게 대답했다. "위스키를 마시고 담배를 피우다 보니 그런 것들에 대한 모든 즐거움을 잃었습니다." 사람들은 손에 잡히지 않는 즐거움을 추구하면서 삶의 영원한 기쁨을 잃어버린다.

감각을 통제하는 사람이 육체적 생명, 기쁨, 힘을 얻듯이 생각을 통제하는 사람은 영적 생명, 행복, 힘을 얻는다. 행복뿐 아니라 지식과 지혜도 자기통제에 의해 드러나기 때문이다. 무지와 이기심의 길이 사라지면 지식과 깨달음의 열린 문이 나타난다. 덕에 도달하는 것은 곧 지식을 얻는 것이다. 순수한 마음은 깨달음을 얻은 마음이다. 자신을 잘 다스리는 사람은 행복을 누린다.

사람들은 "선善이 단조롭다"고 말한다. 형식에서 포기한 부분을 정신에서 찾는 것이 곧 '선'이라면 그것은 실로 단조롭다. 그러나 자신을 통제하는 사람은 단순히 기본적인 쾌락만 포기하는 것이 아니라, 쾌락에 대한 모든 갈망을 버린다. 그는 앞으로 나아가며 뒤돌아보지 않는다. 매 걸음마다 신선한 아름다움, 새로운 영광, 숭고한 풍경이 그를 기다리고 있다.

나는 개인적으로 자기통제 속에 숨겨진 계시를 보고 깜짝 놀랐던 기억이 있다. 그때 나는 진리가 갖는 무한한 다양성에 매료되었으며, 그 가능성이 보여주는 원대함에 기뻐했고, 그 장엄함과 평화로움에 충만함을 느꼈다.

자기통제의 길에는 승리의 기쁨이 있다. 또한 인류를 위해 봉사하는 영원한 행복이 있다. 그 길에서는 확장되고 증가되는 힘을 의식하면서 신성한 지식이라는 불멸의 부를 얻을 수 있다. 그 길을 중간까지만 여행한다 할지라도 힘을 키우고 성공을 거두는 것은 물론, 게으르고 경솔한 자는 알 수 없는 기쁨을 경험하게 된다. 그리고 그 길을 끝까지 가는 사람은 영적 승리자가 되어 모든 악을 이기고 지워버릴 수 있다. 그는 황홀한 시선으로 장엄한 우주 질서를 바라보며 불멸의 진리를 누릴 것이다.

단순함과 자유

　　불필요한 짐을 져 육체적으로 힘들었던 적이 있을 테다. 짐을 내려놓고 행복한 안도감을 느낀 적도 있을 것이다. 이런 경험은 복잡하게 뒤얽힌 욕망, 믿음, 억측을 짊어진 삶과 자연스러운 필요를 채우면서 모든 논쟁이나 억측을 배제하고 존재의 진실을 차분히 관조해 단순하고 자유로워진 삶의 차이를 잘 보여준다.

　　서랍장, 찬장, 방에 쓰레기와 잡동사니를 쌓아놓는 사람들이 있다. 집에 청소가 불가능할 정도로 쓰레기가 쌓여 해충이 들끓는 경우도 있다. 쓰레기는 아무런 쓸모가 없는 것인데도 그들은 쓰레기를 치우지 않는다. 쓰레기를 치우면 해충까지 없앨 수 있는데도 말이다. 그들은 잡동사니를 좋아한다. 소유하고 있다는 느낌을 갖길 원하기 때문이다. 특히 다른 누구도 그런 것을 가지고 있지 않다는 확신이 들면 더욱 그렇다. 언젠가 쓸 데가 있을지도 모른다고, 가치가 오를지도 모른다고 생각한다. 쓰레기들이 오래된 기억을 불러일으켜 이따금 애환에 잠기기도 하는 역설적 기쁨을 느끼기도 한다.

　　따뜻하고 정갈하며 잘 관리된 집에는 먼지만 조금 있을 뿐, 불편하게 따로 관리해야 하는 잡동사니들이 놓여 있지 않다. 이렇게 관리하는 사람은 설령 쓰레기가 쌓였더라도 집을 청소해 빛과 편안함, 자유를 찾아야겠다 마음먹고 그것들을 싹 모아 불태우거나 쓰레기통에 버린다.

마찬가지로 사람들은 마음속에 정신적 쓰레기와 잡동사니를 쌓아둔 채 끈질기게 집착하고 잃어버릴까 봐 두려워한다. 만족할 줄 모르는 욕망, 비합리적이고 부자연스러운 쾌락을 향한 목마른 갈망은 물론 기적, 신, 천사, 악마, 끝없는 신학적 문제에 대한 모순된 믿음을 쌓아둔다. 가설에 가설이 쌓이고 추측에 추측이 더해진다. 그러다가 결국 단순하고 아름다우며 모든 것을 충족시키는 인생의 진실이 형이상학적 쓰레기 더미 아래에서 보이지 않게 되고 잊히고 만다.

단순함이란 고통스럽게 뒤죽박죽 섞인 욕망과 불필요한 생각을 없애고 영원하면서도 본질적인 부분에만 천착하는 것이다.

그렇다면 인생에서 영원한 것은 무엇인가? 본질적인 것은 무엇인가? 영원한 것은 오직 덕德뿐이다. 본질적인 것은 인격이다. 모든 불필요한 것에서 벗어나 인생을 올바르게 이해하며 살아간다면 삶은 더없이 단순해서 실천하기는 어렵지만 명확하고 받아들이기 쉬운 몇 가지 원칙으로 간단히 정리된다. 위인은 모두 이렇게 단순화된 삶을 살았다.

부처는 "삶의 원칙을 여덟 가지 미덕으로 정리해 이를 실천함으로써 완전한 깨달음을 얻을 수 있다"고 말했다. 그리고 이 여덟 가지 미덕을 집약한 것을 자비Compassion라고 일렀다. 공자는 다섯 가지 미덕에 깨달음의 완성이 있다고 가르치면서 이를 호혜Reciprocity 또는 동정Sympathy이라는 하나의 덕목으로 표현했다. 예수는 인생 전체를 사랑의 원리로 집약했다. 자비, 동정, 사랑은 셋 다 같은 말이다. 얼마나 단순한가! 그러나 나는 개인적으로 이 덕목들의 깊이와 높이를 완전히 이해한 사람을 보지 못했다. 덕목을 완전히 이해한 사람이라면 이를 실천으로 옮길 것이기 때문이다. 그는 완전하고 완벽하며 신성할 것이다. 깨달음과 미덕과 지혜에 전혀 부족함이 없을 테다. 인간은 단순한 규칙에 따라 자신의 삶을 진지하게 정리하기 시작하는 순간 비로소 어떤 정신적 쓰레기를 쌓아놓았는지 인지하게 되고, 버려야 할 것들을 안다. 마음이 순수함과 단순함이라는 필수 조건에 가까워질 때까지 단순한 규칙을 따르는 행동 방침은 믿음, 인내, 끈기, 친절, 겸손, 이성, 의지력을 고통스러울 정도로 엄격하게 요한다. 마음에서든, 가정에서든, 일터에서든 청소 과정은 결코 가볍거나 쉽지 않겠지만 결국 편안함과 안식을 가져다주면서 끝날 것이다.

물질적인 것이든, 정신적인 것이든 모든 복잡한 세부 사항은 그것들을 존재하게 하고 규율하는 몇 가지 기본 법칙이나 원칙으로 환원될 수 있다. 현명한 사람은 몇 가지 단순한 규칙으로 삶을 다스린다. 삶을 지배하는 중심 원리가 사랑일 때 그 삶은 모든 세부 사항이 신성한 일관성을 갖게 된다. 모든 생각과 말, 행동이 적절한 자리에 놓이고, 어떤 갈등과 혼란도 없을 것이다.

고결함과 지혜로 유명한 어느 불교 승려에게 한 학자가 물었다.

"불교에서 가장 중요한 점이 무엇입니까?"

승려는 이렇게 답했다.

"불교에서 가장 중요한 점은 악을 끊고 선을 행하는 법을 배우는 일입니다."

이 말을 들은 학자는 말했다.

"세 살짜리 아이도 알 만한 내용을 말해달라는 뜻이 아닙니다. 저는 불교에서 가장 심오하고 신비로우며 중요한 가르침을 알고 싶습니다."

"불교에서 가장 심오하고 신비로우며 중요한 것이라. 그것은 악을 끊고 선을 행하는 법을 배우는 일입니다. 세 살 아이도 알지만 백발노인도 실천하지 못하는 일이지요."

학자는 사실을 원하지 않았다. 진리도 원하지 않았다. 그가 원했던 것은 추론에 추론을 불러일으키는 이해하기 힘든 형이상학적 억측이었다. 그래서 자신이 그토록 자랑스럽게 여기는 뛰어난 지성을 발휘할 기회를 얻고 싶었던 것이다.

어느 철학 학파에 속한 한 철학자는 내게 자랑스럽게 말했다. "우리의 형이상학 체계는 세상에서 가장 완벽하고 복잡합니다." 사실 나는 형이상학에 빠져들었다가 인생의 진실, 단순함, 자유를 찾아 다시 해방되는 과정을 밟으면서 그것이 얼마나 복잡한지 알게 되었다. 그 후 나는 나의 에너지와 시간을 말쑥하지만 허울뿐인 형이상학적 거미줄을 짜는 데 낭비하기보다 견고하고 확실한 미덕을 추구하며 실천하는 일에 쓰는 법을 배웠다. 이후 나는 억측과 교만, 가설을 실재라고 착각하는 자만심을 배척하면서 무지와 어리석음에는 가치를 두지 않았다.

배움은 좋은 것이다. 다만, 배움은 그 자체가 목적이거나 자랑하고 싶은 대상이 되면 죽은 것이고, 인류의 진보와 선이라는 높은 목적을 달성하기 위한 수단이 된다면 살아 있는 힘이 된다. 겸손한 마음과 함께 배움은 선을 위한 강력한 도구다.

승려는 교만한 질문자만큼 학식이 높았으나 더 단순하고 현명했다. 가설도 우리가 단순한 가설로 받아들여 사실과 혼동하지 않는다면 우리를 오도하지 않는다. 현명한 사람은 모든 가설을 배제한 채 단순한 미덕을 실천하는 길로 돌아간다. 그리하여 신성해지고 단순함과 깨달음, 해탈의 정점에 도달한다.

단순함의 자유와 기쁨에 도달하려면 생각을 줄이지 말고 더 많이 해야 한다. 높고 유용한 목적에 생각을 맞춰 무익한 이론화에 에너지를 소모하는 대신 인생의 진실과 의무에 집중해야 한다.

단순한 삶은 모든 부분이 단순하다. 삶을 다스리는 마음이 더 순수하고 강할뿐더러, 삶이 진리에 중심을 두고 안식을 취하기 때문이다. 음식을 탐하는 해로운 욕구와 옷에 대한 헛된 욕망, 과장된 말, 불성실한 행동, 지적 과시와 공허한 사변에 빠지기 쉬운 생각 등은 단순한 미덕을 더 잘 이해하고 진지하게 받아들이기 위해 모두 제쳐두어야 한다. 개인적 욕망을 버린 채 삶의 의무를 수행해야 한다. 그러면 삶의 의무가 새롭고 영광스러운 빛, 진리의 빛을 통해 변화할 것이다. 또한 지금까지 깨닫지 못하도록 숨겨져 있던 삶의 위대하고 근본적인 진실들이 또렷이 드러나고, 말 많은 이론가들이 추측과 논쟁밖에 할 수 없었던 영원한 진리를 실제로 소유하게 될 것이다.

마음이 단순한 사람, 마음이 진실한 사람, 덕이 있고 현명한 사람은 미래와 알려지지 않은 것, 알 수 없는 것에 대한 의심이나 두려움에 시달리지 않는다. 그들은 당면한 의무와 알려진 것, 알 수 있는 것에 마음을 쓴다. 가상의 것을 위해 실재의 것을 팔아버리지 않는다. 미덕 안에서 변함없는 평온을 찾는다. 진리 안에서 빛을 찾는다. 또한 그들은 삶에서 진실의 참된 질서를 드러내는 동시에, 미지의 심연에 대한 신성한 약속의 후광을 던져주는 빛이 된다. 그럼으로써 안식을 얻는다.

단순함은 방해받지 않고 작동함으로써 위대함이 되고 힘이 된다. 미심쩍은 생각, 기만, 불순함, 낙담, 비탄, 의심, 두려움 같은 것은 모두 버려지고 무시된다. 해방된 사람은 강하고 침착하며 평온하고 순수하다. 구름 한 점 없는 확신 속에서 일하고, 천국 같은 곳에서 살아간다.

올바른 생각과 안식

　　　　　　　　　인생은 습관이 모여 이루어진다. 습관에는 해
로운 것도 있고 유익한 것도 있지만, 자고로 모든 습관은 생각이라는 하나
의 습관에서 비롯된다. 생각이 사람을 만드는 만큼 올바른 생각은 인생에
서 가장 중요하다. 현명한 사람과 어리석은 사람의 근본적 차이는 전자는
자신의 생각을 통제하지만, 후자는 생각에 지배된다는 점이다. 현명한 사
람은 무엇을 어떻게 생각할지 결정하고, 외부적 요인 때문에 자신의 생각
이 주된 목적에서 벗어나지 않는다. 반면 어리석은 사람은 외부적 요인 때
문에 내면에서 온갖 폭군 같은 생각이 일어나는 데다, 그 생각에 사로잡혀
충동, 변덕, 격정 등 무력한 도구들을 사용하면서 인생을 살아간다.

　흔히 무사유로 불리는 무심하고 경솔한 생각은 실패, 죄, 불행의 동반자
다. 어떤 기도나 종교 의식, 자선 행위도 잘못된 생각을 보전할 수 없다. 오
직 올바른 생각만이 잘못된 삶을 바로잡을 수 있다. 사람과 사물에 대한 올
바른 마음가짐만이 안식과 평화를 가져다준다.

　승리하는 삶은 마음과 지성을 고상한 덕德에 집중한 사람만이 얻는다. 마
음과 지성을 고상한 덕에 집중하는 사람은 논리적이고 순차적이며 조화롭

고 균형 잡힌 생각을 한다. 변하지 않는 원칙에 따라 생각하기 때문에 깨달음의 확실한 토대 위에 삶을 세운다. 단순히 친절한 것을 넘어 지적으로 친절해야 하고, 친절을 베푸는 이유를 알아야 한다. 이런 사람의 친절함은 변하지 않으며, 이는 분노와 가혹한 행동으로 흩어지는 간헐적 충동과는 구별된다. 고결한 상황에서만 덕이 있는 것이 아니라서 악덕한 상황에 처했을 때도 약해지지 않는 빛으로 계속 빛난다. 그는 운명이 가져오는 충격이나 타인의 칭찬과 비난 때문에 신성한 인간성의 왕좌에서 내려오지 않는다. 이처럼 사람은 누구나 미덕을 영원한 거처로 삼고 피난처로 사용해 회오리바람과 폭풍우를 피해야 한다.

덕에는 마음의 덕뿐 아니라 지성의 덕도 있다. 지성의 덕이 없으면 마음의 덕도 위태로워진다. 격정과 마찬가지로 이성에도 악한 면이 존재한다. 관능이 애정의 소요인 것처럼 형이상학적 사변도 지성의 소요다. 사변은 아무리 높고 즐거워도 쉴 곳이 없으며, 긴장한 마음은 결국 추구하는 진리를 찾기 위해 진실과 도덕적 원칙으로 돌아가야만 한다. 날아오르던 새가 위험을 피하고 몸을 쉬고자 바위 틈 둥지로 돌아가듯이, 사변적 생각을 하는 사람도 확신과 평화를 얻으려면 미덕의 바위로 돌아가야 한다.

우리는 미덕의 원칙을 알고 그 실천과 관련된 모든 것을 이해하도록 지성을 훈련시켜야 한다. 에너지를 헛되이 낭비하지 말고 정의와 지혜의 길로 향하게 해야 한다. 생각하는 사람은 마음속으로 실재와 가정을 구별하는 것이 필요하다. 자신이 가진 지식의 범위를 깨달아 무엇을 알고 무엇을 모르는지 깨우쳐야 하는 것이다. 그리고 사실과 사실에 대한 의견, 믿음과 지식, 죄와 진리를 구별하는 법을 배워야 한다. 진리를 이해하면서 지혜롭고 찬란한 삶을 성취하는 올바른 마음가짐을 추구할 필요가 있다. 논리학보다 더 논리적이어야 하고, 냉소적인 논리학자가 타인의 마음속 죄를 폭로하는 것보다 더 무자비하게 자기 마음속 죄를 드러내야 한다. 얼마간 죄와 진리를 분별하는 과정을 거치고 나면 자신이 가진 실제 지식의 범위가 얼마나 보잘것없는지 깨달아 깜짝 놀라게 된다. 하지만 얼마 안 되더라도 순수한 금으로 만들어진 지식이기에 그것을 소유하고 있다는 사실에 기뻐할 것이다. 쓸모없는 광석 더미에 숨겨진 금 몇 조각을 갖는 것과 광석은 버리고 캐낸 금만 취하는 것 중 무엇이 더 나은가? 광부가 반짝이는 다이아몬드를 찾으려고 흙더미를 체로 치듯이, 영적 광부인 참된 사상가는 사실에 대한 의견, 믿음, 추측, 가정이 쌓여 있는 마음을 체로 쳐 지혜와 깨달음을 주는 진리라는 빛나는 보석을 찾는다.

이러한 선별 과정을 통해 마침내 드러난 농축된 지식은 덕과 아주 비슷해서 이 둘을 분리하기란 무척 어렵다. 소크라테스는 지식을 찾는 과정에서 덕을 발견했다. 따라서 위대한 스승들의 신성한 격언은 덕의 격언이기도 하다. 지식과 덕이 분리되면 지혜는 사라진다. 우리는 아는 지식을 실천한다. 실천하지 않는 것은 곧 모르는 것이다. 누군가가 사랑에 관해 논문을 쓰고 설교하는 것은 가능하지만, 그가 자기 가족을 매몰차게 대하거나 적을 악의로 대한다면 사랑에 관해 어떤 지식을 가졌다고 할 수 있겠는가?

지식을 가진 사람의 마음속에는 화려한 이론가의 번듯한 말을 부끄럽게 만드는 고요하고 변하지 않는 연민이 있다. 증오에서 자유로운 마음을 가지고 모든 이와 평화롭게 지내는 사람만이 평화가 무엇인지를 안다. 덕에 대해 말하는 교활한 정의는 악으로 얼룩진 입술에서 나와 오직 무지를 더할 뿐이다. 지식에는 단순히 정보를 기억하는 것 이상의 깊은 근원이 있다. 덕을 아는 데서 나오는 지식은 신성하다. 또한 지성에서 공허한 의견과 헛된 가정을 제거하는 겸손함은 날카로운 통찰력과 불굴의 힘으로 지성을 단련한다. 사랑과 구별되지 않는 신성한 논리가 있다. "너희 중 죄 없는 자가 먼저 돌을 던져라" 하는 말씀은 반박할 수 없는 논리다. 또한 완전한 사랑이기도 하다.

잘못된 생각을 하는 사람은 그의 악덕으로써 알려지고, 올바른 생각을 하는 사람은 그의 미덕으로써 알려진다. 잘못된 생각을 하는 사람은 괴로움과 불안에 시달리느라 지속적인 안식을 누리지 못한다. 그는 다른 이들이 자신을 해치고 냉대하며 속이고 비하해 몰락시킬 것이라고 상상한다. 덕이 가져다주는 보호에 대해서는 아무것도 모른 채 스스로를 보호하고자 의심과 악의, 원한, 보복에서 위안을 구하고, 자기 자신에게서 비롯된 악덕의 화염에 불탄다. 비방을 받으면 비방으로 답하고, 비난을 받으면 되받아 비난하며, 공격을 받으면 두 배로 맹렬하게 상대에게 덤벼든다. 잘못된 생각을 하는 사람은 "부당한 대우를 받았다"고 절규하면서 스스로를 원망과 불행 속으로 내던진다. 그는 통찰력이 없을뿐더러 선과 악을 구별하지 못하기 때문에 모든 문제의 원인이 이웃의 악이 아닌, 자신의 악이라는 사실을 알지 못한다.

바르게 생각하는 사람은 자신과 자기 보호에 대해 염려하지 않는다. 자신을 향한 타인의 잘못된 행동이 아무런 문제나 불안도 일으키지 못한다. 그는 "이 자가 나를 부당하게 대했다"고 생각지도 않는다. 스스로의 악행 외에는 어떤 잘못도 자신에게 미치지 못한다는 사실을 알기 때문이다. 또한 그는 자신의 행복은 본인 손에 달렸으며, 따라서 자신 외에는 누구도 안식을 앗아가지 못한다는 사실을 이해한다. 덕이 그런 그를 보호한다. 보복은 그에게 맞지 않다. 굳건히 평화를 지키는 마음에는 원한이 들어올 수 없기 때문이다. 유혹은 준비 안 된 자를 찾지 않으며, 설령 유혹이 찾아와도 견고한 성채 같은 그의 마음을 함락시키지 못한다. 덕이 있기에 그는 힘과 평화 속에 머물 수 있다.

바르게 생각하는 사람은 인간과 사물에 대한 올바른 마음가짐, 즉 심오하고 사랑스러운 안식의 태도를 발견하고 습득한다. 이것은 체념이 아니라 지혜다. 무관심이 아니라 주의 깊게 진리를 꿰뚫는 통찰력이다. 바르게 생각하는 사람은 삶의 진실을 이해하고 사물을 있는 그대로 바라본다. 그는 삶의 세세한 부분들을 간과하지 않을 뿐 아니라, 우주적 법칙에 비추어 이해하고 보편적 계획의 일부라고 본다. 그리고 정의가 우주를 지탱한다는 사실을 안다. 타인의 사소한 다툼과 덧없는 싸움을 지켜볼 뿐 관여하지 않는다. 그는 어느 편도 들지 못한다. 모든 사람을 동정하기 때문이다. 어느 한쪽을 다른 쪽보다 더 지지하지 못한다. 개인과 마찬가지로 세상에서도 선이 궁극적으로 승리할 것임을 알기 때문이다. 또한 그는 악은 자멸하기에 어떤 의미에서는 선이 이미 승리했다는 사실도 안다.

선은 패배하지 않으며 정의는 사라지지 않는다. 인간이 무슨 일을 하든 정의는 군림하고, 그 영원한 왕좌는 공격이나 위협을 받지 않을뿐더러 하물며 패배하거나 전복되지도 않는다. 이것이 참된 사색가가 얻는 영원한 안식의 원천이다. 의인이 된 사람은 의로운 법칙을 깨닫는다. 또한 사랑을 얻어 영원한 사랑을 이해하고, 악을 정복함으로써 선이 최고 가치임을 안다.

참된 사색가의 마음은 증오와 욕망, 교만으로부터 자유롭다. 그는 악을 씻어낸 눈으로 세상을 바라보고, 가장 쓰라린 적에게도 적개심을 품는 대신 연민을 느낀다. 모르는 부분에 대해 헛되이 말하지 않으며, 마음 또한 항상 평화롭다. 이로써 그는 자신의 생각이 진리와 부합한다는 것, 즉 더는 마음속에 괴로움이 없고 자신에게서 악의가 떠났다는 사실, 이전에 비난했던 부분을 이제는 사랑하고 있다는 사실을 알게 된다.

인간은 학식을 쌓을 수 있지만 지혜롭지 못하면 진정한 사색가가 되지 못한다. 배운다고 악을 이기는 것도, 많이 공부한다고 죄와 슬픔을 극복하는 것도 아니다. 오직 자기 자신을 극복해야만 악을 이길 수 있으며, 의를 실천해야만 슬픔을 끝낼 수 있다.

인생의 승리는 영리한 자나 학식 있는 자, 자신감 넘치는 자가 아니라 순수한 자, 덕이 있는 자, 현명한 자를 위한 것이다. 전자는 인생에서 그들 각자 성공을 거두지만, 후자는 완전무결해 거의 분명한 패배조차 이후 승리로 빛나는 위대한 성공을 거둔다.

덕은 흔들리지 않을뿐더러, 꺾이지 않고 전복되지도 않는다. 덕에 따라 생각하고 행동이 의로우며 마음이 진리를 섬기는 사람은 삶과 죽음에서 승리한다. 덕은 반드시 승리하는 데다, 의와 진리는 우주를 떠받치는 기둥이기 때문이다.

평온함과 능력

진리를 얻은 사람은 늘 침착하다. 정화된 마음과 참된 삶에는 서두름과 흥분, 불안과 두려움이 머물 자리가 없기 때문이다. 자기 극복은 영원한 평온을 가져온다. 평온함은 모든 덕에 광채를 더하는 반짝이는 빛이다. 성인 머리 위로 후광이 빛나는 것처럼, 평온함의 후광은 덕을 감싼 채 빛난다. 평온함이 없다면 아무리 큰 힘이라도 일종의 약함이 과장된 것일 뿐이다. 외부의 별것 아닌 소란에 매번 균형을 잃는다면 그의 영적 힘은 어디에 있고, 인간적인 강인함은 어디에 있는 것인가? 유혹과 위기의 순간에 자포자기하거나 보기 흉한 분노에 빠져 자신을 잊은 자가 무슨 지속적인 영향력을 가질 수 있겠는가?

덕이 있는 사람은 스스로를 견제하고 자신의 격정과 감정을 경계한다. 그는 이렇게 마음을 다스려 점차 평온해진다. 그리고 평온함을 바탕으로 영향력, 힘, 고귀함, 영원한 기쁨, 충만하고 완전한 삶을 얻는다.

자신을 견제하지 않는 사람, 감정과 격정에 지배당하는 사람, 흥분을 갈망하고 부정한 쾌락을 쫓는 사람은 기쁨에 찬 승리의 삶을 누리기에 적합하지 않다. 그는 평온함이라는 아름다운 보석을 알아보거나 얻을 수도 없다. 이런 사람은 입술로만 평화를 기도할 뿐, 마음속으로는 원하지 않는다. 아니면 '평화'라는 말이 그에게는 단지 즐기고 싶은 또 다른 주기적인 쾌락을 의미할지도 모른다.

평온한 삶에는 슬픔과 후회의 시간이 반작용으로 뒤따르는 흥분의 변덕스러운 시기가 없다. 바보 같은 위축감이 뒤따라오는 어리석은 우쭐함도 없으며, 불행을 불러오고 자존감을 상실케 하는 비열한 행동 또한 없다. 평온한 삶에서는 이런 것이 모두 사라지고 진리만 남는다. 그리고 진리는 평화에 영원히 둘러싸여 있다. 평온한 삶은 새로우면서도 깨지지 않는 행복이다. 스스로를 다스리지 않는 자에게는 귀찮은 의무가 평온한 사람에게는 기쁜 일로 다가온다. 실제로 평온한 삶에서 '의무'라는 단어는 새로운 의미를 갖는다. 이제 의무는 행복에 반대되는 말이 아니라, 행복과 함께하는 말이다. 평온한 사람, 바르게 보는 사람은 의무와 기쁨을 따로 여기지 않는다. 쾌락을 쫓고 흥분을 추구하는 사람이나 의무와 기쁨을 분리한다.

평온을 얻기 어려운 이유는 한순간의 쾌락을 누리려고 쾌락을 제공하는 저급한 마음의 방해물에 맹목적으로 집착하기 때문이다. 때로는 슬픔조차 일종의 특별한 사치로 여기면서 흐뭇해하기도 한다. 그러나 평온을 얻기 어려워도 평온에 이르는 길은 간단하다. 즉 평온에 반대되는 모든 흥분과 방해를 버리고, 변화하는 사건과 환경에 부화뇌동하지 않으면서 폭력적으로 반응하지 않으며, 영원한 만족과 지속적인 평화를 주는 불변의 덕으로 자신을 고무하는 것이다.

자신을 극복하고 날마다 평정심을 추구하면서 더 큰 자기통제와 마음의 평온을 얻고자 노력하는 사람만이 평화를 찾을 수 있다. 인간은 스스로를 통제 가능하기에 자신에게는 기쁨이 되고, 타인에게도 축복이 될 수 있다. 이러한 자기통제는 끊임없는 실천을 통해서만 얻어진다. 인간은 매일같이 노력해서 자신의 약점을 극복할 필요가 있다. 또한 자신의 약점을 이해하고 그것을 어떻게 없앨 것인지 연구해야 한다. 포기하지 않고 계속 노력하다 보면 점점 승리에 가까워질 것이다. 작은 승리, 물론 어떤 의미에서 작다고 표현할 승리는 없지만 그런 승리를 얻을 때마다 훨씬 평온해지고, 이는 영원히 성격에 아로새겨진다. 따라서 평온함을 얻고자 노력하는 사람은 강하고 유능하며 복된 자가 되어 주어진 의무를 완벽하게 수행하는 것은 물론, 모든 일을 고요한 정신으로 맞이할 수 있다. 설령 이번 생에서 어떤 충격도 방해할 수 없는 지고의 평온에 이르지 못하더라도 계속 노력한다면 충분히 침착하고 순수한 사람이 되어 인생이라는 전투에서 두려움 없이 싸워 나가고, 자기 존재의 선함을 깨달아 세상을 좀 더 풍요롭게 만들 수 있다.

우리는 끊임없이 자신을 극복함으로써 마음의 미묘하고 복잡한 문제를 알게 되며, 자기 자신을 앎으로써 평온함 속에 자리 잡는다. 자신에 대한 이해가 없으면 마음의 지속적인 평화도 없다. 또한 사나운 격정에 휩싸인 사람은 평온함이 지배하는 신성한 곳으로 가까이 다가갈 수 없다. 나약한 자는 사나운 말에 올라타 그 말이 가고 싶은 곳으로 달리도록 그냥 내버려 두는 사람과도 같다. 강한 사람은 말에 올라타 능수능란하게 말을 다루면서 자신이 명령하는 곳에 명령하는 속도로 도달하게끔 한다.

평온함은 고귀한 성격이 갖는 최상의 아름다움이며, 접하는 모든 이에게 평안과 평화를 안겨준다. 여전히 나약하고 의심 속에 머무르는 사람은 평온한 마음이 불안한 마음에 안식을 주고, 비틀대는 발걸음에 영감을 주며, 슬픔의 시기에 충만한 치유와 위로를 준다는 사실을 알게 될 것이다. 굳건히 자기를 극복하는 사람은 타인을 돕는 일에도 굳건하다. 영혼의 피로를 극복한 사람은 그 과정에서 지친 이들을 도울 수 있다.

시련과 비상 상황, 타인의 비난과 모략, 허위 진술에도 흔들리거나 쓰러지지 않는 마음의 평온함은 영적으로 위대한 힘에서 비롯되며, 이는 지혜로운 깨달음의 진정한 표시다. 고요한 마음은 숭고한 마음이다. 거짓과 모욕이 쇄도해도 평정심을 잃지 않고 자기 안의 평화를 유지하는 사람은 거룩할 정도로 온화할 뿐 아니라, 외적으로도 강하다. 이러한 평온함은 자기 통제가 피워내는 완벽한 꽃이다. 그만큼 끈기 있게 고통의 불길을 통과하고 오랫동안 마음의 정화 과정을 거쳐야 천천히 힘들게 얻을 수 있다.

고요한 사람은 자기 안에서 행복과 지식의 샘을 발견한다. 그 샘은 결코 마르지 않는다. 그는 자신의 힘을 마음대로 다룰 수 있으며, 그 능력에는 한계가 없다. 어떤 방향으로 에너지를 쓰든 독창성과 힘이 드러날 것이다. 이는 그가 사물에 대한 단순한 의견을 다루는 것이 아니라, 사물을 있는 그대로 다루기 때문이다. 어떤 의견이 있다 해도 그는 해당 의견에 더는 사로잡히지 않고 그것을 있는 그대로, 즉 단순한 의견일 뿐이라고 생각한다. 내재된 가치가 없다고 보는 것이다. 그는 이기심을 없애고 법칙에 순응함으로써 자연·우주의 힘과 하나가 된다. 그의 능력은 이기심에 구속되지 않으며, 그의 에너지는 교만함에 방해받지 않는다.

평온한 사람은 그 무엇도 자기 것으로 여기지 않는다. 심지어 자신이 쌓은 덕조차 진리의 일부일 뿐, 자기 개인에게만 속한 것이 아니라고 생각한다. 이런 사람은 의식이 가지는 우주적 힘의 원리를 이해하고 있기에 더는 개인의 하찮은 목적을 추구하는 천하고 작은 존재가 아니다. 그는 자아를 버림으로써 자아에 딸린 탐욕과 불행, 문제, 두려움도 버렸다. 그만큼 늘 침착하게 행동하고 모든 결과를 똑같이 평온하게 받아들인다. 또한 언제나 효율적이고 정확하며, 어떤 일에 관련된 모든 내용을 이해한다. 그는 무턱대고 일하지 않는다. 거저 얻는 운은 없다는 사실을 알기 때문이다.

평온한 사람의 마음은 잔잔한 호수의 수면과도 같아서 삶은 물론, 삶을 이루는 것들도 모두 진실되게 비춘다. 반면 괴로운 마음은 사납게 물결치는 수면처럼 그 위에 비치는 모든 것을 왜곡된 이미지로 돌려준다. 자신을 극복한 사람은 내면의 잔잔한 심연을 응시하면서 올바르게 비친 우주의 모습을 바라본다. 우주의 완전성을 보고, 자신의 운명에서 공정함을 본다. 세상을 부조리하고 슬프게 여기도록 하는 것들, 어쩌면 이전에 그에게도 그렇게 보였던 것들조차도 이제는 자기가 했던 지난 행동의 결과임을 알게 되고, 따라서 완전한 전체의 일부로 기꺼이 받아들인다. 그리하여 그는 기쁨과 깨달음의 무한한 자원을 얻고 평온해진다.

평온한 사람은 불안한 자가 실패하는 곳에서 성공한다. 자기 마음속에 있는 가장 난해한 문제와 어려움을 성공적으로 해결한 사람은 어떤 외적 어려움에도 대처할 수 있다. 내적 문제를 다스리는 데 성공한 사람은 외적 문제를 다스릴 준비가 되어 있는 셈이다. 평온한 마음은 모든 방향에서 닥치는 어려움을 감지하고 그것을 해결할 방법을 안다. 이에 반해 불안한 마음은 길을 잃은 상태다. 이런 사람은 불안한 마음에 눈멀어 가야 할 곳을 보지 못한 채 자신의 불행과 두려움만 느낄 뿐이다.

평온한 사람은 또한 자신에게 일어나는 모든 일을 뛰어넘을 능력이 있다. 그래서 어떤 일이 생기든 놀라는 경우가 없으며, 늘 해결할 준비가 되어 있다. 어떤 것도 그의 강하고 굳건한 마음을 흔들 수 없다. 의무가 부르는 곳이 어디든 저절로 능력이 발휘되고, 자아의 충돌에서 자유로워진 마음은 조용하고 끈기 있는 힘을 발산한다. 세속적 일이든, 영적 일이든 그는 정신력을 모아 꿰뚫는 통찰력으로 자신의 일을 해낸다.

평온함은 마음이 조화롭게 조정되고 완벽하게 균형 잡힌 상태를 의미한다. 한때는 그렇게 적대적이면서 고통스럽던 모든 극단이 서로 화해하고 하나의 거대한 중심 원리로 녹아든다. 이는 곧 폭주하는 격정이 길들여지고 통제되며, 지성이 정화되고, 개인의 의지가 우주의 의지로 합쳐지는 것이다. 이로써 더는 편협한 개인의 목적에 집중하지 않고 모두의 선에 관심을 갖는다.

영원히 평온해질 때까지는 완전한 승리를 거둔 것이 아니다. 헛된 일들의 방해를 받는다면 이해는 아직 설익고, 마음의 순수함은 완전하지 않은 상태다. 스스로에게 아첨하고 자신을 속이는 동안에는 인생의 승리로 나아갈 수 없다. 우리는 깨어 있어야 한다. 그리고 자신의 죄와 슬픔, 고난은 모두 스스로 만든 것이고 자신의 불완전한 상태에서 기인했음을 알아야 한다. 불행이 타인의 죄가 아닌, 나 자신의 죄에 뿌리를 두고 있다는 사실을 이해해야 한다. 우리는 탐욕스러운 사람이 재물을 탐하듯이 평온함을 추구해야 한다. 그리고 조금 성취했다고 만족해하지 말아야 한다. 그럼 은혜와 지혜, 힘과 평화를 향해 성장해갈 수 있으며, 꽃 위에 깨끗한 이슬이 내리듯 평온이 영혼에 내려앉을 것이다.

평온한 마음이 있는 곳에 힘과 안식이 있고, 사랑과 지혜가 있다. 자신과의 무수한 전투에서 성공적으로 싸움을 계속해온 사람, 오랫동안 남몰래 자신의 실패에 맞선 사람은 마침내 승리를 거둘 것이다.

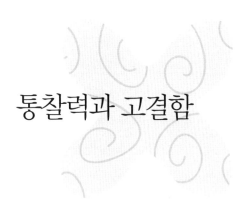

통찰력과 고결함

덕을 추구하고 실천하다 보면 마침내 신성한 통찰력이 드러나는 순간이 온다. 신성한 통찰력이 생기면 어떤 일의 원인과 원리에 천착하게 되며 그것이 덕으로 굳건해진다. 그럼 유혹이 다가와도 흔들리지 않고, 세상을 위한 일을 할 때 무적이 된다.

덕에 대한 이해가 무르익은 사람은 악한 성향이 사라져 잘못된 행동을 할 수가 없다. 개인의 행동을 중단되지 않는 일련의 원인과 결과로 이해한다면 그 마음이 마침내 덕을 추구하고 미천한 이기심을 영원히 버리게 된다.

인생에 작용하는 공정한 법칙을 깨닫기 전까지는 언제 어떤 덕을 실천해도 고귀한 성품이 자리 잡지 못하고, 의로 완전히 무장하지 못하며, 마지막 피난처에 안전하게 머무르지도 못한다. 선과 악을 알고 선한 행동과 악한 행동의 결과를 파악하는 완전한 통찰력이 아직 없는 사람은 지금까지 영적 통찰력을 흐리면서 그를 완전한 비전으로부터 차단해온 성품의 약한 지점이 유혹당할 경우 무너지고 만다. 그리고 이렇게 무너진 순간 내면에서 자신을 훼방 놓던 장애물을 발견하게 된다. 이 장애물을 제거하고자 노력할 때 그는 더 높은 덕의 단계에 오르고 인간을 신성하게 만드는, 즉 진정한 삶의 질서를 꿰뚫는 완전한 통찰력에 더 가까이 다가간다.

어떤 상황에서 자신의 타고난 순수함이나 힘 때문이 아니라 친구의 영향이나 관습, 환경 때문에 절제하는 사람은 덕이 있는 것처럼 보일 수 있다. 실제로는 덕에 대해 아무것도 모르는데 말이다. 그리고 그의 부덕함은 모든 외부적 구속이 사라졌을 때, 유혹에 은폐된 약점과 악이 드러났을 때 비로소 티가 난다.

반면 덕이 높은 사람은 보통의 환경에서는 나약한 동료들과 거의 비슷해 보인다. 다른 이들은 그가 가진 덕을 알아채지 못할 것이다. 그러나 그에게 갑자기 큰 유혹이나 특별한 사건이 닥치면 그가 지닌 덕이 아름다움과 힘을 드러낸다.

통찰력은 악의 지배를 무너뜨리고, 우리로 하여금 선한 법칙의 완벽한 작동법을 알게 한다. 완벽한 통찰력을 가진 사람은 선과 악의 본질을 완전히 이해하기 때문에 죄를 지을 수가 없다. 또한 원인과 결과의 모든 측면에서 선과 악을 아는 사람은 악을 선택하고 선을 거부하는 일이 불가능하다. 정신이 멀쩡한 사람이 맛있는 음식을 앞에 두고 재를 선택하지 않듯이, 영적으로 깨어 있는 사람은 선을 놓아두고 악을 선택하지 않는다. 죄는 자기기만과 무지의 표시인 동시에, 영적 통찰력이 왜곡되어 있거나 발달하지 못했음을 보여주고, 선과 악의 본질에 대해 혼란을 느끼고 있음을 드러내는 것이다.

덕을 연마하는 초기 단계에는 악의 힘이 압도적인 것처럼 보이고 극복하기 어렵다고 느껴진다. 그러나 통찰력이 생기면 사물의 본질에 새로운 빛이 비추고 악이 실제 모습 그대로 드러난다. 강력하고 무시무시한 힘이 아니라, 작고 어둡고 무력하며 단순한 부정성으로서 악이 나타나는 것이다. 통찰력을 지닌 사람은 악의 뿌리가 지적인 힘이 아니라 무지에 있고, 거기에서 모든 죄와 고통이 비롯된다는 사실을 안다. 그는 악이 단순히 선의 타락에 불과하다는 사실을 알기에 악을 미워하지 않으며, 죄를 지어 고통받는 모든 존재에 연민을 느낀다.

지금까지 악의 본질과 근원을 알기 위해 자기 마음속에 있는 악을 극복해 온 사람은 누군가가 아무리 덕에서 멀리 떨어져 있다 해도 그를 미워하거나 싫어하거나 경멸하지 않는다. 다만 인격의 타락을 온전히 인식하면서 타락이 시작되는 어두운 영적 상태를 이해할 뿐이다. 그래서 통찰력이 없는 사람이라면 미워하고 경멸할 존재를 그는 동정하고 돕는다. 통찰력은 언제나 사랑을 불러오고 지식은 동정을 가져오기 때문이다.

덕에 관한 오랜 지식과 자기 정화에서 나온 통찰력은 성숙한 인격의 형태로 발현된다. 성숙한 인격을 가진 사람에게는 변치 않는 강인함과 다정함이 있다. 명료한 지성과 강건한 의지력, 온화한 심성이 있다. 이는 그가 교양 있고 부드러우며 완전한 존재, 즉 동정심과 연민, 순결, 지혜를 획득한 존재임을 드러낸다. 이처럼 "선은 통찰력을 주는" 반면, 통찰력은 선을 영구적으로 만들고, 순수하면서도 고귀한 대상에 사랑과 실천을 베풀게 하며, 이마에 신성함의 도장을 찍는다.

환경이나 주변 타인의 태도가 변해도 변치 않는 선함을 유지하는 자들은 신성한 선에 도달한 사람이고, 지고의 선을 이해한 사람이다. 그는 해를 끼칠 수 있는 악에는 관심을 두지 않고 오직 선에만 관심을 가진다. 악을 무시하고 오로지 선만 인식한다. 또한 많은 이가 선을 오해함으로써 악을 범한다는 사실을 이해하고, 자신의 평화로운 마음에는 그 누구에 대한 미움도 들어올 수 없음을 안다.

세상 무엇보다 강력한 것이 선이기에 이런 사람의 삶은 비록 잘 보이지 않는다 해도 강력하다. 그의 삶과 행동은 살아 있는 동안 이해받지 못할지라도 인류에게 헤아릴 수 없는 이익을 가져다준다. 따라서 세상의 운명은 지금까지 선의 손에 달려 있었고, 지금도 그러하며, 앞으로도 그럴 것이다. 선한 사람은 인류를 인도하고 해방시키는 자들이다. 그들은 발전의 시대에 진화의 여정에서 인류를 이끌고 있다. 신비주의적이거나 초자연적인 방식이 아닌, 매우 실용적이고 상식적인 방법으로 모범적인 삶을 살면서 선한 행동을 통해 이를 실천하고 있다. 세상을 돕는 선한 사람은 기적을 행하는 것이 아니다. 깨닫지 못한 자들이 그들을 그런 식으로 보이게 하려 노력했지만, 선한 사람은 정의를 실현하는 일꾼, 선한 법칙을 섬기는 일꾼이다.

세상은 악의 지배하에 있었던 적이 없고 앞으로도 없을 것이다. 악의 지배를 받는 상태는 부존재를 의미하기 때문이다. 어둠이 빛이 존재하지 않는 상태인 것처럼, 악은 단지 선이 존재하지 않는 상태일 뿐이다. 우리를 지탱하는 힘은 어둠이 아니라 빛이다. 악은 세상에서 가장 약하고 그 무엇도 성취할 수 없다. 우주는 선을 이룰 뿐 아니라 선하며, 악은 늘 미치지 못하고 실패한다.

통찰력은 모든 존재를 진리의 빛으로 보는 힘이다. 햇빛이 세상의 모든 사물을 온전한 형태로 보여주듯이, 진리의 빛은 마음에 들어와 삶의 모든 부분을 올바른 관계로 보여준다. 진리로 자기 마음을 탐색하는 사람은 모든 이의 마음을 탐색할 수 있다. 오랜 탐색으로 자기 마음에서 작용하는 완전한 법칙을 깨달은 사람은 우주의 버팀목이자 실질인 신성한 법칙을 드러낸다.

통찰력이 있으면 착각과 미신이 없어진다. 죄는 단지 착각으로, 인간은 죄를 통해 서로의 믿음을 공격하고 무지 속에 머무른다. 자신의 죄를 스스로 없앨 때 인간은 깨달음을 얻는다. 미신은 죄에서 비롯되며, 어두워진 눈에는 무지의 망상인 악한 것들이 보인다. 마음속으로 법칙에 어긋나는 것을 생각하고 현실에 존재하지 않는 괴물과 공포를 상상하며 괴로워한다. 반면, 통찰력이 있는 곳에는 두려움이 없다. 악마, 마귀, 분노·질투의 신, 뱀파이어, 악령 등 온갖 끔찍한 관념의 괴물이 그것들이 태어난 열띤 악몽과 함께 우주에서 사라진다. 그리고 정화된 사람의 황홀한 시선 앞에 질서 정연한 아름다움과 불가침의 법칙이 다스리는 우주가 펼쳐진다.

통찰력이 있는 사람은 스쳐 지나가는 경험이 아니라 지속적이고 일상적인 마음 상태로 성인의 축복받은 시야를 가지고 살아간다. 자아와 슬픔을 극복하는 긴 여정을 끝내 평화를 누리고, 싸움에서 승리해 기쁨을 얻는다. 또한 세상의 모든 죄와 불행, 고통을 다른 이들보다 더 분명하고 생생하게 본다. 다만, 그런 것에 맹목적으로 빠져 마음이 비뚤어졌을 때 모습이 아니라 원인과 발단, 성장, 결과 등 있는 그대로의 모습을 본다. 마치 어머니가 자식이 아무런 힘도 없는 유아기를 거쳐 성장하는 모습을 보듯이, 온화한 연민과 애태움을 가지고 변화 및 고통의 시기를 거쳐 미성숙한 단계에서 성숙한 단계로 커가는 존재의 성장 과정을 지켜본다.

통찰력이 있는 사람은 모든 일에 정의가 작용하는 것을 본다. 악의 승리를 목도한 자들이 분노할 때 그는 악이 승리한 것이 아니라 무로 간다는 사실을 알고 있다. 또한 그는 세속적인 눈으로는 볼 수 없는, 영원히 흔들리지 않는 지배적인 정의를 본다. 선이 가진 위엄, 불굴의 힘, 모든 것을 바라보는 지혜에 비할 수 없는 악의 미약함, 보잘것없음, 맹목적인 어리석음도 본다. 이런 것들을 보고 또 알기에 그의 마음은 마침내 선에 고정된다. 그는 진리에 헌신하고 의를 행하는 데서 기쁨을 느낀다.

마음에 통찰력이 생기면 진실이 드러난다. 그것은 우주에서 분리된 형이상학적 진실도, 인생과는 별개인 사변적 진실도 아니다. 그것은 우주 자체의 진실, 인생 자체의 진실이다. 통찰력은 변화하는 것에서 지속하는 것을, 일시적인 것에서 영원한 것을, 사라지는 것에서 불멸하는 것을 알아보기 때문에 변화와 쇠퇴를 이긴다.

성인과 현자, 더 나아가 인류의 위대한 스승들이 유지했던 고귀한 성품의 의미가 여기에 있다. 그들은 진실 속에서 사물을 인식하고 그 안에 머무른다. 완성된 인생을 아는 그들은 정의의 법칙을 이해하고 법칙에 순종하며, 자아를 이기고 모든 망상을 극복한다. 또한 죄와 슬픔을 이기고 자신을 정화해 완전한 우주를 경험한다.

옳은 것, 순수한 것, 선한 것을 선택하고 모든 오해와 모욕, 패배에도 이것들을 고집하는 사람은 마침내 통찰력을 얻고 진리의 세계에 눈뜨게 된다. 그럼 고통스러운 수행이 끝나고, 저속한 상태가 그에게 더는 영향을 미치거나 슬픔을 유발하지 못한다. 그에게는 순결함과 기쁨이 함께한다. 우주는 선의 승리를 기뻐하며 새로운 정복자를 환영한다.

주인인 사람

자아를 통제하면 '신성한 의식'이라고 부를 수 있는 독특한 의식 형태가 발전한다. 이는 한편으로 개인적 이익과 만족을 갈망하면서 다른 한편으로는 후회와 슬픔에 빠지는 평범한 인간의 의식과 구별된다. 신성한 의식은 개인적 쾌락, 보호, 보존이 아닌 인류와 우주, 영원한 진실, 의로움, 지혜, 진리와 관련 있다. 개인적 쾌락을 느끼지 못하는 것이 아니라, 더는 갈망하거나 추구하지 않으며 우선순위에 두지 않는 것이다. 쾌락은 올바른 생각과 행동의 효과로 정화되어야 할 대상일 뿐, 그 자체로 목적이 되지 않는다. 신성한 의식에는 죄도 슬픔도 없다. 죄의식조차 사라지고 삶의 진정한 질서와 목적이 드러나기에 한탄할 이유가 없다. 예수는 이런 의식 상태를 '천국'이라 말했고, 부처는 '열반', 노자는 '도', 에머슨은 '초영혼The Over-Soul'이라고 불렀다. R.M. 버크Bucke 박사는 자신의 책《우주 의식Cosmic Consciousness》에서 이런 신성한 의식을 책 제목과 같은 '우주 의식'이라고 일컬었다.

평범한 인간은 자아의식self-consciousness을 갖는다. 이에 사람은 누구나 자아, 즉 개인을 다른 모든 것보다 우선시한다. 따라서 자아에 대한 끊임없는 불안과 두려움을 지니고 있다. 자아를 상실할지 모른다는 가능성은 가장 슬픈 재앙이고, 자아를 영원히 보존하는 것이 우주에서 가장 중요한 일로 여겨진다.

신성한 의식을 가지면 이 모든 것이 사라진다. 자아가 사라지므로 더는 자아에 대한 두려움과 불안이 존재할 수 없다. 또한 사물을 자아에 쾌락이나 고통을 주는 대상, 즉 일시적인 행복이나 영원한 행복을 위해 자아가 바라는 대상으로가 아닌 있는 그대로 이해한다.

자아의식이 있는 사람은 욕망의 지배를 받는다. 그러나 신성한 의식을 가진 사람은 욕망을 지배한다. 전자는 즐겁거나 불쾌한 것을 고려하고, 후자는 쾌락이나 고통은 고려하지 않은 채 의로운 법칙에 따라 행동한다.

인류는 자아의식을 거쳐 신성한 의식으로 나아가고 있다. 죄의식과 수치심을 가진 자아의 노예 상태에서 벗어나 순수함과 힘을 가진 진리의 자유로 나아가는 것이다. 인류의 위대한 스승과 구원자들은 이미 이 상태에 도달했다. 그들은 예전 생에서 모든 형태의 자아의식을 거쳤고, 이제는 자아를 정복해 신성한 의식을 가지게 되었다. 그리고 이 세상에서 진화의 정점에 도달했기에 더는 자아의식을 가진 형태로 거듭날 필요가 없다. 그들은 삶의 주인이다. 자아를 극복해 최고 지식을 얻었다. 그들 중에는 보통의 인간이 갖는 자아의식과는 상당히 다른 지혜와 의식을 드러냄으로써 이해할 수 없는 신비로운 대상으로 여겨지고, 또 그런 분위기에 둘러싸여 신으로 추앙받는 사람도 있다. 그러나 신성한 의식에는 신비가 없다. 오히려 반대로 자아의 혼란이 없어질 때 분명해지는 투명한 단순함이 있을 뿐이다.

자아의식 상태에서는 초자연적인 것 같은 위대한 스승들의 변함없는 온화함, 숭고한 지혜, 완전한 고요함이 마음속에 신성한 의식이 희미하게 떠오르는 순간에는 오히려 단순하고 자연스러운 것처럼 보인다. 이러한 신성한 의식은 자아의식을 가진 인간이 높은 도덕성을 지니기 전까지는 나타나지 않는다.

사람은 자신을 억누르고 지배하는 내면의 격정을 정복해 통제하는 만큼 신성한 의식과 지혜, 신성한 온유함과 강인함을 갖게 된다. 스스로의 주인이 된 사람만이 신성함의 주인이 된다. 다른 이들과 영적으로 깨달은 사람을 구분 짓는 고귀한 의식, 인정 많은 성품, 겸손한 미덕은 자기 극복의 열매이며, 자아의식을 가진 평범한 자들이 생각 없이 맹목적으로 따르는 정신적 힘을 다스리고 이해하려는 오랜 노력의 필연적 결과물이다.

자아의식을 가진 자는 자아의 노예다. 이런 사람은 자기중심적인 성향을 따르면서 자신의 격정은 물론, 그 격정을 추구하느라 생긴 슬픔·고통에 복종한다. 죄와 슬픔을 의식하지만 그런 상황에서 벗어날 방법을 알지 못한다. 그래서 노력하는 대신 신학을 발명한다. 신학은 모호한 희망을 통해 변덕스러운 위안을 주지만 그를 죄의 손쉬운 희생양, 슬픔의 기꺼운 먹이가 되게 만든다.

신성한 의식을 가진 사람은 자아의 주인이다. 그는 자아가 아닌 진리에 복종한다. 자신의 성향을 억제하고 지휘하면서 죄와 슬픔을 이기는 힘이 커지고 있음을 의식한다. 또한 자기 극복을 통해 이와 같은 상황에서 벗어날 수 있는 방법이 있다는 사실도 안다. 그는 도움을 얻기 위해 신학을 필요로 하지 않으며, 옳은 일에 노력하고, 승리감과 순결함, 힘이 늘어나는 것에 기뻐한다. 자아의 완전한 주인이 되는 사람은 오직 진리에 부합하는 성향만을 갖는다. 그럼 죄의 정복자가 되어 슬픔의 지배를 받는 일이 더는 없을 것이다.

내면을 지배하는 거친 자아를 복종시키고 극복하며 물리친 사람은 깨달음과 지혜를 얻는 것은 물론, 영원한 평화와 행복을 느낀다. 그는 슬픔의 폭풍우가 몰아쳐도 우울해하지 않는다. 근심과 고난은 그를 그냥 지나쳐 가고, 어떤 악도 그를 덮치지 못한다. 신성한 덕을 얻었으니 어떤 적도 그를 전복시킬 수 없으며, 어떤 원수도 그를 해할 수 없다. 친절하고 평화로운 만큼 어떤 사람이나 힘, 장소도 그에게서 안식을 빼앗을 수 없다.

이런 사람에게는 자기 자신 외에 적이 없으며, 어둠 외에는 무지하지 아니하고, 타고난 본성의 불복종적 성향에서 비롯된 고통 외에는 다른 고통이 없다.

호불호, 소망과 후회, 욕망과 실망, 죄와 슬픔을 가진 사람 가운데 진정으로 현명한 자는 없다. 이러한 것들은 자아의식 상태에 속하며 어리석음, 나약함, 복종을 보여주는 표시이기도 하다.

세속적 의무를 수행하면서도 늘 침착하고 온화하게 인내하는 자가 진정으로 현명한 사람이다. 그는 사물을 있는 그대로 받아들이고, 뭔가를 바라지도 슬퍼하지도 않으며, 욕망하거나 후회하지도 않는다. 이러한 상태는 진리에 복종하는 신성한 의식에 속할 뿐 아니라, 깨달음과 강함, 승리의 표시이기도 하다.

재물이나 명예, 쾌락을 탐하지 않고 가진 것을 누리면서 그것을 빼앗겨도 슬퍼하지 않는 자가 진정으로 현명한 사람이다.

재물과 명예, 쾌락을 탐하고 가진 것에 만족하지 못하다가 그것을 빼앗기는 순간 슬퍼하는 자는 참으로 어리석은 사람이다.

인간은 정복할 수 있는 능력을 지녔다. 하지만 영토 정복은 큰 이익이 없다. 인간은 자아를 정복해야 한다. 영토를 정복하면 일시적으로 지배자가되지만, 자아를 정복하면 영원한 승리자가 된다.

사람은 지배할 운명을 타고났다. 다만 힘으로 다른 이들을 지배할 운명이 아니라, 자기통제를 통해 스스로의 본성을 지배할 운명이다. 힘으로 타인을 지배하는 것은 자기 본위의 극치이고, 자기통제로 스스로를 지배하는 것은 겸손함의 극치다.

진리를 섬기고자 자아를 떨쳐버린 사람, 영원한 진리 안에 자신을 세운 사람은 삶의 주인이다. 그는 완전한 인격을 가졌을뿐더러 신성한 지혜의 왕관도 쓰고 있다. 또한 마음의 혼란과 인생의 충격을 이겨내고 어떤 상황에도 굴하지 않는다. 사건의 침착한 구경꾼일 뿐, 더는 사건의 무력한 도구가 아니다.

　순수하고 기쁨에 찬 사람은 바로 선 불멸의 존재이지, 죄를 짓고 울며 회개하는 필멸의 존재가 아니다. 기쁘고 평화로운 마음으로 사물의 추이를 이해하는 사람은 신성한 정복자이자, 삶과 죽음의 주인이다.

지식과 승리

　　　　　　　믿음은 승리하는 삶의 시작이지만, 지식은 그
완성이다. 믿음은 길을 보여주지만, 지식은 목적지다. 믿음을 가지면 수많
은 고난을 겪지만, 지식을 가지면 고난을 초월한다. 믿음은 인내하고, 지
식은 사랑한다. 믿음은 어둠 속을 걸으면서도 신뢰한다. 지식은 빛 속에서
행동하고 이해한다. 믿음은 노력하도록 영감을 주고, 지식은 성공을 통해
노력에 왕관을 씌운다. "믿음은 바라는 것들의 본체"이고, 지식은 소유한
것들의 본체다. 믿음은 순례자를 돕는 지팡이이며, 지식은 여정의 끝에 있
는 피난처다. 믿음이 없으면 지식이 없지만, 지식을 얻으면 믿음의 역할은
끝난다.

　승리하는 삶은 지식이 있는 삶이다. 그리고 지식이란 책에서 배우는 것
이 아니라 삶에서 배우는 것이다. 피상적인 사실들을 기억하는 것이 아닌,
삶의 심오한 사실과 진리를 파악해 이해하는 것이 곧 지식이다. 이러한 지
식 없이 인간에게 승리는 불가능하며 지친 발을 쉴 곳도, 아픈 마음을 피할
곳도 없다.

　어리석은 자에게 유일한 구원은 지혜로워지는 것이고, 죄 지은 자에게

유일한 구원은 순수해지는 것이다. 순수하고 죄 없는 삶을 통해 신성한 지식에 도달하는 길 말고는 인생의 혼란과 괴로움으로부터 인간이 해방될 수 있는 방법은 없다. 깨달음을 얻은 마음 외에 영원한 평화는 그 어디에도 없다. 순수한 삶과 깨달음을 얻은 마음은 결국 똑같기 때문이다.

다만, 지혜는 얻을 수 있는 것이기에 어리석은 자에게도 구원은 있다. 순수함은 받아들일 수 있는 것이기에 죄인에게도 구원은 있다. 이처럼 사람은 누구나 인생의 고통과 혼란으로부터 해방될 수 있다. 돈이 많든 가난하든, 학식이 높든 낮든 누구나 의지만 있으면 완전한 지식으로 이끄는 흠 없는 낮은 길로 들어갈 수 있기 때문이다. 포로가 된 자에게는 구원이, 패배한 자에게는 승리가 있기에 높은 곳에 기쁨이 자리한다. 우주가 기쁨에 찬다.

지식을 얻고 자기 자신을 이긴 사람은 죄와 악, 삶의 모든 부조화에 맞서 승리를 거둔다. 그는 죄와 슬픔으로 얼룩진 과거의 마음에서 벗어나 순수함과 평화로 빛나는 새로운 마음을 가지게 된다. 악으로 물든 과거의 세상에서 죽고, 흠이 없는 법칙과 사랑이 지배하는 새로운 세상에서 다시 태어난다. 그곳에는 악이 없으며, 그는 불멸의 선 안에서 죽지 않는 존재가 된다.

지혜로운 사람들의 세계에는 불안과 공포, 슬픔과 비탄, 실망과 후회, 불행과 회한 등이 존재하지 않는다. 이것들은 자아에 집착하는 세계의 그림자 같은 감정들이며 지혜의 빛 속에서는 살 수 없는, 아니 실체조차 없는 어두운 존재들이다. 이 같은 인생의 어두운 존재들은 아직 지혜의 빛이 닿지 않은 깜깜한 마음 상태로, 마치 그림자처럼 자아를 따라다닌다. 이기적 욕망이 가는 곳이면 어디든 따라가고, 죄가 있는 곳이면 어디에든 있다. 그리고 자기 안에는 안식도, 빛도 없다. 사나운 격정의 불꽃과 소모적인 욕망의 불길이 타오르는 곳에서는 지혜와 평화의 시원한 공기가 느껴지지 않는다.

지혜로운 사람은 안전과 확신, 행복과 안온함, 만족과 안도, 기쁨과 평화를 영원히 소유한다. 이것들은 의로움의 결과이며, 흠 없는 삶이 주는 보상이고, 자기 극복을 통해 얻는 성과다.

올바른 삶의 실체는 깨달음(지식)이고, 지식의 핵심은 평화다. 삶의 모든 문제에서 자신을 이기려면 자아라는 악몽이 보는 대로가 아닌, 현실의 삶 그대로를 먼저 알아야 한다. 그러면 모든 과정에서 평화로워지고, 인생에서 일어나는 보통의 일들에서 고통과 슬픔으로 상처받지 않을 것이다.

성숙한 학자가 잘못된 연구와 불완전한 가르침에 더는 괴로워하지 않고 과거 스승에게 들었던 심한 견책과 꾸지람을 영원히 뒤로하는 것처럼 덕이 완성된 학자, 즉 지혜로운 사람, 깨달음을 얻어 의를 행하는 사람도 더는 잘못된 행동과 어리석음으로 괴로워하지 않는다. 슬픔과 회한의 고통 또한 그에게서 영원히 사라진다.

유능한 학자는 자신의 능력을 더는 의심하지 않을뿐더러, 능력을 증명해야 할 때도 두려워하지 않는다. 자신의 무지를 극복해 배움에 이르고 이를 자각한 그는 수업과 시험 형태로 무수히 많은 검증을 거쳤고, 마침내 가장 어려운 시험을 성공적으로 통과함으로써 자신의 실력을 증명해냈다. 그 결과 이제는 능력을 증명하기 위해 어려운 시험을 치러야 할 때 더는 두려워하지 않고 오히려 기뻐한다. 그는 능력이 있고 자신감과 기쁨이 넘친다.

유능한 정의 수행자도 운명에 대한 의심과 두려움으로 더는 괴로워하지 않는다. 마음의 무지를 극복해 지혜에 이르고 이를 자각한 그는 과거에는 다른 이들의 잘못된 행동이 그를 시험에 들게 하면 실패하고 넘어졌지만, 이제는 비난과 책망이라는 가장 가혹한 시험에 들어도 인내와 평온을 유지할 수 있기 때문이다.

신성한 지식이 가져오는 영광과 승리는 바로 여기에 있다. 선한 행위와 악한 행위의 본질을 이해하고 선행을 실천하는 사람은 타인의 악행으로 고통받지 않는다. 자신을 향한 타인의 행동 때문에 고통스러워하거나 슬퍼하지 않으며 평화를 빼앗기지도 않는다. 선으로 몸을 피한 사람에게는 악이

다가오거나 해를 끼치지 못한다. 그는 선으로 악을 갚고 선의 힘으로 악의 약함을 극복한다.

악행을 저지르는 자들은 타인의 악행이 자신에게 해를 끼칠 수 있을 만큼 강하고, 자신에 대한 끔찍한 악의로 가득 차 있을 것이라고 생각한다. 그는 자신의 악행은 보지 않기 때문에 자신의 악행이 아닌 타인의 악행으로 고통에 시달리고 슬픔에 가득 찬다. 무지에 사로잡혀 있는 그에게는 영적인 힘도, 피난처도, 영원한 평화도 없다.

자기 자신을 이긴 사람이 진정한 현자다. 그는 영혼이나 초자연적 현상을 보는 사람이 아니다. 그런 것은 편협할뿐더러, 사람을 미혹한다. 진정한 현자는 삶을 개별적 측면과 신성한 원리에 따라 있는 그대로 보는 사람이며, 우주적 법칙과 우주적 사랑, 우주적 자유, 그리고 영적 우주를 보는 사람이다.

자아의 고통스러운 꿈을 떨쳐버리고 새로우면서도 영광스러운 우주를 바라보는 시각으로 깨어난 사람은 지식과 승리를 얻는다. 신을 보는 선견자인 그는 완전한 사랑과 끝없는 평화로 축복을 받는다. 또한 그는 모든 더러운 욕망과 편협한 목표, 이기적인 사랑과 증오를 훨씬 뛰어넘어 법칙을 따르는 만물의 흐름을 이해하며, 어쩔 수 없는 운명이 닥쳐도 슬퍼하지 않는다. 그는 슬픔의 세계 너머에 있다. 이는 그가 냉정하고 잔인해서가 아니라 자아에 대한 생각이 들어오지 못하는, 타인의 안녕만을 위하는 사랑 속에 머물고 있기 때문이다. 그는 이기심을 버렸기에 슬퍼하지 않는다. 무엇을 받든 그것은 선하고, 무엇을 빼앗기든 그 역시 선하다는 사실을 알기에 고요하다. 슬픔을 사랑으로 바꾼 그는 무한한 애정과 연민으로 가득 차 있다. 그의 힘은 폭력적이지 않고 야심만만하지 않으며 세속적이지 않다. 순수하고 평화롭고 신성하다. 그는 타인과 세상의 선을 위해 일어서는 법을 알고 있을 뿐 아니라, 굽혀야 할 때를 아는 숨겨진 힘도 지니고 있다.

그는 스승이지만 말을 거의 하지 않으며, 주인이지만 다른 이들을 지배하려는 욕망이 없고, 정복자이지만 동료들을 복종시키려 하지 않는다. 우주적 법칙을 완성하는 깨어 있는 도구가 된 그는 인류 발달을 이끄는 지적이고 깨달은 힘이다.

17

번영의 여덟 가지 기둥

도덕적인 사람은 영원히 복되고 행복하며, 전체적으로 봤을 때
그의 삶은 늘 성공적이다. 여기에 예외는 없다. 세부적으로는 어떤 실패를 겪을지 몰라두
그가 완성하는 인생이라는 작품은 건전하고 온전하며 완전하다.

튼튼하고 높게 세우려는 자는

먼저 깊고 낮게 파야 하네

그리하여 하늘을 향해 첨탑이 솟아올랐고

기술과 지식도 그렇게 성장하네

그러니 질서 정연하고 맹렬히

성공의 구조를 세워라

서문

개인이나 국가가 큰 번영을 누리려면 정치적 · 사회적으로 부흥해야 한다는 것이 일반적인 생각이다. 하지만 개인이나 국가의 번영은 국가를 구성하는 개인이 도덕적 미덕을 실천하지 않으면 결코 이루어질 수 없다. 더 나은 법과 사회적 조건은 공동체를 이루는 개개인이 언제나 높은 도덕을 실현해야만 뒤따라온다. 다만, 어떤 법률 조항도 덕을 추구하고 실천하는 일에 게으르고 타락한 개인이나 국가에는 번영을 가져다주지 않으며, 파멸을 막아주지도 못한다.

위대함의 영혼인 도덕적 미덕은 번영의 토대이자 지지대다. 따라서 도덕적 미덕은 영원하며, 지속되는 인간의 모든 업적은 도덕적 미덕을 기반으로 한다. 도덕적 미덕이 없으면 힘도, 안정도, 근본적인 실체도 없고 오직 덧없는 꿈만 있을 뿐이다. 도덕적 원칙을 찾는 것은 번영과 위대함, 진리를 발견하는 일이고, 그럼으로써 강하고 용감하며 즐겁고 자유로워질 수 있다.

—제임스 앨런

영국 일프렉콤 브린골루에서

여덟 가지 기둥

       번영은 도덕적 토대 위에 있다. 하지만 흔히들 번영이 속임수, 교활한 수법, 기만, 탐욕 같은 부도덕한 바탕 위에 놓여 있다고 생각한다. 실제로 우리는 종종 다른 일에서는 똑똑하면서도 "부정직해야 사업에 성공할 수 있다"고 단언하면서 사업적 번영(좋은 것)을 부정직함(나쁜 것)의 결과로 간주하는 사람들을 본다. 이러한 주장은 피상적이고 사려 깊지 못하며 도덕적 인과관계에 대한 지식이 전혀 없을뿐더러, 삶의 진실을 매우 제한적으로 이해하고 있음을 드러낸다. 이는 마치 사리풀을 심어 시금치를 거두거나 진창 위에 벽돌집을 세우는 것처럼 자연적인 인과 질서에서는 불가능한 일이기에 그런 주장에 매몰되어서는 안 된다. 영적 또는 도덕적인 인과 질서는 기본 원리가 다르지 않으며, 오직 자연 현상으로 발현되는 방식만 다를 뿐이다. 보이는 것, 즉 자연 현상에서 통용되는 동일한 법칙이 보이지 않는 것, 즉 생각과 행동에도 적용된다. 인간은 자연 현상에서는 과정을 인식하고 그것에 따라 행동하지만, 영적 과정은 보지 못하기에 그것이 존재한다고 생각지도 않는다. 그래서 영적 과정과 조화를 이루는 행동을 하지 못하는 것이다.

그러나 영적 과정은 자연 현상의 과정만큼이나 단순하고 확실하다. 즉 마음의 세계에서 나타나는 자연적 방식과 똑같다. 위대한 스승들에 대한 모든 이야기와 그들의 수많은 말은 이 사실을 설명하려고 나온 것이다. 자연세계는 정신세계를 눈에 보이도록 만들어놓은 결과이며, 보이는 것은 보이지 않는 것의 거울이다. 원의 위쪽 절반은 아래쪽 절반과 전혀 다르지 않지만 그 구형은 정반대다. 이처럼 물질과 정신은 우주에서 별개의 원호가 아니라 완전한 원을 이루는 두 반쪽이다. 자연적인 것과 영적인 것은 영원한 적대 관계가 아니며, 우주의 참된 질서에서 영원히 하나다. 분열은 부자연스럽게 본래의 목적과 기능을 남용하는 데서 일어난다. 그리고 반복적인 고통을 통해 떠나려고 했던 완전한 원으로 되돌려진다. 물질의 모든 과정도 마음의 과정이다. 모든 자연 법칙에는 그에 상응하는 영적 법칙이 있다.

제대로 찾아보기만 한다면 어떤 자연물이든 정신적 영역에서 그 근본 과정을 발견할 수 있다. 예를 들어 씨앗이 발아해 성장하고 꽃이 피었다가 다시 씨앗으로 돌아가는 과정을 생각해보자. 이것은 정신적 과정이기도 하다. 생각은 씨앗이며, 마음이라는 토양에 떨어져 발아한다. 이 씨앗은 완성 단계에 이를 때까지 성장해 그 본성에 따라 선하거나 악한 행위, 똑똑하거나 어리석은 행위로 꽃을 피운 뒤 생각이라는 씨앗으로 끝나 다시금 다른 마음에 심긴다. 스승은 씨앗을 심는 사람이자 영적 농부이며, 스스로 깨달은 사람은 자기 자신의 정신적 토지를 경작하는 현명한 농부다. 생각이 성장하는 것은 식물의 성장 과정과 같다. 씨앗은 계절에 맞게 심겨야 하고, 씨앗이 지식이라는 식물로 완전히 자라 지혜라는 꽃을 피우려면 시간이 필요하다.

이 글을 쓰다가 잠시 멈추고 서재 창문을 내다보니 100미터쯤 떨어진 곳에 키 큰 나무 한 그루가 서 있고, 그 꼭대기에 어느 진취적인 당까마귀 한 마리가 둥지를 틀어놓은 모습이 보였다. 북동풍이 강하게 불고 있어 나무 꼭대기가 이리저리 심하게 흔들렸지만 나뭇가지와 깃털로 만든 연약한 둥지에는 아무런 위험이 없었고 알을 품고 있는 어미 새는 폭풍을 두려워하지 않았다. 어떻게 그럴 수 있을까? 그것은 까마귀가 본능적으로 최고 강도와 안전을 보장하는 원칙에 따라 둥지를 틀었기 때문이다. 먼저 둥지를 지을 기초 공간으로 나뭇가지와 나뭇가지 사이가 아닌, 가지가 갈라져 나온 부분을 고른 덕분에 나무 꼭대기가 아무리 심하게 흔들려도 둥지 위치가 바뀌거나 구조가 흐트러지지 않는다. 또한 둥지를 원형으로 지어 어떤 외부 압력에도 견딜 수 있게 했으며, 그 목적에 따라 내부를 매우 조밀하게 만들어놓아 아무리 폭풍이 몰아쳐도 새는 편안하고 안전하게 쉴 수 있다. 새둥지는 무척 단순하고 친숙한 대상이다. 하지만 그 구조가 수학적 원리를 엄격히 따른다는 점에서 현명한 사람들에게 깨달음을 줄뿐더러, 정해진 원칙에 따라 행동을 정돈해야만 사건의 불확실성과 삶의 격렬한 폭풍 속에서도 완전한 확실성, 완전한 안전, 완전한 평화를 얻을 수 있다는 사실을 가르쳐준다.

인간이 지은 집이나 사원은 새둥지보다 훨씬 복잡한 구조이지만 자연 속 모든 곳에서 증명되는 수학적 원리에 따라 세워진다. 그리고 여기서 인간이 물질을 다룰 때 어떻게 보편적 원리를 따르는지 엿볼 수 있다. 우리는 기하학적 비율을 무시한 채 건물을 세우려고 하지 않는다. 그러한 건물은 안전하지 않을 테고, 설령 건축 과정에서 무너지지 않더라도 첫 번째 맞은 폭풍우에 아주 높은 확률로 무너질 것이라는 사실을 알기 때문이다. 건물을 지을 때 인간은 원, 사각형, 각도의 고정된 원칙을 꼼꼼히 따르고 자, 다림줄, 컴퍼스의 도움을 받아 가장 사나운 폭풍우에도 견딜 수 있는 난공불락의 피난처이자 안전하게 보호해줄 구조물을 세운다.

어찌 보면 이 모든 것이 매우 단순하다고 할 수 있다. 맞다. 이것은 진실하고 완벽하기 때문에 단순하다. 너무 진실해서 아주 작은 타협도 인정할 수 없고, 너무 완벽해서 어떤 사람도 더 개선할 부분이 없다. 인간은 오랜 경험을 통해 물질세계의 이러한 원리를 배웠으며, 그것에 순종하는 지혜를 확인했다. 여기서 이를 언급한 것은 물질세계의 원칙처럼 똑같이 단순하고 영원히 참된 완전한 정신적 또는 영적 세계의 고정된 원칙에 대해 생각해 보자는 뜻에서다. 우리는 현재 정신적 또는 영적 세계의 고정된 원칙을 거의 이해하지 못해 날마다 어기는데, 이는 원칙의 본질을 몰라서 늘 스스로에게 해악을 가하고 있다는 사실을 알아채지 못하기 때문이다.

물질세계와 마찬가지로 마음에도, 사물과 마찬가지로 생각에도, 자연 현상의 과정과 마찬가지로 행동에도 의식적으로 또는 무지한 채로 무시하면 재앙과 패배를 가져오는 고정된 기초 법칙이 있다. 실로 무지한 상태로 이 법칙을 위반하는 것이 세상에 고통과 슬픔을 가져오는 원인이 된다. 물질세계에서 이 법칙은 수학적인 것으로 나타난다. 그러나 마음 세계에서는 도덕적인 것으로 인식된다. 수학적인 것과 도덕적인 것은 별개의 대립하는 관계가 아니라, 통일된 전체의 두 가지 측면일 뿐이다. 모든 물질이 복종하는 수학이라는 고정된 원리는 도덕적 정신이 깃든 몸이다. 한편 도덕이라는 영원한 원리는 마음이라는 우주에서 작동하는 수학적 진리다. 수학적 원리를 무시한 채 성공적으로 건물을 짓는 것이 불가능한 것처럼, 도덕적 원리를 떠나 성공적으로 사는 것 또한 불가능하다. 인격은 마치 집처럼 도덕적 법칙의 토대 위에 지을 때만 튼튼하게 서며, 천천히 공들여 행위를 하나하나 쌓아 올려야 만들어진다. 인격의 집을 지을 때는 행위가 곧 벽돌이기 때문이다. 사업은 물론, 인간이 운영하는 모든 기업도 영원한 질서에서 예외가 아니며, 정해진 법을 준수해야만 안전하게 설 수 있다. 번영이 안정적으로 오래 지속되려면 도덕적 원칙의 단단한 토대 위에 있어야 하고, 훌륭한 인격과 도덕적 가치라는 견고한 기둥의 지지를 받아야 한다. 도덕적 원칙을 무시한 채 사업을 운영하려 한다면 이런저런 재앙을 피할 수 없다. 어떤 공동체에서든 지속적으로 번영하는 이들은 책략가나 사기꾼이 아니라 믿을 수 있고 정직한 사람이다. 퀘이커교도는 영국 사회에서 가장 정직한 사람들로 정평이 나 있으며, 그 수는 적지만 큰 번영을 누리고 있다. 인

도 자이나교도 역시 수는 적지만 가장 믿을 만한 사람들로 인도에서 번영
을 누리며 살아간다.

　사람들은 보통 "사업체를 세운다"고 표현하는데, 실로 사업은 벽돌집이
나 석조 교회처럼 지어 올리는 것이 맞다. 비록 정신적 과정에서 세우는 것
이기는 하지만 말이다. 번영은 머리 위를 덮는 집의 지붕과 같아서 사람을
보호하고 편안하게 해준다. 지붕은 기둥을 전제로 하고, 기둥은 토대를 필
요로 한다. 따라서 번영이라는 지붕도 도덕적 일관성의 토대 위에 굳건히
세워진 아래의 여덟 가지 기둥, 즉 원칙의 지지를 받는다.

　　1. 에너지

　　2. 경제성

　　3. 올곧음

　　4. 체계

　　5. 동정심

　　6. 진정성

　　7. 공정성

　　8. 자기 신뢰

　이 여덟 가지 원칙의 완벽한 실천을 바탕으로 구축된 사업은 아주 탄탄하
고 지속적이라서 쉽게 무너지지 않는다. 어떤 것도 이 사업을 손상할 수 없
고, 어떤 것도 이 사업의 번영을 침식할 수 없으며, 어떤 것도 이 사업의 성
공을 방해하거나 땅에 떨어뜨릴 수 없다. 원칙을 고수하는 한 성공은 쉼 없
는 성장으로 보장된다. 반면 원칙들이 모두 결여된 사람은 어떤 종류의 성
공도 이룰 수 없으며, 사업 자체도 존재할 수 없다. 사업에서 어느 한 부분
을 다른 부분과 결합하는 것이 불가능하기 때문이다. 또한 이런 사람은 생
명이 결핍되고, 모든 것에 활기를 불어넣으면서 형태를 부여하는 힘과 일

관성도 거의 부재할 것이다. 마음과 일상에 이들 원칙들이 부재한 사람을 그려보라. 여덟 가지 원칙에 대한 지식이 아무리 얕고 불완전하더라도 원칙이 부재한 자가 어떤 일에 성공하리라고는 생각할 수 없을 것이다. 그가 게으른 부랑자의 혼란스러운 삶을 살아갈 것이라고 상상할 수는 있지만, 그가 사업체의 책임자, 조직의 중심, 인생의 어느 부분을 담당하는 책임감과 통제력 있는 관리자일 것이라고는 상상하지 못한다. 그것이 불가능하다는 사실을 알기 때문이다. 보통의 도덕성과 지성을 가진 사람이라면 아무도 원칙이 부재한 자가 성공을 지휘할 수 있으리라고 생각하지 않는다는 이 사실은 아직 원칙의 중요성을 이해하지 못해 도덕성은 번영의 요소가 아니라 오히려 방해물이라고 단언하는 모든 이에게 그들의 결론이 완전히 틀렸음을 보여주는 확실한 증거가 된다. 만약 그들의 말이 옳다면 도덕적 원칙이 부족할수록 성공은 더 커질 것이기 때문이다.

앞에서 언급한 여덟 가지 원칙은 정도 차이는 있지만 모든 종류의 성공에서 원인이 되는 요소다. 이 원칙들은 번영의 아래를 받쳐주는 든든한 지지대로, 겉으로는 번영이라는 결론에 반하는 것처럼 보이지만, 성공이라는 탁월함을 달성하기 위한 사람들의 모든 노력에 스며들어 노력을 지탱한다.

이 여덟 가지 원칙을 온전하고 완벽하게 실천하는 사람은 얼마 안 되어도 존재하기는 한다. 그들이 바로 인간을 위한 지도자, 스승, 안내자이고, 인간 사회의 버팀목이며, 인류 진화의 선봉에 선 강한 선구자다.

성공의 정점을 보장하는 도덕적 완벽함을 달성한 사람은 거의 없다. 하지만 작은 성공도 이들 원칙을 부분적으로 지키는 데서 비롯된다. 이 원칙들은 매우 강력하게 좋은 결과를 만들어내기 때문에 그중 두세 개만 완벽하게 실천해도 평범한 수준의 번영을 이루고, 적어도 한동안은 지엽적인 영향력을 유지할 수 있다. 만일 두세 가지 원칙을 완벽하게 실천하면서 그 외 다른 원칙들을 완전하진 않아도 어느 정도 실천한다면 비록 제한적일지라도 영구적인 성공과 영향력을 가질 수 있다. 아직까지는 인격에 불완전하게 녹아 있는 이들 원칙을 더 깊이 이해해 더 많이 실천할수록 성공과 영향력은 반드시 커지고 확장될 것이다.

한 사람이 지닌 도덕성의 경계선은 곧 성공의 한계를 나타낸다. 따라서 누군가의 도덕적 상태를 아는 것은 그의 최종 성공과 실패를 수학적으로 가늠할 수 있는 것과 마찬가지다. 번영의 신전은 도덕적 원칙이 받치는 한에서만 서 있을 수 있으며, 기둥이 약해지면 불안정해지고, 기둥이 빠지면 흔들거리다가 결국 무너진다.

도덕적 원칙을 무시하거나 간과하는 사람은 인과라는 만물의 본질상 궁극적인 실패와 패배를 피하는 것이 불가능하다. 위로 던진 돌이 땅으로 되돌아오듯이, 선한 행위든 악한 행위든 모든 행위는 그것을 던진 사람에게 되돌아온다. 모든 비도덕적 또는 부도덕적 행위는 좌절을 가져오고, 그런 행위가 계속해서 이어지면 목표 달성은 점점 멀어진다. 반면 모든 도덕적 행위는 번영의 신전을 이루는 또 다른 벽돌이자 신전을 지탱하는 기둥 같은 힘이며, 잘 조각된 아름다움이다.

개인, 가족, 국가는 도덕적 힘과 지식이 성장할 때 함께 성장하고 번영한다. 마찬가지로 도덕적으로 타락하면 함께 몰락하고 실패한다.

정신적으로도, 육체적으로도 형태와 견고함을 가진 것만이 참고 견딜 수 있다. 비도덕적인 것은 무無이고, 그것으로부터는 아무것도 만들어질 수 없다. 한마디로 비도덕은 실체의 부정이다. 한편 부도덕한 것은 파괴이며 형태의 부정이다. 부도덕은 영적 침식이 일어나는 과정으로, 모든 것을 침식하고 분해한다. 그렇게 흩어진 물질로 현명한 건축가는 다시 형태를 만든다. 현명한 건축가가 바로 도덕성이다. 실체이자 형태이고 짓는 힘인 도덕은 항상 쌓아 올리고 보존한다. 늘 무너뜨리고 파괴하는 부도덕과는 정반대 성질이 곧 도덕의 본질이기 때문이다. 도덕은 개인이든, 국가든 어디에서나 가장 중요한 건축가다.

도덕성은 무적이라 끝까지 거기에 서 있는 사람은 난공불락의 반석 위에서 있는 것과 같으며, 그 결과 패배는 불가능하고 승리는 확실해진다. 그는 극한까지 시험에 들 것이다. 싸우지 않고는 승리할 수 없고 도덕적 힘이 완성될 수 없기 때문이다. 정교하고 완벽하게 단련된 존재는 그 힘을 시험하고 증명해야 하는 것이 불변하는 원칙의 본질이다. 세상에서 가장 강하고 질 좋은 철근은 주물 공장으로 보내지기 전 품질과 효율성을 시험받기 위해 제철업자의 가혹한 검증을 견뎌야 한다. 벽돌공은 뜨거운 열에 부서진 벽돌들은 가차없이 버린다. 마찬가지로 크게 성공할 사람은 불리한 환경과 유혹의 불길이라는 역경을 통과하면서도 도덕적 본성이 훼손되지 않을 뿐 아니라, 오히려 더 강하고 아름다워진다. 그는 가장 높은 쓰임에 맞는 잘 단련된 철근과 같고, 우주는 제철업자가 단련된 강철을 보듯이 그를 지켜보고 사용할 것이다.

부도덕은 모든 지점에서 공격해올 수 있으며, 그 위에 서려는 자는 비참함의 늪 속으로 가라앉고 만다. 그의 노력은 서 있는 것처럼 보일 때조차 무너져 내린다. 실패의 절정은 피할 수 없다. 부도덕한 사람이 부정한 수단으로 얻은 이득을 보면서 킬킬댈 때 그의 주머니에는 구멍이 뚫려 금이 떨어지고 있다. 도덕성을 가지고 시작했으나 시련의 순간 이득을 위해 그것을 버린 사람은 열을 가하면 부서지는 벽돌과도 같다. 그런 자는 쓰기에 적합하지 않아 우주가 그를 버리겠지만, 그는 벽돌이 아니라 사람이기에 살면서 배울 수 있으며 회개하고 부활할 수 있다.

도덕적 힘은 모든 성공의 생명이고, 모든 번영을 유지하는 요소다. 그러나 성공에는 다양한 종류가 있으며, 더 크고 원대한 성공을 이루려면 어느 한 방향에서는 실패해야 하는 경우가 종종 있다. 예를 들어 문학적 또는 예술적, 영적 천재가 돈을 벌려고 했으나 실패했을 때 이것이 그의 천재성을 향상하는 데 도움이 되고 유리하게 작용하곤 한다. 그 결과 그는 자신이 진정 능력을 가진 분야에서 숭고한 성공을 거둘 수 있다. 의심할 나위 없이 많은 백만장자가 셰익스피어의 문학적 성공이나 부처의 영적 성공을 얻을 수만 있다면 수백만 달러를 기꺼이 맞바꾸려 할 테고, 좋은 거래를 했다고 생각할 것이다. 탁월한 영적 성공이 부를 수반하는 경우는 드물지만, 재정적 성공은 영적 성공의 위대함과 원대함에 결코 비할 수 없다. 그러나 이 책에서는 성인이나 영적 천재의 성공이 아닌, 보통 사람의 번영과 안녕, 행복과 관련된 성공을 다루고자 한다. 한마디로, 현세적이고 세속적인 돈과 어느 정도 관련 있지만 그것에 국한하지 않고, 모든 인간 활동으로 확장되어 그것을 포용하는 번영에 대해 이야기할 생각이다. 특히 행복이라는 만족감과 번영이라는 안락함을 만들어내는 환경, 개인의 조화와 관련된 번영을 다룰 것이다. 그럼 이제부터 인류가 바람직한 목표를 달성하는 데 여덟 가지 원칙이 어떻게 작동하고, 번영의 지붕이 이들 기둥 위에 어떻게 안전하게 세워지는지 살펴보자.

첫 번째 기둥—에너지

에너지는 모든 성취의 동력으로, 석탄을 불로 바꾸고 물을 증기로 바꾼다. 사람이 가진 에너지도 천재에 가까워질 때까지 평범한 재능에 활기를 불어넣어 강화하고, 둔한 사람의 마음에 닿으면 타성에 잠들어버린 마음이 활활 타오르는 불길로 변한다.

에너지는 도덕적 미덕이며 그 반대에 있는 악덕은 나태함이다. 우리는 미덕으로서 에너지를 늘릴 수 있고, 나태한 사람은 억지로 노력해야 활기를 가질 수 있다. 에너지 넘치는 사람과 비교하면 게으른 자는 절반도 살아 있는 것이 아니다. 게으른 자가 어떤 일을 하기 어렵다고 말하는 동안 활기찬 사람은 이미 그 일을 하고 있다. 게으른 자가 잠에서 깨어나기도 전에 활기찬 사람은 벌써 상당한 일을 해낸 상태다. 게으른 자가 기회를 기다리는 동안 활기찬 사람은 밖으로 나가 대여섯 번의 기회를 만나고 활용한다. 게으른 자가 눈을 비비고 있을 때 활기찬 사람은 여러 가지 일을 한다.

에너지는 가장 기본적인 힘 중 하나로, 에너지가 없으면 아무것도 이룰 수 없다. 에너지는 모든 형태의 행동에서 기본 요소다. 우주는 수수께끼 같지만 지칠 줄 모르는 에너지의 표현이다. 에너지는 실로 생명이며 에너지가 없으면 우주도, 생명도 존재하지 않을 것이다. 사람이 행동하지 않고 몸을 움직이지 않아 모든 기능이 작동을 멈추면 우리는 그가 죽었다고 표현한다. 행동하지 않는 한 그는 죽은 것이나 마찬가지다. 인간은 정신적·육체적으로 행동하도록 만들어졌다. 돼지같이 쉬려고 만들어진 존재가 아니다. 신체의 모든 근육, 즉 운동을 위한 도구가 게으른 자에게는 일종의 꾸짖음이다. 모든 뼈와 신경은 외부 자극 등에 저항하고자 만들어졌고, 모든 기능과 능력은 정당한 쓰임을 위해 존재한다. 이것들은 모두 행동 속에 목적이 있고, 쓰임으로써 완성된다.

따라서 게으른 자에게는 번영도, 행복도, 피난처도, 안식도 없다. 그에게는 갈망하는 안정조차 없으며, 마침내 집 없이 쫓겨나 불안하고 괴로워운 상태로 멸시받는 사람이 된다. 그 결과 "게으른 자가 가장 힘든 일을 한다"는 말처럼 기술이 필요한 체계적인 노동을 피함으로써 스스로에게 가장 힘든 운명을 지운다.

에너지가 넘치는 사람은 어떤 목적을 달성하고자 노력한다. 그 목적은 좋은 것일 수도 있고 나쁜 것일 수도 있지만, 만약 나쁜 목적이라면 이는 곧 에너지를 남용하는 셈이다. 그리고 그 에너지는 주먹으로 벽을 치면 자기 손만 다치는 것처럼 행위자에게 파괴적 결과로 돌아온다. 에너지는 늘 필요한 것이지만 좋은 목적에 쓰일 때만 유용하며, 그 목적을 달성하면 행복, 성공, 번영이 뒤따라온다.

물론 에너지를 남용하는 것이 에너지가 전혀 없는 것보다는 낫다. 성 요한은 이 부분과 관련해 다음과 같이 말했다. "네가 이렇게 미지근하여 뜨겁지도 않고 차지도 않으니 내 입에서 너희를 뱉어내리라." 여기서 뜨거움과 차가움은 좋은 측면과 나쁜 측면으로 변화시키는 에너지의 힘을 상징한다.

미지근한 단계는 특색이 없을뿐더러, 생명이 없고 쓸모도 없다. 덕이나 악이 있다고 말할 수도 없으며, 단지 메마르고 헛된 공허일 뿐이다. 자신의 풍부한 에너지를 나쁜 목적에 쓰는 사람은 적어도 노력의 미덕이라는 좋은 덕 하나는 가지고 있다. 이기적인 목적을 위해 노력하는 바로 그 힘이 그에게 어려움과 고통, 슬픔을 가져와 그로 하여금 경험을 통해 배우지 않을 수 없게 하고, 마침내 행동 기반을 다시 형성하게 만들 것이다. 이후 적절한 순간 그의 정신적 눈이 더 나은 목적을 향해 뜨이면 그는 돌아서서 자신의 힘이 흘러나갈 새롭고도 적합한 통로를 뚫어 과거 나쁜 목적을 추구할 때 그랬던 것처럼 선한 목적을 추구하면서 더욱 강해질 것이다. 이 진리는 "더 큰 죄인일수록 더 큰 성인이 된다"는 옛말에도 잘 담겨 있다.

에너지는 힘이다. 에너지가 없으면 성취도 없고 덕도 없다. 덕은 악을 행하지 않는 것뿐 아니라, 무엇보다 선을 행하는 것이기 때문이다. 노력은 하지만 에너지가 부족해 실패하는 사람들이 있다. 그들의 노력은 긍정적 결과를 만들어내기에는 너무 미약하다. 그들은 악랄하지 않고 고의적으로 어떤 해를 끼치지도 않기 때문에 실패한다 해도 선한 사람으로 여겨진다. 그러나 해를 끼치려는 주도성이 부족하다는 것은 선하다는 의미가 아니라, 그저 나약하고 무력하다는 뜻이다. 진정 선한 자는 악을 행할 만한 힘을 가졌지만 그 에너지를 선한 방향으로 쓰기로 한 사람이다. 따라서 에너지가 없는 사람은 도덕적 힘도 없다. 동력이 없으면 기계적인 움직임이 일어나지 않는 것처럼, 에너지가 없으면 선은 내면에 숨어서 잠만 잘 뿐이다. 이때는 어떤 선함도 나오지 않는다.

에너지는 물질적 노선을 따라가든, 정신적 노선을 따라가든 인생의 모든 행동을 고무하는 힘이다. 군인뿐 아니라, 모든 사상가가 말하거나 쓴 행동 촉구의 내용은 잠자고 있는 에너지를 깨워 당면 과제를 힘차게 수행하라는 것이다. 사색가와 명상가조차 명상적 사고에 힘쓰라고 제자들을 끊임없이 고무한다. 에너지는 삶의 모든 영역에서 똑같이 필요하다. 군인, 기술자, 상인의 규칙도 행동에 대한 내용이며 구세주, 현자, 성인의 거의 모든 가르침도 행동에 대한 계율이다.

위대한 스승 중 한 명이 제자들에게 "깨어 있으라"고 한 것은 목적을 달성하려면 지칠 줄 모르는 에너지가 필요하다는 사실을 간결하게 표현한 말로, 성인은 물론 세일즈맨에게도 의미 있는 조언이다. "자유를 얻기 위한 대가는 영원한 각성"이며, 자유는 정한 목적에 도달하는 것이다. 스승은 이렇게도 말했다. "무슨 일을 하려면 한번에 맹렬히 공격하라!" 이 조언에 담긴 지혜는 창조적으로 제대로 행동했을 때 발전이 뒤따른다는 사실을 기억하는 순간 드러난다. 더 많은 에너지를 얻으려면 이미 가지고 있는 에너지를 최대한 활용해야 한다. 그런 사람만이 더 많은 에너지를 얻는다. 힘과 자유는 어떤 일에 힘차게 손을 뻗는 사람에게만 주어진다.

다만 에너지가 생산성을 가지려면 그것을 좋은 목적에 사용해야 할 뿐 아니라, 에너지를 신중하게 통제하고 보존해야 한다. '에너지 보존'이란 버려지거나 손실되는 에너지는 없다는 자연 원리를 표현한 현대적 용어다. 가지고 있는 에너지가 결실을 맺으려면 이 원리에 따라 현명하게 일해야 한다. 소음과 서두름은 에너지를 아주 많이 소진한다. "서두를수록 느려진다"는 말도 있으며, 일반적으로 최대 소음은 최소 성취를 수반한다. 말이 많으면 하는 일이 거의 없다. 잘 돌아가는 증기는 소리가 들리지 않고, 오히려 증기가 샐 때 큰 소음이 난다. 표적으로 총알을 날아가게 하는 것은 응축된 화약이다.

목적 달성에 집중해 에너지를 보존하고 강화하는 사람은 고요함과 침묵, 응답과 평온함을 얻는다. 소음이 힘을 의미한다는 것은 큰 착각이다. 허장성세하는 허풍쟁이보다 더 큰 유아는 없다. 그는 육체적으로는 어른이지만 정신적으로는 유아에 불과하다. 어떤 일을 해낼 힘이 없고 보여줄 기회도 없는 그는 자신이 했던 일이나 할 수 있었던 일에 대해 큰 소리로 이야기함으로써 그것을 만회하려 한다.

"고요한 물은 깊게 흐른다." 우주의 위대한 힘은 들리지 않을뿐더러, 평온함이 있는 곳에 가장 큰 힘이 있다. 평온함은 강하고 잘 훈련되었으며 끈기 있게 수양된 정신의 확실한 표시다. 침착한 사람은 자신의 일을 확실히 알고 있다. 그의 말은 몇 마디 되지 않지만 많은 것을 드러낸다. 그의 계획은 마치 체계적으로 균형이 잘 잡힌 기계처럼 제대로 작동한다. 그는 앞을 내다보고 목표를 향해 곧장 나아간다. 마치 적과 같은 어려움을 친구로 바꿔 유익하게 활용한다. "적과 함께하는 동안 합의하는" 방법을 잘 연구했기 때문이다. 그는 현명한 장군처럼 모든 비상사태를 예상한다. 그만큼 이미 준비된 사람이다. 또한 명상과 판단력을 통해 원인을 비교하고 모든 우발적 상황을 파악한다. 결코 놀라거나 서두르지 않으며, 스스로의 굳건함을 지키면서 자신의 근거에 확신을 가진다. 당신이 그를 잡았다고 생각한 바로 다음 순간 당신은 서두르다가 실수를 하게 되고, 그가 당신을 잡는다. 아니면 침착함이 부족한 당신이 서두르다가 그를 잡으려고 준비해놓은 궁지에 스스로 빠질 수도 있다. 당신의 충동은 그의 신중함과 싸움이 되지 않아 첫 번째 공격에서 패할 것이다. 당신의 억제되지 않은 에너지는 그가 가진 현명하게 통제되고 응집된 힘의 증기를 돌릴 수 없다. 그는 "모든 면에서 준비되어 있다". 그는 자기 수련을 통해 얻은 정신적 주짓수로 상대가 스스로를 파괴하도록 유도한다. 당신이 화난 말투로 그를 비난하면 그의 부드러운 대답에 숨겨진 꾸지람이 당신이 지닌 어리석음의 핵심을 파고들고, 당신이 피운 분노의 불길을 후회의 잿더미 속으로 가라앉힌다. 천박한 친근함을 앞세워 그에게 다가가면 그의 눈빛이 당신을 부끄러움으로 가득 채우고 다시 정신 차리게 한다. 그는 모든 일에 준비되어 있기에 모든 사람에게도 준비되어 있다. 반대로 그에게 준비된 사람은 전혀 없다. 그의 존재에 의해 당신의 모든 약점이 드러난다. 그리고 그는 자신의 내재된 힘을 평온한 태도를 통해 습관적이고 무의식적으로 발휘함으로써 사람들에게 명령한다.

평온함은 무기력에서 보이는 죽은 차분함과는 구별되는, 응집된 에너지의 극치다. 평온함의 이면에는 흐트러지지 않는 정신이 있다. 동요하고 흥분한 상태에서는 정신이 분산될 뿐 아니라, 힘도 영향력도 없다. 까다롭고 짜증이 많으며 성마른 상태일 때도 마찬가지다. 그런 사람은 끌어당기지 않고 쫓아버린다. 그는 옆집에 사는 '느긋한' 이웃은 성공하고 인기도 있는데, 언제나 서두르고 걱정하며 수고(그는 이것을 노력이라고 잘못 부른다)하는 자신은 왜 실패하고 동료들도 자신을 피하는지 궁금해한다. 그의 이웃은 더 평온하다. 즉 더 느긋한 사람이 아니라, 더 신중하고 더 많은 일을 능숙하게 해내며, 더 침착한 사람이다. 이것이 이웃이 성공하고 영향력을 발휘하는 이유다. 이웃은 에너지를 통제하고 적절히 사용하는 반면, 그는 에너지를 분산하고 남용하고 있는 것이다.

이렇듯 에너지는 번영의 신전에서 첫 번째 기둥이다. 첫 번째이자 필수 원칙인 에너지가 없으면 번영도 있을 수 없다. 에너지가 존재하지 않으면 능력도 없고, 인간다운 자기 존중과 독립심도 없다. 실업자 중에는 첫 번째 필수 원칙인 에너지, 그중에서도 일할 에너지가 없어서 고용되지 못하는 사람이 많다. 하루에도 몇 시간씩 길모퉁이에 서서 주머니에 손을 넣고 입에 파이프를 문 채 누군가가 맥주 한 잔 사주기를 기다리는 사람은 일자리를 찾을 가능성은 물론, 일자리가 생겨도 받아들여질 확률이 거의 없다. 육체적으로 힘이 없고 정신적으로 무기력한 사람은 나날이 연약해져 일할 수 없는 상태가 되고, 따라서 살아가기에도 부적합해진다. 활기찬 사람은 일시적으로 실업과 고통의 시기를 겪는다 해도 영구적인 실업자가 되지는 않는다. 그는 일을 찾거나 만들 것이기 때문이다. 타성은 그에게 고통이지만, 일은 기쁨이다. 일하는 것을 기뻐하는 사람은 오랫동안 실업자로 있지도 못한다.

게으른 자는 고용되기를 원하지 않는다. 아무것도 하지 않을 때 가장 편안하기 때문이다. 노력하지 않는 법이 그의 주된 연구 분야다. 반혼수 상태로 식물처럼 하는 일 없이 지내는 것이 행복에 대한 그의 인식이다. 그는 일에 부적격해 고용될 수 없는 사람이다. 모든 실업을 부자 탓으로 돌리는 극단적인 사회주의자조차 게으르고 태만하며 무익한 사람을 해고해 실업자를 한 명 더 추가할 것이다. 게으름은 활동적이고 올바른 생각을 가진 사람에게 혐오감을 주는 가장 낮은 악덕 중 하나다.

에너지는 복합적인 힘이라서 독립적으로는 유효하지 않다. 에너지에는 활기찬 성격을 만들고 번영을 가져오는 속성이 있다. 이런 속성은 주로 다음 네 가지 요소에 포함되어 있다.

1. 신속성
2. 조심성
3. 근면성
4. 진지함

에너지라는 기둥은 이 네 가지 요소로 구성된 콘크리트 덩어리다. 이 요소들은 강하고 오래 지속되며, 어떤 거친 역경에도 버틸 수 있도록 만들어졌다. 이것들은 모두 생명, 힘, 능력, 발전에 기여한다.

'신속성'은 소중한 자산이다. 신뢰를 낳기 때문이다. 기민하고 신속하며 시간을 잘 지키는 사람은 신뢰할 수 있다. 우리는 이런 사람이 자신의 의무를 활기차게 수행할 것이라고 믿는다. 신속한 고용주는 직원들에게 강장제가 되고, 게으름 피우는 직원들에게는 채찍이 된다. 또한 떠밀지 않으면 스스로를 단련하지 않을 이들에게 건전한 규율 수단이 되기도 한다. 이렇듯 신속한 고용주는 자기 자신의 쓰임을 높이고 성공을 촉진하는 동시에, 다른 이들의 유용성과 성공에도 기여한다. 늘 꾸물대고 시간에 뒤처지는 열의 없는 노동자는 자기 자신은 차치하더라도 타인에게 성가신 존재가 되고, 그가 하는 일은 경제적 가치가 거의 없는 것으로 여겨진다. 신속성의 시녀인 신중함과 빠른 일처리는 번영을 달성하는 데 귀중한 도움이 된다.

일반적인 사업 현장에서 민첩성은 절약하는 힘이고, 시간을 엄수하는 신속성은 이익을 의미한다. 상습적으로 미루는 사람이 사업에서 성공한 적이 있는지 의심스럽다. 그렇게 해서 실패한 사람은 많이 봤지만, 성공한 사람은 아직 만나보지 못했다.

'조심성'은 정신의 모든 능력과 힘을 지키는 파수꾼이다. 또 폭력적이고 파괴적인 요소가 들어오지 못하도록 막아주는 형사다. 성공, 자유, 지혜의 가까운 동반자이자 보호자다. 경계하는 마음가짐이 없는 사람은 어리석고, 이런 어리석은 사람에게 번영은 없다. 어리석은 사람은 비열한 생각과 폭력적인 격정이 자신을 괴롭히려고 다가오면 그것이 마음을 약탈하고 엄숙함, 평온함, 판단력을 빼앗아가도록 그냥 놓아둔다. 그는 전혀 경계하지 않은 채 모든 사악한 침입자에게 마음의 문을 열어버린다. 너무 약하고 불안정한 나머지 자신을 덮치는 모든 충동의 돌풍에 휩쓸려 균형을 잃고 만다. 그는 해서는 안 될 일을 몸소 보여주는 실제 사례가 된다. 어리석은 사람은 타인에게 불쾌감을 주고, 그를 존중할 사회가 존재하지 않기에 늘 실패한다. 지혜가 강함의 극치인 것처럼 어리석음은 약함의 극치다.

조심성이 부족한 사람은 경솔하고, 삶의 일반적인 세부 사항을 처리할 때도 느슨하다. 경솔함은 어리석음의 다른 이름이자, 수많은 실패와 불행의 근간이다. 쓰임과 번영을 목표로 하는 사람은 자신의 행동이 타인에게 미치는 영향, 그것이 자기 자신에게 되돌아오는 영향에 대해 무심할 여유가 없다. 그래서 경력을 시작할 때부터 책임감을 인지하고 있어야 한다. 가정, 회계 사무소, 강단, 상점, 교실, 카운터 뒤 그 어디에 있든, 동료와 함께이든 혼자이든, 직장에 다니든 놀고 있든 자신의 행동이 실질적으로 경력에 좋거나 나쁜 영향을 미친다는 사실을 알아야 한다. 행동은 남녀노소 불문하고 접촉하는 모든 사람에게 인상을 남기고, 사람들은 그 인상으로 서로에 대한 태도를 결정하기 때문이다. 모든 사회에서 예절을 배우는 것이 중요한 이유가 바로 여기 있다. 불안하거나 불쾌한 정신적 결함은 일에 독으로 작용한다는 사실을 굳이 짚을 필요가 없을 것이다. 강력한 산이 최고급 강철을 부식시키고 손상시키듯이, 정신적 결함은 모든 노력을 퇴색시키고 행복과 번영을 훼손한다. 반면, 확고하고 조화로운 정신을 지니고 있다면 주변 사람들이 그것을 비록 이해하지 못하더라도 그들에게 영향을 미친다. 그들은 종종 이유도 모른 채 호의를 가지고 당신에게 끌릴 것이다. 이 좋은 자질은 모든 일에서 가장 강력한 동료가 되어 당신에게 친구와 기회를 가져다주고, 어떤 사업이든 성공하는 데 큰 도움을 줄 수 있다. 또한 사소한 무능력을 바로잡고 수많은 결점을 덮어줄 것이다.

우리는 베푼 만큼 세상으로부터 받는다. 나쁜 일은 나쁜 것으로, 선한 일은 선한 것으로, 불완전한 행동은 무관심과 불완전한 성공으로, 뛰어난 행동은 지속적인 힘과 완전한 성취로 돌려받는다. 행동하면 세상이 반응한다. 어리석은 사람은 실패하면 남 탓을 하면서 자기 잘못을 보지 못하지만, 지혜로운 사람은 스스로를 돌아보고 잘못을 고쳐 확실하게 성공한다.

방심하지 않고 정신이 깨어 있는 사람은 목표를 달성할 만한 능력을 가지고 있다. 모든 상황과 기회, 인격적 결함에 대해 완전히 깨어 있고 빈틈이 없다면 어떤 사건, 어떤 상황, 어떤 적이 준비되지 않은 그를 덮치겠는가? 무엇이 정당한 목표를 달성하지 못하도록 그를 방해하겠는가?

'근면성'은 쾌활함과 풍요를 가져다준다. 활기차고 부지런한 사람들은 공동체에서 가장 행복하다. 부유함이 돈이 많다는 뜻이라면 그들이 가장 부유한 것은 아니다. 그러나 그들은 언제나 쾌활하고 기쁨에 차 있으며 자신이 하는 일과 가진 것에 만족하는 사람들이다. 부유함이 더 많이 복되다는 뜻이라면 그들은 부유하다. 활동적인 사람은 울적하고 침울할 시간이 없다. 자신의 불안과 문제에 대해 이기적으로 고민할 시간이 없다. 가장 많이 사용하는 물건이 가장 반짝반짝하게 유지되는 것처럼, 가장 많이 일하는 사람이 가장 밝고 쾌활한 정신을 유지한다. 또한 사용하지 않는 물건이 가장 빨리 변색되는 것처럼, 시간을 죽이는 사람은 권태와 병적인 공상에 공격당한다. "시간을 죽여야 한다"는 말은 마치 우둔함을 고백하는 것과 같다. 짧은 인생, 지식과 쓸모를 키울 자원이 넘쳐나는 세상에서 대체 누가 시간이 남아돌겠는가? 건강한 두뇌와 선한 마음을 가진 사람은 매일 매순간을 유용하고 행복하게 채울 수 있다. 만약 그들이 시간에 대해 언급한다면 하고 싶은 것을 다 하기에는 시간이 너무 부족하다는 의미일 뿐이다.

근면성은 건강과 안녕도 증진한다. 활동적인 사람은 매일 밤 피곤한 몸을 이끌고 잠자리에 든다. 그의 휴식은 건강하고 달콤하다. 다음 날 그는 하루를 또 즐겁게 일하면서 보내기 위해 아침 일찍 상쾌하고 힘차게 일어난다. 그는 식욕도 좋고 소화도 잘 된다. 그에게는 기분 전환에 탁월한 소스와 일할 때 좋은 강장제가 있다. 그런 사람이 어떻게 우울함, 침울함과 사귈 수 있겠는가? 그런 병적인 영혼은 활동을 거의 하지 않은 채 과도하게 식사하는 이들의 주위를 맴돈다. 공동체에 유용하게 기여하는 사람은 공동체로부터 건강, 행복, 번영의 완전한 몫을 돌려받는다. 그는 일상 업무를 밝게 처리하고 계속해서 세상을 움직인다. 즉 나라의 황금 같은 존재이자 이 땅의 소금이다.

어느 위대한 스승은 "진지함은 불멸의 길이다. 진지한 사람은 죽지 않으며, 진지하지 않은 사람은 이미 죽은 것과 같다"고 말했다. '진지함'은 어떤 일에 온 마음을 바치는 것이다. 우리는 오직 자신이 하는 일 속에서만 살아간다. 진지한 사람은 무슨 일을 하든 최고에 미치지 못하면 불만족스러워하며, 늘 노력해 탁월한 수준에 도달한다. 전심을 다하지 않고 부주의한 데다 형편없는 성과에 만족하는 이들이 너무 많기 때문에 진지한 사람은 자신의 탁월함으로써 있는 그대로 빛을 발한다. 진지한 사람을 위한 쓰임과 봉사의 대열에는 항상 '빈자리'가 많다. 그들 중 상당한 영역에서 성공적으로 자리를 차지하지 못한 사람은 없었고 앞으로도 없을 것이다. 그들은 꼼꼼하고 세심하며 근면하고, 최선을 다하기 전까지 편히 쉬지 못한다. 세상은 최고에게 보상하고자 늘 살피고 있다. 물질적인 것이든, 지적인 것이든,

영적인 것이든 빼어나게 탁월한 부분에 돈, 명예, 친구, 영향력, 행복, 기회, 생명 등으로 완전하게 보상해줄 준비가 언제나 되어 있다. 당신이 상점 주인이든, 종교적 스승이든 상관없이 당신은 세상에 최고의 것을 줄 수 있다. 당신이 파는 상품이나 당신이 하는 말에 지워지지 않는 진지함의 인상이 남는다면 사업은 번창할 테고, 가르침은 살아남을 것이다.

진지한 사람은 일과 인격 모두에서 빠른 발전을 이룬다. 그들은 '죽지 않고' 살아 있다. 정체는 죽음일 뿐이며, 끊임없이 발전하고 계속 더 탁월해질 때 정체와 죽음은 활발한 활동과 삶에 삼켜지기 때문이다.

지금까지 첫 번째 기둥을 만들고 쌓는 일에 대해 설명했다. 이 기둥을 잘 만들어 단단하고 곧게 세우는 사람은 인생이라는 사업에서 강력하고 영원한 버팀목을 갖게 된다.

두 번째 기둥-경제성

"자연은 진공 상태를 모른다"라는 말이 있다. 자연은 낭비도 모른다. 자연의 신성한 경제에서 모든 것은 보존되고 선용된다. 배설물조차 화학적으로 변형되어 새로운 것을 만드는 데 활용된다. 자연은 모든 부정한 것을 소멸시키는 대신 변형하고 누그러뜨리고 정화해 아름답고 유용하며 선한 목적에 쓰이게 한다.

자연에서 보편적 원리인 경제성은 인간의 도덕적 자질로, 인간은 이를 통해 자신의 에너지를 보존하고 만물의 더 큰 질서 안에서 일하는 존재로서 자리를 유지한다.

금융경제는 이 원리의 단편적 조각에 불과하다. 오히려 금융경제는 순전히 정신적이며, 그 변화는 영적인 진짜 경제의 물질적 표상이다. 금융경제학자는 구리를 은으로, 은을 금으로, 금을 지폐로 교환하고 지폐를 은행 계좌의 숫자로 바꾼다. 이렇게 돈을 쉽게 전달할 수 있는 형태로 바꿔 재정을 관리하는 데서 이득을 얻는다. 영적 경제학자는 격정을 지성으로, 지성을 원칙으로, 원칙을 지혜로 바꾸고, 지혜는 비록 몇 안 되지만 강력한 효과를 발휘하는 행동으로 나타난다. 이러한 모든 변화를 통해 그는 인격에서, 그리고 삶을 관리하는 데서 이득을 얻는다.

물질 측면에서든, 정신 측면에서든 진정한 경제성은 낭비와 과도한 보유 사이에서 중도를 지키는 것이다. 돈이나 정신적 에너지나 낭비하면 무력해지고, 이기적으로 보유하고 쌓아둬도 똑같이 무력해진다. 자본이든, 정신력이든 힘을 가지려면 집중해야 하지만, 집중한 뒤에는 반드시 정당한 사용이 뒤따라야 한다. 돈이나 에너지를 모으는 것은 수단일 뿐이다. 목적은 사용이며, 오직 사용만이 힘을 창출해낸다.

종합적인 경제성all-round economy은 돈, 음식, 의복, 여가, 휴식, 시간, 에너지 등 일곱 가지 영역에서 중도를 찾는 것이다.

돈은 교환의 상징이자 구매력을 나타낸다. 재정적 부를 얻고 싶은 사람, 빚을 지고 싶지 않은 사람은 점점 증가하는 운전자본의 마진을 남기거나, 비상시에 대비한 돈을 모으기 위해 수입에 따라 지출을 배분하는 법을 배워야 한다. 무익한 쾌락, 해로운 사치 등에 무분별하게 돈을 쓰는 것은 낭비일뿐더러, 힘을 파괴하는 행위다. 정당하고 덕 있는 소비를 위한 수단이자 능력은 비록 제한적이고 중요도가 낮은 힘이지만, 그럼에도 우리 일상생활의 구체적인 부분에 큰 영향을 미친다. 돈을 헤프게 쓰는 사람은 결코 부자가 될 수 없고, 만약 부자였다면 곧 가난해지고 만다. 금을 모아둔 구두쇠도 부자라고 할 수 없다. 쌓아놓기만 한 금은 구매력이 없기 때문이다. 검소하고 알뜰한 사람은 부자가 되는 과정에 있다. 그는 현명하게 소비하는 동시에 신중하게 저축하고, 성장 수단이 허락하는 범위에서 점차 영역을 넓혀가기 때문이다.

부자가 되고 싶은 가난한 사람은 바닥에서 시작해야 하며, 자신의 능력을 훨씬 뛰어넘는 일을 시도함으로써 부유해 보이기를 바라거나 그렇게 보이려 해서도 안 된다. 바닥에는 항상 충분한 공간과 기회가 있다. 바닥은 시작하기에 안전한 곳이다. 아래로는 아무것도 없고 위로는 모든 것이 있기 때문이다. 어리석게도 많은 젊은 사업가가 성공에 필요하다고 생각해

허세를 부리고 과시하다가 불운에 빠지고 만다. 허세와 과시는 자신 외에는 아무도 속이지 못할뿐더러, 사람을 파멸로 이끈다. 어떤 영역에서든 겸손하고 진실한 시작은 자신의 지위와 중요성을 과장되게 광고하는 것보다 훨씬 더 성공을 보장한다. 자본이 적을수록 사업 영역도 작아야 한다. 자본 규모와 사업 범위는 손과 장갑과 같아서 서로 맞아야 하는 법이다. 자본을 그것이 작동하는 힘의 범위에 집중시키면 그 범위가 아무리 제한적이더라도 힘이 모이면서 범위가 계속해서 넓어지고 확장된다. 무엇보다 인색함과 헤픔의 양 극단을 피하는 데 항상 주의해야 한다.

음식은 생명과 활력, 육체적 힘과 정신적 힘을 뒷받침한다. 다른 모든 것과 마찬가지로 먹고 마시는 것에도 중도가 있다. 번영을 이루고자 하는 사람은 영양 상태가 좋아야 하지만 과식해서도 안 된다. 마찬가지로 먹는 것에 인색하거나 금욕주의를 실천하면서 몸을 굶기는 사람 또한 정신적 에너지가 떨어지고 몸이 약해져 강력한 성취를 이루는 도구가 될 수 없다. 그런 사람은 실패에만 도움이 되는 병든 마음을 갖게 된다.

폭식가는 과식으로 스스로를 파괴한다. 동물과 다를 바 없는 그의 육체는 독극물의 저장소가 되어 질병과 부패를 불러오며, 정신은 점점 잔인해지고 혼란에 빠져 무능해진다. 폭식은 가장 저급하고 동물적인 악덕 중 하나로, 온건한 길을 추구하는 이들에게 불쾌감을 준다.

최고 일꾼이자 성공한 사람은 적당히 먹고 마신다. 영양분을 충분히 섭취하되 너무 많이 먹지 않음으로써 신체적·정신적 건강을 극대화한다. 이렇게 중용을 지켜 잘 준비된 사람은 인생이라는 전투에서 활기차고 즐겁게 싸울 수 있다.

옷은 신체를 가리고 보호하는 용도이지만 이러한 목적에서 벗어나 과시 수단이 될 때가 많다. 여기서 피해야 할 양 극단은 무관심과 허영이다. 반면 관습은 무시할 수 없고 무시할 이유도 없다. 그리고 무엇보다 중요한 부분은 청결이다. 단정치 못한 옷차림을 하고 머리에 빗질도 하지 않은 사람은 스스로 실패와 외로움을 불러오는 셈이다. 옷차림은 자신의 지위와 조화를 이루어야 하며, 품질 좋게 잘 만든 적절한 옷이어야 한다. 옷이 아직 새것일 때 버려서는 안 되고 낡을 때까지 입어야 한다. 가난해서 다 해진 옷을 입고 있어도 옷이 깨끗하고 몸이 청결하며 단정하다면 자존감을 잃지 않게 되고, 타인도 그를 존중할 것이다. 그러나 옷에 지나친 사치를 부르는 허영심은 덕이 있는 사람이라면 애써서 피해야 할 악덕이다. 어떤 숙녀는 옷장에 드레스가 마흔 벌이나 있고, 어떤 신사는 지팡이 스무 개와 거의 같은 수의 모자는 물론, 방수 외투를 열 벌 넘게 가지고 있다. 장화를 스물셋 켤레나 가진 사람도 있다. 이렇게 불필요한 옷 더미에 돈을 탕진하는 부자는 가난을 추구하는 것과 마찬가지다. 이런 행동은 낭비이고 낭비는 궁핍으로 이어지기 때문이다. 고통은 곳곳에 넘치고 자선은 고귀한 행동인 만큼, 돈을 무분별하지 않게 잘 쓸 수 있는 길은 얼마든지 있다.

옷과 장신구를 현란하게 과시하는 것은 저속하고 공허한 마음을 드러낸다. 겸손하고 교양 있는 사람은 그 자체로 수수하며 옷차림도 그렇다. 그들은 남는 돈을 교양과 덕을 높이는 데 현명하게 사용한다. 그들에게는 허영심에 찬 불필요한 의복보다 교육과 진보가 더 중요하고 따라서 문학, 예술, 과학에 힘을 쏟는다. 진정한 세련됨은 마음과 행동에서 나온다. 덕과 지성으로 마음을 장식해도 여봐라는 듯 신체를 과시하면 매력이 떨어질 수 있다. 그러니 쓸데없이 몸을 꾸미는 데 쓰는 시간을 유익한 곳에 사용할 필요가 있다. 다른 것들과 마찬가지로 의복도 소박한 것이 최고다. 소박함은 유용함, 편안함, 신체적 우아함의 정점에 닿아 있으며, 고상한 취향과 세련됨의 증거가 된다.

여가는 인생의 필수재 중 하나다. 사람은 삶의 주된 목표로서 확실한 일을 가지고 그 일에 상당한 시간을 쏟아야 한다. 그리고 여가와 휴식을 위해 정해진 기간에만 일에서 벗어나야 한다. 여가는 몸과 마음에 활력을 불어넣고 진지한 일에 더 힘을 쏟게 만든다. 따라서 여가는 목표가 아니라 수단이다. 어떤 형태의 여가는 너무 매혹적이라서 많은 사람이 그것을 삶의 목표로 삼고 쾌락을 위해 의무를 저버릴 위험에 처하기도 한다. 하루하루를 다른 목표 없이 끝없는 놀이와 쾌락의 반복으로 만드는 것은 삶을 거꾸로 뒤집는 행위이며, 이는 단조로움과 무기력을 낳는다. 이런 사람은 누구보다도 불행할뿐더러 무기력과 권태, 짜증에 고통받는다. 양념은 소화를 돕는 보조적 재료라서 그것을 인생의 업으로 삼으면 불행해질 수밖에 없다. 사람은 하루의 의무를 다 마쳤을 때 자유롭고 가벼운 마음으로 여가를 즐길 수 있고, 일과 즐거움이 행복의 원천이 된다.

진정한 경제성은 모든 시간을 일에 바치는 것도, 여가에 바치는 것도 아니다. 시간 및 장소를 일, 여가에 각각 배분해 장수와 풍요로운 삶에 필요한 변화로 삶을 채우는 것이다.

모든 기분 좋은 변화는 여가라고 할 수 있다. 정신노동자는 편안하고 상쾌한 기분 전환을 위해 정해진 시간에 일을 내려놓음으로써 일의 양과 질을 모두 높일 수 있고, 육체노동자는 취미 또는 공부를 위해 무엇이든 배움으로써 모든 면을 향상할 수 있다.

먹거나 자거나 쉬는 데 모든 시간을 소비하지 않듯이, 신체 활동이나 쾌락에 시간을 낭비하는 대신 삶의 경제적 체계에서 자연 강장제로서 여가의 중요성을 인식해야 한다.

휴식은 고생 후 회복하기 위한 것이다. 자기 자신을 존중하는 사람은 매일 충분히 일한 뒤 편안하고 달콤하게 잠자리에 들고, 상쾌하고 개운하게 일어나야 한다.

잠은 충분히 자야 하지만 지나치게 많이 자서도 안 된다. 지나치게 많이 자는 것도, 부족하게 자는 것도 모두 해롭다. 얼마나 수면해야 하는지 파악하는 것은 쉬운 문제다. 일찍 자고 일찍 일어나면 완전한 회복을 위해 필요한 수면 시간을 정확히 측정하고 조정할 수 있다. 침대에서 오랜 시간을 보내는 습관이 있는 사람은 매일 아침 좀 더 일찍 일어나면 된다. 수면 시간이 짧아지면 점점 더 깊고 달콤한 잠을 자게 되고, 더 기민하면서도 활기차게 일어날 것이다. 일에서 성공하고자 하는 사람은 불명예스러운 편안함과 잠에 탐닉해서는 안 된다. 편안함이 아닌 유익한 노동이 인생의 진정한 목적이 되어야 하고, 편안함은 일의 목적에 도움이 되는 한에서만 누려야 한다. 게으름과 번영은 결코 동행할 수 없으며 서로 가까워지지도 못한다. 게으름뱅이는 결코 성공을 따라잡을 수 없지만, 실패는 빠르게 그를 따라잡아 패배시킬 것이다. 휴식은 더 큰 일을 처리하기 위해 스스로를 준비시키는 수단이지, 나태한 욕망을 채우는 방법이 아니다. 육체의 기력이 회복되면 휴식의 목적은 완성된다. 일과 휴식의 완벽한 균형은 건강, 행복, 번영에 크게 기여한다.

시간은 우리 모두가 똑같이 소유하고 있다. 어느 누구에게만 더 긴 하루는 없다. 따라서 우리는 귀중한 시간을 무익하게 낭비하지 말아야 한다. 쾌락을 추구하며 방종하게 시간을 보내는 사람은 뒤늦게 나이만 먹고 이루어 놓은 것이 하나도 없음을 발견한다. 오가는 시간을 유용한 일로 가득 채우는 사람은 늙을수록 명예와 지혜를 얻고 번영이 함께한다. 낭비한 돈은 복구할 수 있고 낭비한 건강은 회복할 수 있지만, 낭비한 시간은 결코 되돌릴 수 없다.

"시간은 돈이다"라는 옛말이 있다. 마찬가지로 사용 방식에 따라 시간은 곧 건강, 힘, 재능, 천재성, 지혜다. 이를 제대로 사용하려면 시간이 올 때 붙잡아야 한다. 시간은 일단 지나면 다시 되돌릴 수 없기 때문이다. 하루를 여러 부분으로 나누어 일, 자유, 식사, 여가 등을 적절한 시간대에 넣는 것이 중요하다. 준비시간도 간과하거나 무시해서는 안 된다. 무슨 일을 하든지 하루 중 적은 시간을 활용해 일을 위한 마음의 준비를 한다면 그 일을 성공적으로 잘 처리할 수 있다. 생각하고 계획하기 위해 일찍 일어나 심사숙고하고 예측하는 사람은 마지막 순간까지 침대에 누워 있다가 아침식사 시간에 겨우 맞춰 일어나는 사람보다 늘 자신의 일에서 더 높은 기술을 발휘해 성공할 것이다. 아침식사 전 한 시간을 이렇게 준비시간으로 보내면 노력이 결실을 맺는 데 엄청난 가치를 발휘한다. 이런 시간은 마음을 진정하고 정화하는 수단인 동시에, 에너지를 집중해 더 강력하고 효과적으로 만드는 수단이다. 가장 지속적이고 좋은 성공은 아침 여덟 시 전에 만들어진다. 다른 모든 조건이 같다면 오전 여섯 시에 일하는 사람은 여덟 시까지 침대에 누워 있는 사람보다 늘 훨씬 앞서 있을 것이다. 침대에 누워 있는 행위는 인생이라는 경주에서 자신을 크게 불리하게 만든다. 늦게 일어나는 사람은 일찍 일어나는 경쟁자가 매일 두세 시간 먼저 출발할 수 있도록 돕는 격이다. 자신에게 주어진 시간에 이렇게 무거운 부담을 지우면서 어찌 이기길 바라는가? 매일 두세 시간을 일찍 시작하는 습관은 1년이 지난 후에는 누적된 결과가 합쳐져 성공으로 나타난다. 그렇다면 20년이 흐른 뒤 이 두 사람의 노력에는 어떤 차이가 있을까? 늦게 일어나는 사람은 아침에 잃어버린 시간을 되찾으려고 항상 서두르게 되어 오히려 더 많은 시간을 잃고 만다. 서두름은 목표를 좌절시키기 때문이다. 일찍 일어나 시간을 현명하게 관리하는 사람은 서두를 필요가 없다. 그는 언제나 시간에 앞서 있기에 주어진 일을 잘해낸다. 침착하고 신중하게 행동할 여유가 있어 당면한 일이 무엇이든 주의 깊게 처리한다. 좋은 습관은 하루가 끝날 때 행복한 기분을 가져오고, 좋은 습관의 큰 결과는 능숙하고 성공적으로 수행한 일의 형태로 나타난다.

시간을 효율적으로 쓸 때도 삶에서 없애야 할 것이 많다. 아끼고 계속 유지하고 싶은 어떤 것을 삶의 주된 목표를 달성하기 위해 희생해야 하는 것이다. 심사숙고한 끝에 일상에서 필수적이지 않은 부분들을 제거하는 일은 위대한 업적을 달성하는 데 지극히 중요한 요소다. 모든 위인은 불필요한 것을 제거하는 일에 능숙했고, 이는 그들이 위대해지는 데 중요한 역할을 했다. 마음과 행동, 말에서 불필요할뿐더러 마음먹은 목표 달성을 방해하고 해방 놓는 모든 것을 제거하는 일도 경제성의 한 형태다. 어리석고 실패한 사람은 목적 없이 부주의하게 말하고 행동하며 좋은 것과 나쁜 것, 이도 저도 아닌 것들을 마음속에 품는다. 진짜 경제적인 사람의 마음은 인생이라는 사업에서 자신에게 유용한 것만 제외하고 다 걸러내는 체와 같다. 그는 필요한 말만 하고 필요한 행동만 함으로써 마찰을 최소화하는 데다, 힘의 낭비도 크게 줄인다.

늦지 않게 잠자리에 들고 일찍 일어나는 것, 깨어 있는 매 순간을 의미 있는 생각과 효율적인 행동으로 채우는 것, 이것이 진정한 시간의 경제다.

에너지는 좋은 습관을 형성함으로써 경제적으로 사용할 수 있다. 모든 악습은 무모하게 에너지를 소비하는 것이다. 나쁜 습관에 무분별하게 낭비되는 에너지를 보존하고 올바른 방향으로 사용하는 사람은 위대한 성공을 거둘 수 있다. 그리고 앞으로 살펴볼 여섯 가지 원칙에서 경제성을 실천한다면 에너지 보존에 큰 도움이 될 것이다. 단, 우리는 여기서 더 나아가 모든 형태의 육체적 방종과 불순함을 피하고, 마음을 고갈시키면서 중요한 일이나 훌륭한 업적을 이룰 수 없게 만드는 서두름, 걱정, 흥분, 낙담, 분노, 불평, 시기 같은 정신적 악덕을 피해 자신의 활력을 주의 깊게 관리할 필요가 있다. 이런 감정들은 인격을 가진 사람이라면 누구나 극복하고 피할 방법을 연구해야 하는 정신적 소모의 일반적 형태다. 자주 성마른 기질이 폭발해 낭비되는 에너지를 통제하고 적절히 유도한다면 마음의 힘, 인격의 힘, 성취할 수 있는 힘이 크게 늘어날 것이다. 화를 잘 내는 사람은 강한 편이더라도 정신적 에너지가 소진되어 쉽게 약해진다. 그가 자신의 힘을 드러내려면 자제력이 필요하다. 침착한 사람은 인생의 모든 부문에서 화를 잘 내는 사람보다 우월하다. 즉 성공 면에서도, 타인의 평가 면에서도 화를 내는 사람보다 늘 우위에 설 것이다. 나쁜 습관과 성향을 키우면서 에너지를 분산해도 되는 사람은 없다. 별것 아닌 듯이 보여도 모든 악덕은 인생이라는 전투에서 불리하게 작용한다. 해로운 방종은 어떤 식으로든 문제나 약점 형태로 행위자에게 돌아온다. 방탕하게 생활하는 모든 순간, 자신의 낮은 성향에 영합하는 모든 순간이 발전을 더욱 힘들게 만들뿐더러, 바라는 성취의 높은 천국으로 올라가는 것을 방해한다. 반면 에너지를 보존하고 그것을 인생의 주된 과업에 집중하는 사람은 빠르게 발전할 수 있다. 그리고 무엇도 그가 성공의 황금 도시에 도달하는 것을 막을 수 없다.

이렇듯 경제성은 단순히 돈을 절약하는 일보다 훨씬 더 심오하고 광범위하다. 그만큼 경제성은 인간 본성의 모든 부분과 삶의 모든 단계에 작용한다. "1펜스를 잘 관리하면 파운드는 저절로 모인다"라는 옛말은 인간의 낮은 격정을 타고난 에너지라고 생각하면 그 자체로는 나쁘지 않다는 것을 보여주는 비유라고도 볼 수 있다. 나쁜 것은 에너지 남용일 뿐, 자신의 에너지를 잘 관리하고 보존하고 변화시키면 인격의 힘으로 재탄생된다는 뜻이다. 악덕을 추구하느라 귀중한 에너지를 낭비하는 것은 펜스를 낭비하는 일과 같고, 따라서 파운드를 잃는 것과도 같다. 반면, 선하게 사용하려고 관리하는 것은 격정의 1펜스를 모으는 것이기에 선함의 황금 파운드를 얻는 것과 같다. 그만큼 하찮은 에너지를 잘 관리하면 높은 성취는 저절로 따라오게 된다.

경제성의 기둥은 견고하게 세워졌을 때 크게 다음 네 가지 특성으로 구성된다.

1. 중용

2. 효율성

3. 수완

4. 독창성

'중용'은 경제성에서 강력한 핵심으로, 극단을 피하고 만물에서 중도를 찾는 태도다. 또한 불필요한 것과 해로운 것을 삼가는 자세다. 악한 것에는 중용이 있을 수 없다. 악은 지나침이기 때문이다. 진정한 중용은 악을 삼간다. 추운 날 불을 제대로 사용하려면 불 속에 손을 집어넣는 것이 아니라, 안전한 거리에서 따뜻하게 몸을 쬐어야 한다. 마찬가지로 악은 만지기만 해도 화상을 입는 불이다. 해로운 사치는 엄격하게 손을 대지 않는 편이 가장 좋다. 흡연, 음주, 도박, 기타 일반적인 악덕은 수많은 사람을 아프게 하고 불행에 빠뜨리며 실패로 이끌 뿐, 건강과 행복, 성공을 향해 나아가는 데는 결코 도움이 되지 않는다. 재능과 기회가 똑같다면 악을 피하는 사람이 그것을 추구하는 사람보다 늘 우위에 있을 것이다. 건강하고 행복하게 오래 사는 사람은 항상 중용을 지키고 절제하는 습관을 가지고 있다. 생명력은 중용을 지킴으로써 보존되고, 악덕이 지나치면 파괴된다. 중용을 지킴으로써 격정과 감정을 누그러뜨리고 모든 불건전한 극단을 피하며 병적인 감각과 정서를 갖지 않는 사람은 행복과 건강에 지식, 지혜를 더하고, 그럼으로써 최고의 행복과 힘에 도달한다. 중용을 잃은 사람은 자신의 어리석음으로 스스로를 파괴한다. 그들은 자신의 에너지를 약화하고 능력을 못 쓰게 만들며, 오래 지속되는 성공을 거두는 대신 기껏해야 변덕스럽고 불확실한 번영에 도달할 뿐이다.

'효율성'은 힘과 능력을 올바르게 보존하는 데서 비롯된다. 모든 기술에는 집중된 에너지가 필요하다. 재능이나 천재성 같은 뛰어난 기술은 더 높은 수준의 집중된 힘을 필요로 한다. 사람은 자신이 좋아하는 일에는 능숙한데, 정신을 끊임없이 그 일에 집중시키기 때문이다. 기술은 생각을 발명과 행동으로 바꾸는 정신적 경제의 결과물이다. 기술이 없다면 번영도 없고, 번영의 정도는 기술 수준에 따라 결정된다. 지금 이 사회에서는 자연적인 선택 과정을 거쳐 비효율적인 사람은 저임금자 또는 실직자가 된다. 자기 일도 제대로 못하거나 하지 않으려는 사람을 누가 고용하겠는가? 간혹 고용주가 동정심에서 그런 사람을 계속 쓸 수도 있지만 이는 매우 예외적인 경우다. 회사, 사무실, 가정 등 모든 조직화된 활동 시설은 자선 기관이 아니라, 개별 구성원의 체력 및 효율성에 따라 흥하거나 망하는 사업체다.

기술은 사려 깊은 생각과 주의력을 통해 얻을 수 있다. 목표가 없고 부주의한 사람은 대개 실직 상태로 길모퉁이에서 빈둥대며 서성인다. 그들은 깊이 생각하고 주의를 기울이도록 마음을 환기하지 않기 때문에 가장 단순한 일도 제대로 하지 못한다. 최근 한 지인이 창문을 닦는 일에 부랑자를 고용했다. 그 사람은 너무 오랫동안 일을 안 했고 체계적으로 사고하지도 않았던 터라 창문조차 닦을 수 없었다. 청소 방법을 알려줬지만 간단한 지시도 따르지 못했다. 이 사례는 아주 간단한 일이라도 어느 정도 기술이 필요하다는 사실을 보여준 것이기도 하다. 효율성은 주로 동료 사이에서 한 사람의 위치를 결정하며, 능력이 발전할수록 그를 점점 더 높은 위치로 이끈다. 훌륭한 일꾼은 도구를 능숙하게 다루고, 선한 사람은 생각을 능숙하게 다룬다. 지혜는 가장 높은 형태의 기술이며, 적성은 초기 단계의 지혜다. 아무리 작더라도 모든 일에는 그 일을 하는 하나의 옳은 방법이 있고, 잘못된 방법은 무수히 많이 존재한다. 기술은 하나의 옳은 방법을 찾아서 그것을 고수하는 것이다. 비효율적인 사람은 수많은 잘못된 방법 속에서 혼란에 빠져 일을 망치고, 옳은 방법을 알려줘도 그것을 채택하지 않는다. 어떤 경우에는 무지한 상태에서 자신이 가장 잘 안다고 착각해 창문을 닦거나 바닥을 청소하는 방법조차 배우지 못하는 사람이 된다. 생각이 모자라고 비효율적인 사람은 아주 흔하다. 세상에 사려 깊고 효율적인 사람을 위한 자리는 많다. 고용주는 솜씨 좋은 일꾼을 만나는 것이 얼마나 어려운지 잘 알고 있다. 도구를 사용하든, 두뇌를 사용하든, 말을 하든, 생각을 하든 훌륭한 일꾼은 언제나 자신의 기술을 발휘할 수 있는 자리를 찾는다.

'수완'은 효율성의 결과다. 수완이 있는 사람은 결코 당황하지 않기 때문에 이는 번영을 이루는 데 중요한 요소다. 수완가는 여러 번 넘어져도 항상 기지를 발휘해 대처하고 즉시 다시 일어난다. 수완의 근원은 에너지 보존에 있다. 즉 수완은 에너지가 변환된 것이다. 에너지를 고갈시키는 정신적 또는 육체적 악덕을 끊으면 보존된 에너지는 어떻게 될까? 이렇게 보존된 에너지는 파괴되거나 손실되지 않은 채 그대로 생산적인 에너지가 된다. 그리고 유익한 생각이라는 형태로 재탄생한다. 덕이 있는 사람은 수완이 넘쳐나기에 언제나 악한 자들보다 성공한다. 그의 모든 정신은 살아 있고 활기차며 저장된 에너지로 가득 차 있다. 악한 자가 불모의 방종으로 낭비하는 것들을 덕이 있는 사람은 비옥한 산업에 사용한다. 동물적 악덕의 낡은 세계와 담을 쌓고 사는 사람에게는 황홀한 추구, 순수한 즐거움으로 가득한 새로운 삶과 세계가 열리고, 내면에서 솟아나는 지략이 그의 자리를 보장할 것이다. 불모의 씨앗은 땅에서 소멸한다. 비옥한 자연의 경제에 그것을 위한 자리는 없기 때문이다. 마찬가지로 불모의 정신은 삶의 투쟁 속에서 가라앉는다. 인간 사회는 선을 향해 가며, 악덕으로 생긴 공허함을 위한 공간은 없기 때문이다. 다만, 메마른 마음이 영원히 가라앉는 것은 아니다. 의지만 있다면 결실을 맺고 스스로를 회복할 수 있다. 존재의 본질과 영원한 진보의 법칙에 따라 악한 자는 반드시 실패한다. 하지만 넘어져도 다시 일어날 수 있기에 악덕한 사람에서 덕을 가진 사람으로 돌아설 수 있고, 자신이 가진 수완을 바탕으로 자존심을 지키며 안전하게 설 수 있다.

수완이 있는 사람은 발명하고 발견하며 시작한다. 진보의 흐름 속에 있기에 실패할 수가 없다. 그는 새로운 계획, 새로운 방법, 새로운 희망으로 가득 차 있으며, 그럼으로써 훨씬 더 풍요로운 삶을 누린다. 그의 마음은 유연하다. 사람은 사업, 일, 방법을 개선하지 못할 때 진보의 흐름에서 벗어나 실패하기 시작한다. 그럼 노인의 몸처럼 마음이 경직되고 무기력해져 수완 좋은 사람의 빠릿빠릿한 생각과 계획을 따라가지 못한다. 수완이 좋은 사람은 마치 가뭄이 들었을 때 상쾌함을 주고 새로운 활력을 제공하는 마르지 않는 강물과도 같다. 수완이 좋은 사람은 늘 새로운 생각을 하고, 새로운 생각을 하는 사람은 다른 이들이 시들고 쇠퇴할 때 번성한다.

'독창성'은 수완이 무르익고 완성된 단계다. 독창성이 있는 곳에 천재성이 있고, 천재성을 지닌 사람이 세상의 빛이다. 어떤 일을 하든 사람은 자신의 지략에 의존해야 한다. 타인으로부터 일을 배울 때 노예처럼 따라 하기만 해서는 안 되며, 그 일에 몰두해 새롭고 독창적으로 만들어야 한다. 독창적인 사람은 세상의 주목을 받는다. 처음에는 무시당할 수도 있지만, 결국에는 받아들여지고 인류의 본보기가 된다. 일단 독창성의 요령을 터득한 사람은 특정 지식과 기술 분야에서 지도자로 인정받는다. 다만, 독창성은 강제할 수 있는 것이 아니다. 오직 탁월함에서 탁월함으로 나아가고, 정신력을 온전히 올바르게 사용해 기술 수준을 높일 때 발달하는 것이다. 자기 일에 헌신하면서 모든 에너지를 집중하면 세상이 성공한 사람으로 환호하며 맞아줄 날이 온다. 그리고 수년간 고된 노력 끝에 어느 날 "나는 곧 천재가 될 것이다!"라고 외쳤던 오노레 드 발자크(《고리오 영감》이 대표작인 프랑스 소설가 · 1799~1850─편집자 주)처럼 자신도 마침내 인류를 더 새롭고 높은 유익한 길로 인도하는 신들의 대열에, 독창적인 정신의 대열에 합류했다는 사실을 발견하고 기뻐할 것이다.

이것이 두 번째 기둥을 구성하는 요소다. 정신적 에너지를 능숙하게 사용할 수 있는 준비된 일꾼이 와서 기둥을 세우길 기다려본다.

세 번째 기둥-올곧음

번영은 값싸게 흥정해서 얻을 수 있는 것이 아니다. 지적 노동과 도덕적 힘을 통해 획득하는 것이다. 거품이 지속될 수 없듯이 사기도 번영할 수 없다. 사기꾼은 돈을 얻는 데 열을 올리지만 곧 무너진다. 사기로 얻는 것은 하나도 없고, 또 얻을 수도 없다. 그것은 잠깐 동안 이어지는 왜곡일 뿐, 무거운 이자로 되돌아온다. 다만, 사기는 파렴치한 사기꾼에게만 국한된 것이 아니다. 상응하는 대가를 내주지 않은 채 돈을 얻거나 얻으려고 하는 사람은 자기 자신이 그 사실을 알든, 모르든 사기 행위를 하고 있는 셈이다. 일하지 않고 돈을 얻는 방법을 열렬히 모색하는 사람은 사기꾼일뿐더러, 정신적으로 그들의 재산을 빼앗아가고 조만간그 영향을 받게 될 도둑이나 협잡꾼과 같은 부류다. 정당한 대가를 지불하지 않고 비합법적으로 소유하고픈 욕망을 논리적 극단으로 관철하려는 사람이 도둑이 아니면 대체 누가 도둑이란 말인가? 번영을 누리고자 애쓰는 사람은 물질적이든, 정신적이든 자신이 하는 모든 거래에서 받는 것에 상응하는 정당한 보상을 해줄 방법을 연구해야 한다. 이것이 건전한 상거래의 위대한 기본 원칙으로, 이를 영적 영역에 적용하면 우리가 받고자 하는 대로 다른 이들에게 행하는 것이고, 우주의 힘에 적용하면 "작용과 반작용은 동일하다"는 과학적 명제로 표현된다.

인간의 삶은 호혜적이지 일방적으로 강탈하는 것이 아니며, 타인을 정당한 먹잇감으로 여기는 사람은 곧 번영의 길에서 멀리 떨어진 파멸의 사막에 서서 오도 가도 못하는 자신을 발견하게 될 것이다. 그는 정직한 이들을 성공적으로 상대하기에는 진화의 과정에서 너무 뒤처져 있다. 최고는 늘 살아남는다는 사실을 잊지 말자. 반면 최악인 그는 계속 살아남을 수 없다. 시간이 지나면서 바뀌지 않는 한 그는 틀림없이 감옥, 더러운 누옥, 버림받은 부랑자들의 장소에서 끝을 맞이하게 될 것이다. 그의 노력은 건설적이지 않고 파괴적이며, 따라서 그는 스스로를 파괴한다.

칼라일Carlyle(토머스 칼라일은 영국 평론가이자 역사가 · 1795~1881—편집자 주)은 당시 기독교인들이 널리 무함마드Mohammed를 사기꾼으로 여기는 점을 언급하면서 "사기꾼이 종교를 찾았다! 사기꾼은 벽돌집을 지을 수 없다!"고 외쳤다. 사기꾼, 거짓말쟁이, 협잡꾼처럼 부정직한 사람은 쓸 만한 도구나 재료가 없기 때문에 무엇을 지어 올릴 수 없다. 부정직한 사람은 종교를 찾거나 벽돌집을 짓지 못할 뿐 아니라 사업, 인격, 경력, 성공도 쌓을 수 없다. 심지어 쌓지 못하는 데서 더 나아가 모든 에너지를 타인이 쌓아 올린 것을 훼손하는 일에 쏟지만, 결국 성공하지 못하고 자기 자신만 훼손할 뿐이다.

올곧지 않으면 에너지와 경제성 측면에서 결국 실패하는 반면, 올곧으면 그 힘이 크게 증대된다. 인생에서 도덕적 요소가 중요한 역할을 하지 않는 경우는 없다. 진정한 올곧음은 그 놀라운 일관성과 견실성, 완강한 힘으로 어디에 있든 존재를 드러내고, 모든 거래에 그것만의 품질 증명을 남긴다. 올곧은 사람은 만물의 고정된 법칙은 물론, 인간 사회의 기본 원리와 광활한 우주의 일관된 법칙을 따른다. 누가 이것을 무시하겠는가? 누가 흠 없이 올곧은 사람을 해치겠는가? 그는 마치 끊이지 않는 샘물 근처에 뿌리를 내려 어떤 폭풍우에도 쓰러지지 않는 튼튼한 나무와도 같다.

사람이 완전하고 강해지려면 올곧음이 모든 측면을 포용하고 삶의 모든 세부 사항으로 확장되어야 할 뿐 아니라, 타협에 빠지려는 유혹을 견딜 수 있을 만큼 철저하고 영속적이어야 한다. 한 가지 측면에서 실패는 모든 방면에서 실패를 의미하며, 압박감에 거짓과 타협하는 사람은 아무리 필요한 일 같고 사소해 보일지라도 올곧음의 방패를 내던지고 악의 공격에 노출된 채 서 있는 꼴이다.

고용주가 자리에 없을 때도 지켜보고 있을 때처럼 양심적으로 신중하게 일하는 사람은 이내 낮은 위치에서 벗어날 것이다. 맡은 의무에 대한 올곧음, 자기 일의 세부 사항을 수행할 때 올곧음은 번영의 비옥한 땅으로 우리를 금방 인도한다. 반면 고용주가 없을 때 아무런 양심의 가책도 느끼지 못하고 대충 일하면서 임금을 지급하는 고용주의 시간과 노동력을 훔치는 게으름뱅이는 곧 실업의 메마른 땅으로 들어가 필요한 일자리를 헛되이 찾게 될 것이다.

올곧음에 깊이 뿌리내리지 않은 사람에게는 거짓말을 하거나 부정직한 일을 하는 것이 자신의 장래와 번영을 위해 필요한 일처럼 보일 때가 온다. 그들에게 이렇게 말해주고 싶다. 깨달아 변하지 않는 올곧음을 가진 사람은 어떤 상황에서도 거짓말을 하거나 부정직할 필요가 없음을 알고 있으며, 그런 점에서 그는 유혹에 들 필요가 없고 유혹에 들 수도 없다고 말이다. 만일 부정직한 행동을 해야 할 것 같은 유혹에 빠진다면 우유부단하고 불안한 시기에 내면에서 일어나는 거짓의 미묘한 아첨을 버릴 수 있어야 하고, 부정행위에 빠지기보다 기꺼이 패배하고 고통받더라도 굳게 원칙을 지켜야 한다. 그래야만 올곧음의 도덕적 원칙을 깨닫고 올곧음이 손실과 고통이 아닌, 이득과 기쁨으로 이어진다는 참된 이치를 발견할 수 있다. 또한 정직함과 손실은 원인과 결과의 관계가 아니며 그런 관계가 될 수도 없음을 알게 될 것이다.

인생의 모든 영역에서 깨달음으로 이끄는 것은 거짓된 사람이 되려는 마음이 아니라 희생하려는 의지다. 이기적인 목적을 희생하기보다 거짓말을 하거나 상대를 기만하는 자는 도덕적 깨달음을 얻을 권리를 상실하는 것은 물론, 사기 치기를 좋아하는 사람들, 부정한 거래를 하는 사람들 사이에서 인격도 없고 명성도 없는 이들보다 더 낮은 자리에 앉게 된다.

몸짓과 말, 행동으로 타인을 속이거나 거짓말을 할 수 없고, 도덕적으로 타락했을 때의 치명적인 결과를 분명히 깨닫기 전까지는 진정 올곧음으로 무장한 것이 아니다. 올곧음의 원리를 깨달은 사람은 사방에서 보호를 받는다. 미친 사람이 하늘에서 해를 끌어내릴 수 없는 것처럼 부정직한 사람들은 그를 해칠 수 없다. 그에게 쏟아지는 이기심과 기만의 화살은 올곧음이라는 강한 갑옷과 의로움이라는 밝은 방패에 맞아 튕겨 나오고, 그는 다친 데 하나 없이 온전할 것이다.

거짓말을 잘하는 사업가는 요즘처럼 경쟁이 치열한 시대에는 정직한 방법으로 성공할 수 없다고 말하곤 한다. 하지만 정직해본 적이 없는 사업가가 그것을 어떻게 알고 이런 말을 하는가? 그는 정직함에 대한 지식이 없기 때문에 이는 무지한 주장일 뿐이다. 무지와 거짓은 사람을 눈멀게 해 어리석게도 누구나 다 자기만큼 무지하며 거짓되다고 생각하게 만든다. 개인적으로 그런 사업가들을 알고 있고, 그들이 망하는 것도 직접 봤다. 한 사업가가 공개 모임에서 이렇게 말하는 것을 들은 적이 있다. "사업하면서 완전히 정직할 수 있는 사람은 없습니다. 그저 대체로 정직할 수는 있지요." 그는 자신의 말이 사업계의 현 상황을 나타낸다고 생각했겠지만, 사실 그렇지 않다. 그의 말은 자신의 상태를 드러낸 것일 뿐이다. 그의 말은 청중에게 단순히 자신이 부정직한 사람이라고 털어놓은 것에 불과했으며, 그는 도덕적 무지 탓에 이를 깨닫지 못하고 있었다. 대체로 정직하다는 것은 부정직함의 다른 표현일 뿐이다. 곧은길에서 살짝 벗어나 있는 사람이 대부분 더 많이 벗어난다. 이런 사람들은 옳음에 대한 고정된 원칙을 가지고 있지 않은 데다, 자신의 이익만 생각한다. 또한 자기가 저지르는 특수한 부정직함은 하얗고 무해하며, 자신은 이웃만큼 나쁘지 않다고 자기 합리화를 한다. 이것은 도덕적 원칙에 대한 무지가 만들어낸 여러 형태의 자기 망상 중 하나에 불과하다.

인생의 다양한 관계와 거래 속에서 타인을 상대로 올바르게 행동하는 것이 바로 올곧음의 핵심이다. 정직함을 포함하지만 그것보다 좀 더 넓은 개념이다. 올곧음은 인간 사회의 중추이자 인간이 만든 제도의 지지대다. 올곧음이 없다면 사람들 사이에 신뢰와 믿음도 없고, 사업의 세계는 몰락할 것이다.

거짓말쟁이가 타인을 모두 거짓말쟁이로 여기고 그렇게 대하듯이, 올곧은 사람은 타인을 신뢰로 대한다. 그는 사람들을 신뢰하고 사람들도 그를 신뢰한다. 그의 맑은 눈과 열린 손은 은밀히 다가오는 사기꾼을 부끄럽게 변화시켜 그에게 사기를 칠 수 없도록 만든다. 에머슨의 말처럼 "사람을 신뢰하면 그들 역시 자신의 모든 거래 규칙에서 예외를 만들더라도 당신에게 진실할 것이다".

올곧은 사람은 존재만으로도 타인의 도덕성에 영향을 미쳐 그들을 이전보다 더 나은 인간으로 만든다. 인간은 서로 강력하게 영향을 주고받는다. 선은 악보다 강하기 때문에 나약하고 나쁜 사람은 강하고 선한 사람을 만나기만 해도 수치심을 느끼고 정신이 고양된다.

또한 올곧은 사람은 경외심을 불러일으키고 타인을 고무하는 무의식적인 위엄을 지니고 있다. 저급하고 비열하며 거짓된 것들 위로 자신을 끌어올리면 비겁한 악덕들이 혼란스러워하고 그의 존재에서 슬그머니 빠져 나온다. 아무리 높은 지적 재능도 이 고상한 도덕적 위엄에는 비할 수 없다. 올곧은 사람은 타인의 기억과 세상의 평가 측면에서 천재성을 지닌 이들보다 더 높은 자리에 선다. 벅민스터Buckminster(벅민스터 풀러는 미국 건축가이자 발명가, 철학자 · 1895~1983—편집자 주)는 "독립된 올곧음의 도덕적 위엄은 자연에서 가장 숭고한 것"이라고 말했다. 올곧음은 영웅을 만들어내는 인간의 자질이다. 변함없이 올곧은 사람은 본래 갖추어진 영웅이다. 단지 영웅적 요소를 드러낼 계기가 필요할 뿐이다. 그는 언제나 영원한 행복을 소유한다. 천재성을 지닌 사람은 불행하게 살 수도 있지만, 올곧은 사람은 그렇지 않다. 질병, 재난, 죽음 그 어떤 것도 올곧음 속에 내재된 그의 영원한 만족을 빼앗을 수 없다.

올곧음은 네 가지 연속된 단계를 거쳐 곧바로 번영으로 이어진다. 첫째, 올곧은 사람은 타인의 믿음을 얻는다. 둘째, 믿음을 얻고 나면 사람들이 신뢰한다. 셋째, 이 신뢰가 깨지지 않으면 평판이 좋아진다. 넷째, 좋은 평판이 점점 널리 퍼져 성공을 가져온다.

부정직함은 반대 효과를 낳는다. 다른 이들의 믿음을 무너뜨림으로써 의심과 불신을 불러일으키고, 이것이 나쁜 평판을 만들어 결국 실패로 끝난다.

올곧음의 기둥은 다음 네 가지 핵심 요소로 이루어져 있다.

1. 정직
2. 용기
3. 목적성
4. 무적성invincibility

'정직'은 성공으로 가는 가장 확실한 길이다. 부정직한 사람이 슬픔과 고통 속에서 회개하는 날은 끝내 오지만, 정직한 사람은 회개가 필요 없다. 설령 정직한 사람이 에너지, 경제성, 체계 등 다른 기둥이 부족해서 실패하더라도 이는 부정직한 사람에게 그런 것만큼 슬픈 일이 아니다. 그는 동료를 속인 적이 없다는 사실만으로도 늘 마음이 편안하기 때문이다. 가장 어두운 시기에도 그는 깨끗한 양심에서 안식을 찾는다.

무지한 사람은 부정직함이 번영으로 가는 지름길이라고 생각한다. 그래서 부정직한 행동을 한다. 부정직한 사람은 도덕적으로 근시안적이다. 마치 알코올 중독자가 습관이 주는 즉각적인 쾌락만 보고 궁극의 타락을 보지 못하는 것처럼, 부정직한 사람은 부정직한 행동의 즉각적인 효과, 즉 당장의 이익만 볼 뿐 궁극의 결과는 보지 못한다. 부정직한 행동이 누적되면 필연적으로 자신의 인격이 훼손되고 사업도 무너지고 만다는 사실을 알지 못하는 것이다. 부정직한 사람은 자기 이익을 챙기면서 타인을 영리하게 잘 이용하고 있다고 생각하겠지만, 그가 늘 속이고 있는 것은 자기 자신이며, 그렇게 얻은 모든 이익은 이자까지 더해 갚아야만 한다. 그리고 이 정당한 응보에서 벗어날 수 있는 구멍은 없다. 이러한 도덕적 중력은 돌을 당기는 지구의 물리적 중력처럼 확실하고 또 변하지 않는다.

직원들에게 거짓말을 요구하고 고객에게 자신의 상품을 거짓되게 설명하는 상인은 자기 주변을 의심과 불신, 증오로 둘러싸고 있는 셈이다. 심지어 그의 지시를 따르는 도덕적 약자들조차 그가 시킨 부정한 일로 스스로를 더럽히고 있으며, 동시에 그를 경멸한다. 이렇게 유해한 분위기에서 어떻게 사업이 번창하겠는가? 이런 사업장에는 이미 파멸의 영이 들어와 있고, 부정직한 자에게는 몰락의 날이 정해져 있다.

정직한 사람도 실패할 수 있지만 정직해서 실패하는 것은 아니다. 정직한 사람의 실패는 명예로울 것이고, 그의 인격과 평판에도 해가 되지 않는다. 그의 실패는 의심할 여지없이 특정 방향에 대한 무능력에서 비롯된 것으로, 오히려 그를 재능에 더 적합한 길로 안내하고 궁극적인 성공으로 이끄는 수단이 된다.

공정하게 거래하는 사람은 언제 어디서나 존경을 받는다. 가장 부정직한 자조차 다른 이들의 공정한 거래를 존경한다. 사업을 하면서 상대와 공정하게 거래하고 진실을 말하며 자신에게 손해라는 것이 드러나도 계약을 준수하는 사람은 악을 두려워할 필요가 없다. 그의 행동은 자신을 비롯해 그와 관련된 모든 이에게 오직 선만을 가져오기 때문이다.

정직함에는 '용기'가 수반된다. 정직한 사람은 맑은 눈과 단호한 시선을 가지고 있다. 그는 동료들의 얼굴을 똑바로 응시하면서 직접적이고 설득력 있게 말한다. 거짓말쟁이와 사기꾼은 부끄러움에 고개를 숙인 채 말하고, 눈빛은 흐릿하며, 시선은 비스듬하다. 그들은 상대의 눈을 똑바로 보지 못한다. 말은 모호하고 설득력이 없기 때문에 불신을 불러일으킨다.

의무를 다한 사람은 두려울 것이 없다. 그의 모든 사업 관계는 위험이 없고 안전하다. 그의 방법과 행동은 한낮의 뜨거운 빛을 견딜 수 있다. 어려운 시기를 겪어 빚을 지게 되어도 모두가 그를 믿고 기꺼이 돈을 갚을 때까지 기다릴 것이며, 그는 결국 모든 빚을 갚을 것이다. 부정직한 사람은 빚을 갚지 않으려 꼼수를 쓰느라 두려움 속에서 살아간다. 반면, 정직한 사람은 빚을 지지 않으려 노력하지만, 어쩔 수 없이 빚을 졌을 때는 두려워하지 않고 노력을 배가해 빚을 갚는다.

부정직한 사람은 항상 두려움 속에 서 있다. 그들은 빚을 두려워하는 것이 아니라 빚을 갚아야 한다는 사실에 두려움을 느낀다. 그들은 동료를 두려워하고, 확립된 권위를 두려워하며, 자신이 한 모든 일의 결과를 두려워한다. 또한 스스로의 악행이 드러날까 봐 끊임없이 두려워하는 것은 물론, 언제든 자신을 덮쳐올 수 있는 결과에 두려움을 느낀다.

정직한 사람은 이 모든 두려움의 짐에서 해방된다. 그의 마음은 가볍고, 동료들 사이에서 발걸음은 똑바르다. 또한 다른 사람인 척하지 않으며 슬그머니 숨거나 굽실거리지도 않는다. 있는 그대로의 모습으로 늘 눈을 마주친다. 누구도 속이거나 해치지 않으니 두려워할 대상이 없고, 그에게 불리한 모든 말은 이후 유리하게 되돌아온다.

이렇게 두려워하지 않는 마음은 그 자체로 인생에 힘을 주는 성채로, 비상시에 그를 지지하고 어려움에 용감히 맞설 수 있게 하며, 결국에는 빼앗길 수 없는 성공을 가져다준다.

'목적성'은 올곧음이 증진하는 인격의 힘이 직접적으로 가져오는 결과다. 올곧은 사람은 바른 목표와 강력하고 지적인 목적을 가지고 있다. 그는 추측하지 않으며 어둠 속에서 일한다. 그의 모든 계획에는 자신의 인격이 만들어내는 도덕적 정신이 들어 있다. 사람의 일은 어떤 식으로든 그 자신을 반영한다. 건전하게 올곧은 사람은 건전한 계획을 가지고 있다. 그는 비교 검토하고 숙고하며 앞을 내다보기 때문에 심각한 실수를 저지르거나 벗어나기 어려운 딜레마에 빠질 가능성이 적다. 또한 모든 일을 도덕적 시각으로 바라보고 언제나 도덕적 결과를 고려하기에 단순히 편의만 고려하는 이들보다 더 확고하고 높은 위치에 서 있다. 어떤 상황이든 넓은 시각에서 바라보고 원칙과 관련된 세부 사항을 종합적으로 이해하는 만큼 더 큰 힘이 생겨나고, 또 그 힘을 발휘한다. 도덕성은 항상 편리하다는 장점이 있다. 도덕성의 목적은 늘 표면보다 훨씬 아래에 있기 때문에 더 단단하고 안전하며 강력하고 오래 지속된다. 또한 올곧음에는 본래 바른 성질이 있어 어떤 일을 하든 목표를 향해 곧장 나아갈 수 있게 해주고, 따라서 실패를 거의 불가능하게 만든다.

강한 사람은 강한 목적을 가지고 있고, 강한 목적은 강한 성취로 이어진다. 올곧은 사람은 강한 자보다 위에 있으며, 그의 강함은 그가 인생이라는 사업을 수행해나갈 때 존중과 존경, 성공을 부르는 철저함으로 나타난다.

'무적성'은 훌륭한 보호 장치이지만, 완벽하게 순수하고 공격할 수 없는 올곧음을 가진 사람만 보호한다. 아무리 사소한 부분일지라도 올곧음의 원칙을 위반하지 않는다면 빈정거림과 비방, 허위 진술 등 모든 공격에 대해 무적이 된다. 한 가지에서 실패한 사람은 방어에 취약하다. 그 지점을 파고들어온 악의 화살은 아킬레우스의 발뒤꿈치에 박힌 화살처럼 그를 패배하게 만들 것이다. 순수하고 완벽한 올곧음은 모든 공격과 상처를 막아 올곧은 사람으로 하여금 불굴의 용기와 숭고한 평정심을 가지고 어떤 반대나 핍박에도 맞설 수 있게 한다. 뛰어난 재능, 지성, 사업적 통찰력도 고결한 도덕적 원칙을 깨달아 받아들이고 따르는 데서 오는 정신적 힘과 마음의 평화를 가져다주지 못한다. 도덕적 힘은 가장 큰 힘이다. 진정한 번영을 추구하는 사람이 이 힘을 발견해 자신의 정신과 행동에서 키우고 발전시킨다면 곧 성공에 이르러 세상의 강력한 지도자들 사이에서 존재를 인정받을 것이다.

이것이 강하고 확고부동한 올곧음의 기둥이다. 인생의 성전에 타락하지 않는 석벽을 짜 넣은 사람은 누구보다도 복되고 번영할 수 있다.

네 번째 기둥 - 체계

체계는 혼란을 불가능하게 만드는 질서의 원리다. 자연과 우주의 질서 속에서 모든 것은 제자리에 있고, 그 결과 광활한 우주는 가장 완벽한 기계보다도 더 완벽하게 작동한다. 우주에서 무질서는 우주의 파괴를 의미하며, 사람의 일에서 무질서는 그의 일과 번영이 파괴됨을 뜻한다.

모든 복잡한 조직은 체계로 이루어져 있다. 체계가 없으면 어떤 사업체나 사회도 큰 규모로 발전할 수 없다. 체계의 원리는 상인, 사업가, 기관장에게도 중요한 도구다.

질서에 관심을 가지면 더 큰 성공을 거두겠지만 무질서한 사람도 여러 부문에서 성공할 수 있다. 그러나 사업을 체계적인 관리자 손에 전적으로 맡겨 자신의 결함을 메우지 못한다면 전체 사업에서는 성공할 수 없을 것이다.

큰 사업체는 분명하게 그려진 체계적인 방식에 따라 발전해왔으며, 이 방식을 위반하면 사업의 효율성과 번영에 막심한 피해를 입게 된다. 복잡한 사업체나 조직은 자연이 복잡한 신체를 구성하듯이, 세부 사항을 용의 주도하게 살피고 주의를 기울임으로써 만들어졌다. 무질서한 사람은 주된 목표를 제외하고는 다른 것에 부주의해도 괜찮다고 생각하지만 그는 수단을 무시함으로써 목표도 좌절되게 만든다. 세부 사항이 무질서하면 유기체는 죽는다. 세부 사항을 부주의하게 방치하면 일이나 기업은 성장하지 못한다.

무질서한 사람은 시간과 에너지를 엄청나게 낭비한다. 물건을 찾는 데 낭비되는 시간을 절약할 수 있다면 어떤 성공을 거두기에 충분하다. 무질서한 사람은 물건을 제자리에 놓지 않고, 그래서 종종 필요한 물건을 오랫동안 찾아야 한다. 이렇게 매일 물건을 찾아야 한다면 짜증, 부정적인 기분, 억울함이 치솟고, 이런 상태에서는 큰 사업을 구축하거나 높은 성취를 이루는 데 필요한 만큼의 많은 에너지가 소모될 수밖에 없다.

질서 정연한 사람은 시간과 에너지를 절약한다. 그들은 어떤 것도 잃어버리지 않기 때문에 아무것도 찾을 필요가 없다. 모든 것이 제자리에 놓여 있어 어둠 속에서도 바로 찾을 수 있다. 그들은 냉정하고 신중해질 여유가 있는 만큼, 짜증을 내거나 성질을 부리거나 자신의 무질서함에 대해 남 탓을 하는 대신 유익한 일에 정신적 에너지를 쓸 수 있다.

체계는 겉보기에는 경탄할 만한 일을 쉽게 수행할 수 있는 일종의 천재성을 포함하고 있다. 체계적인 사람은 거의 기적처럼 보일 정도로 아주 짧은 시간 안에 엄청난 양의 일을 처리하면서 피로도 느끼지 않는다. 그는 부주의한 경쟁자가 혼란의 수렁에서 절망적으로 헤매는 동안 성공의 고지에 오른다. 질서의 법칙을 엄격하게 따름으로써 아무런 마찰이나 시간 손실 없이 신속하고 부드럽게 목적을 달성해낸다.

각종 업계의 모든 부문에서 체계에 대한 요구는 성인의 거룩한 서약만큼이나 엄격하며, 아무리 사소한 항목도 위반해서는 안 된다. 위반한다면 재정적 전망이 위험에 노출될 것이다. 특히 금융업계에서 질서의 법칙은 철칙이며, 이를 흠잡을 데 없이 준수하는 사람은 시간, 성질, 돈을 절약할 수 있다.

　인간 사회의 모든 영속적 성취는 체계라는 기반 위에 놓여 있다. 따라서 체계가 사라지면 진보도 멈출 것이다. 문학의 방대한 업적을 예로 들어보자. 문학은 고전 작가와 위대한 천재들의 작품, 위대한 시, 셀 수 없이 많은 산문, 기념비적인 연대기, 영혼을 울리는 웅변, 그리고 종교와 법규, 지식을 담은 막대한 책 등 인간의 사회적 교류를 표현하고 있다. 언어로 된 이 놀라운 자원과 성취를 생각하면 문학의 발생, 성장, 지속은 스물두 개 문자로 이루어진 체계적인 배열에 의한 것이며, 그 배열은 일정한 고정 규칙 내에서 엄격한 제한을 받아 무궁무진한 결과를 가져온다는 사실을 알 수 있다.

　다시 말하지만 수학의 모든 놀라운 업적은 숫자 열 개를 체계적으로 배열한 데서 비롯되었다. 수천 개의 부품으로 이루어진 복잡한 기계가 소음도 거의 없이 부드럽게 작동해 설계된 목적을 달성하는 것은 몇 가지 기계적 법칙을 체계적으로 준수했기 때문이다.

　여기서 우리는 체계가 복잡한 것을 단순화하는 방법, 어려운 것을 쉽게 만드는 방법, 그리고 무한히 다양한 세부 사항을 하나의 중심 법칙이나 질서와 연결시켜 완벽한 규칙성을 가지고 아무런 혼란 없이 다루면서 처리하는 방법을 확인할 수 있다.

　과학자는 체계의 원리를 파악해 현미경으로 봐야 하는 담륜충(8,000만 년 동안 유성생식을 하지 않고 살아온 단세포 동물—편집자 주)부터 망원경으로 봐야 하는 별에 이르기까지 우주의 무수한 세부 항목을 명명하고 분류한다. 그 결과 우리는 불과 몇 분 만에 물체 수백만 개 가운데 하나를 참조할 수 있게 되었다. 신속한 참조와 빠른 처리 능력은 모든 지식 및 산업 분야에서 압도적으로 중요하며, 이렇게 인류가 아낀 시간과 노동의 양은 헤아릴 수 없을 정도로 막대하다. 종교, 정치, 사업, 교육, 여행, 정부는 물론, 생각 등 다양한 분야에 체계가 존재한다. 이렇듯 인간 사회의 모든 것은 질서라는 접착력에 의해 결합되어 있다.

실제로 체계는 동시에 자리를 차지하려고 겨루면서 반대되는 목표와 이익을 위해 경쟁하는 전 세계 수백만 인류를 하나의 완전한 전체로 묶어 진보를 이루게 하는 데 필수적인 역할을 하는 기본 원칙 중 하나다.

우리는 여기에서 체계가 위대함과 어떻게 연합하는지 볼 수 있다. 체계의 질서에 미숙한 여러 개별 단위는 사업, 법률, 종교, 과학, 정치 등 인간 활동의 모든 영역에서 고정되고 침범할 수 없는 규칙을 확립해야 한다는 긴급하고 불가피한 필요성을 인식한 소수의 조직력에 의해 자기 자리를 지킨다. 두 사람이 만나면 즉시 혼란을 피하기 위해 공통된 이해의 기반이 필요하다. 한마디로 행동을 규제한 어떤 체계가 필요한 것이다.

인생은 혼란하다기에는 너무 짧다. 지체와 퇴보를 막는 체계의 길을 따라 지식은 성장하고 진보는 일어난다. 따라서 자신의 지식이나 사업을 체계화한 사람은 후임자를 위해 그것을 단순화하고 향상시켜 자신이 중단한 지점에서 후임자가 자유로운 마음으로 시작할 수 있게 한다.

큰 기업에는 거대한 조직을 경영하는 체계가 있어 해당 기업은 균형이 잘 잡힌 상태로 기름칠이 잘 된 기계처럼 돌아간다. 뛰어난 사업가인 한 친구는 자신이 열두 달 동안 회사를 떠나 있다가 돌아와도 아무런 문제없이 회사가 굴러간다고 말한 적이 있다. 실제로 그는 이따금 여행을 위해 몇 달 동안 회사를 떠나 있는데 돌아와 보면 모든 직원, 도구, 책, 기계는 물론이고, 아주 작은 세부 사항들까지 여행을 떠나기 전처럼 아무런 문제나 어려움, 혼란 없이 제자리에서 제 일을 하고 있다.

질서와 규율에 대한 사랑, 마찰 회피, 그리고 이런 규칙성에서 비롯된 마음의 평온함, 효율성 등과 별개인 빼어난 성공은 있을 수 없다. 규율을 싫어하는 사람, 마음이 통제되지 않고 무법 상태인 사람, 사고와 습관, 일 처리에 부주의하고 불규칙한 사람은 크게 성공하거나 번영할 수 없다. 이들은 생활에 적절한 규칙이 있다면 사라질 수많은 걱정과 문제, 어려움, 시시한 불쾌감으로 삶을 채운다.

체계적이지 않은 마음은 훈련되지 않은 마음이다. 육상 경기에서 훈련되지 않은 선수가 세심하게 훈련한 경쟁자와 겨루어 이길 수 없듯이, 훈련되지 않은 마음은 인생이라는 경주에서 잘 훈련된 마음을 따라잡을 수 없다. 인생의 물질적·정신적·도덕적 포상을 향한 치열한 경주에서 무엇이든 할 수 있다고 생각하는 훈련되지 않은 마음은 최고만 할 수 있다고 확신하는 잘 훈련된 마음에 빠르게 뒤처진다. 일을 하려고 해도 도구를 찾지 못하거나, 계산이 맞아떨어지지 않거나, 책상 열쇠를 찾지 못하거나, 생각의 실마리를 찾지 못하는 사람은 자초한 고생 속에서 고군분투하겠지만, 반대로 체계적인 사람은 성공의 상쾌한 고지를 자유롭고 즐겁게 오를 것이다. 엉성하거나 거추장스러운 방법을 쓰는 사업가, 숙련된 사람들의 최신 발전 단계에 뒤처진 사업가는 자신의 미래 전망이 악화되고 있는 것에 대해 스스로를 탓해야 하고, 자신의 사업에 좀 더 전문적이고 효과적인 방법이 필요하다는 사실에 눈떠야 한다. 그리고 시간과 노동력을 효율적으로 사용하도록 받쳐주고 철저함, 신중함, 신속함을 달성할 수 있도록 돕는 모든 발명과 아이디어를 붙잡아야 한다.

체계는 유기체, 기업, 국가, 제국 등 모든 것을 형성하는 법칙이다. 세포에 세포를, 부문에 부문을, 생각에 생각을, 법에 법을 규칙적인 순서와 분류에 따라 추가함으로써 모든 사물, 기업, 제도는 더 커지고 완전성을 향해 진화한다. 끊임없이 자신의 방법을 개선하는 사람은 무엇이든 세우는 힘을 얻는다. 따라서 사업가는 자신의 방법을 개선하는 일에 수완과 창의력이 있어야 한다. 대성당이든, 인격이든, 사업이든, 종교든 무엇을 세우는 사람은 세상의 강한 자이며, 인류의 보호자이자 개척자다. 체계적인 건설가는 창조자이면서 보호자인 반면, 무질서한 자는 파괴하고 무너뜨리는 사람이다. 질서라는 규칙을 온전히 보존하고, 모든 세부 사항을 제자리에 두며, 각 부문이 해당 역할에 집중할 수 있게 하고, 언제든 자신의 특별한 업무와 관련해 거리가 가장 먼 세부 사항까지 검토하거나 사용할 수 있도록 효율적이고 완벽하게 표를 작성해 분류한다면 그의 힘은 더욱 커지고 인격이 완성될 뿐 아니라, 사업이 확장되는 데도 아무런 제한이 없다.

체계는 다음의 네 가지 구성 요소로 이루어져 있다.

1. 준비성
2. 정확성
3. 효용성
4. 종합성

'준비성'은 살아 있음aliveness이며, 상황을 즉시 파악하고 대처하는 기민한 정신이다. 체계를 따르면 이런 정신이 촉진되고 발전한다. 장군은 적군의 예기치 못한 새로운 움직임에 즉시 대처할 힘을 가지고 있어야 하고, 사업가는 사업에 영향을 미치는 뜻밖의 상황을 처리할 준비가 되어 있어야 한다. 또한 사색가는 새로운 문제의 세부적인 사항을 다룰 수 있어야 한다. 늑장은 무능함과 어리석음으로 이어지기 때문에 번영에는 치명적인 악덕이다. 준비된 손, 준비된 마음, 준비된 두뇌를 가지고 자신이 하는 일을 제대로 파악한 뒤 체계적이고 능숙하게, 매끄러우면서도 완벽하게 해내는 사람은 번영을 목표로 설정할 필요가 없다. 번영은 그가 추구하든 말든 찾아오고, 성공은 그를 쫓아와 문을 두드릴 것이기 때문이다. 그는 우수한 능력과 방법을 통해 무의식적으로 성공과 번영을 지휘한다.

'정확성'은 모든 영리 기업과 회사에 가장 중요하지만 체계를 떠난 정확성은 있을 수 없다. 체계가 다소 불완전하다면 그 창시자는 이를 개선할 때까지 재앙적인 문제에 빠지고 말 것이다.

부정확성은 가장 흔한 실패 중 하나이며, 정확성은 자기 수양과 밀접한 관련이 있다. 자기 수양은 대다수 사람이 외부 규율에 기꺼이 복종하는 것과 함께 아직 성취하지 못한 높은 도덕적 문화의 지표이기 때문이다. 부정확한 사람이 고용주나 지시자의 규율을 따르지 않고 자신이 더 잘 안다고 생각한다면 그의 실패는 절대 고칠 수 없으며, 따라서 사업의 세계에서라면 열등한 지위에, 사상의 세계에서라면 불완전한 지식에 스스로를 묶어놓게 될 것이다.

대다수 사람이 어떤 상황이나 단순한 사실을 반복해서 말할 때 부정확성의 악덕이 만연하게 된다. 물론 이것은 약한 악덕이긴 해도 부정확성의 재앙적 영향을 고려하면 악덕으로 간주해야 한다. 다소의 부정확성 때문에 거의 항상 진실이 아닌 말들이 만들어진다. 고의적으로 거짓말을 하는 사람은 제외하더라도 말을 정확히 하려고 스스로 훈련하거나, 오류에 대한 책임을 인정하고 이를 분명히 밝힐 정도로 주의 깊은 사람은 드물다. 많은 거짓과 오해가 이런 일반적 형태의 부정확성에서 생겨난다.

많은 사람이 말보다 행동을 정확하게 하려고 애쓰지만 여기에서도 부정확성은 매우 흔하게 나타난다. 행동을 정확히 하려고 치열하게 계속 노력하는데도 비효율적이고 무능하며 여전히 적합하지 않다. 실수를 바로잡고자 상습적으로 자기 자신 또는 고용주의 시간을 써야 하거나 타인을 고용해야 하는 사람은 사업의 세계에서 아무런 지위도 유지할 수 없으며, 부자 대열에 합류하기는 더더욱 어렵다.

성공을 향해 가는 길에 아무런 실수도 하지 않은 사람은 지금까지 없었지만, 실수를 깨닫고 빠르게 고치는 사람, 실수를 지적받으면 감사해하는 사람은 유능하고 올바른 마음을 가지고 있다. 습관적이고 지속적인 부정확함은 악덕이며, 자신의 실수를 보지 않거나 인정하지 않는 사람, 실수를 지적받으면 불쾌해하는 사람은 무능하고 잘못된 마음을 가지고 있다.

발전하는 사람은 자신의 실수뿐 아니라, 타인의 실수를 통해서도 배운다. 그는 언제나 연습을 통해 좋은 조언을 시험해볼 준비가 되어 있으며, 자신의 방법에서 좀 더 높은 정확성을 추구한다. 이것은 점점 완벽해진다는 의미이기도 한데, 정확성은 곧 완벽함이며 정확성의 척도는 특별함과 완벽함의 척도가 되기 때문이다.

'효용성' 또는 유용성은 일하는 방법의 직접적인 결과다. 노동은 체계적으로 이루어질 때 비옥하고 유익한 목적에 도달한다. 정원사가 최상의 수확물을 거두려면 아무 때나 씨를 뿌리고 심는 것이 아니라, 적절한 시기에 씨를 뿌리고 심어야 한다. 풍요로운 결과를 맺으려면 계절에 맞게 일해야 하고, 일해야 할 때를 지나쳐서는 안 된다.

효용성은 실용적인 목적을 고려하고 그 목적을 달성하고자 최선의 수단을 사용하는 것이다. 즉 지엽적 문제는 피하고 이론은 생략한 채 인생의 경제에서 유용하게 사용할 수 있는 것들에만 집중하는 힘이다.

비실용적인 사람은 무익하고 증명할 수 없는 이론으로 마음을 괴롭힐 뿐 아니라, 그 본질상 실제로 적용할 수 없는 억측에 빠져 실패를 초래한다. 자신의 능력을 단순한 말과 언쟁으로 드러내기보다 행동으로 보여주는 사람은 형이상학적 궤변과 다툼을 피하면서 선하고 유용한 목적을 달성하는 데 전념한다.

실천으로 옮길 수 없는 것이 마음을 방해하게 두어서는 안 된다. 실천할 수 없는 것은 내다버리고 무시해야 한다. 얼마 전 한 지인이 자신의 이론이 쓸모없는 내용으로 입증되더라도 자기는 여전히 아름다운 이론으로서 그것을 붙잡고 있겠다고 말했다. 이 사람처럼 현실에 실질적인 근거가 없고 인생에 아무런 쓸모도 없는 것으로 밝혀진 소위 '아름다운' 이론에 집착하기로 결심했다면 세속적인 일에 실패하더라도 놀라지 말아야 한다. 그는 비실용적인 사람이기 때문이다.

정신적인 힘이 사변적 이론에서 물질적 방향이든, 도덕적 방향이든 실제 행동으로 전환될 때 기술과 힘, 지식, 번영은 증가한다. 어떤 사람의 번영 정도는 공동체에 대한 그의 유용성으로 측정할 수 있으며, 사람은 그 자신이 생각하는 이론이 아니라 그가 하는 일 때문에 유용한 것이다.

목수는 의자를 만들고, 건축가는 집을 세우고, 기계공은 기계를 생산하고, 현명한 사람은 완벽한 인격을 형성한다. 세상의 소금은 교회 분리론자, 이론가, 논쟁가가 아니라 일하는 사람, 만드는 사람, 실천하는 사람이다.

지적 사변의 신기루에서 벗어나 어떤 일을 시작하고 온 힘을 다해 하는 사람은 특별한 지식을 얻고 특별한 힘을 휘두르게 될 것이며, 다른 이들 사이에서 자신만의 특별한 지위와 번영에 이르게 될 것이다.

'종합성'은 수많은 관련 사항을 통제하고 묶는 하나의 원칙과 함께 그것들을 처리하고 전체로서 파악하는 정신적 자질이다. 즉 종합성은 조직력과 통제력을 부여하는 숙달된 자질로, 세부 사항에 체계적으로 주의를 기울여야 발달한다. 성공한 상인은 사업의 모든 세부 사항을 머릿속에 있는 그대로 담은 뒤 특정 거래 형태에 알맞은 체계로 이를 정리한다. 발명가는 기계의 중심 원리와 세부 사항의 관계를 머릿속에 넣어놓고 발명을 완성한다. 위대한 시 또는 소설 작가는 모든 인물과 사건을 중심 줄거리와 관련시켜 복합적이고 영속적인 문학 작품을 만들어낸다. 한 개인이 분석 능력과 포괄 능력을 갖추고 있는 것이 종합성이다. 무수한 세부 사항을 적절히 정리해 올바른 일 순서로 기억하고 있는 넓고 잘 정돈된 정신은 아직은 도달하지 않았더라도 천재성에 가까운 상태다. 모든 사람이 천재가 될 수 없고 될 필요도 없지만, 생각과 사업의 체계에 주의 깊은 관심을 기울인다면 정신 능력 또한 점차 발전할 수 있다. 지성이 깊어지고 넓어짐에 따라 능력이 강화되고 번영은 확대될 것이다.

지금까지 살펴본 번영의 신전을 이루는 네 개 기둥은 나머지 네 개 기둥이 없어도 번영의 신전을 영구히 지탱하기에 충분하다. 에너지, 경제, 올곧음, 체계를 통해 자신을 완성한 사람은 어떤 인생의 일을 맞닥뜨리든 상관없이 지속적인 성공을 거둘 것이다. 에너지가 충만한 사람, 시간과 돈을 신중하게 사용하면서 활력을 덕이 있게 관리하는 사람, 흔들리지 않는 올곧음을 실천하는 사람, 마음을 먼저 체계화하고 일도 체계화하는 사람은 실패할 수 없다.

　이러한 노력들이 집중된 힘을 가지고 올바른 방향으로 나아가는 사람은 효과적이고 유익한 결과를 만들어낼 것이다. 또한 무의식적으로 존경, 성공을 부르는 인간다움과 독립적인 위엄을 얻게 될 것이며, 대중 속에 있으면서 자신의 존재 자체로 약한 이들을 강하게 만들 것이다. 성경에서는 이런 사람에 대해 "네가 자기 사업에 부지런한 사람을 보았느냐? 이러한 사람은 왕들 앞에 설 것이요 천한 자 앞에 서지 아니하리라"고 했다. 그는 구걸하거나 흐느껴 울거나 불평하거나 냉소적으로 남을 탓하지 않고, 강하고 순수하며 올곧아 바닥으로 떨어지지 않는다. 그리하여 인격의 고귀함과 올곧음으로 높이 서서 세상과 사람들로부터 좋은 평가를 받을 것이다. 그의 성공은 확실하며, 번영은 지속된다. "그는 인생의 전투에서 일어서 무너지지 않을 것이다."

다섯 번째 기둥—동정심

　　지금부터 설명할 나머지 기둥들은 번영의 신전에 있는 네 개의 중간 기둥이다. 이 기둥들은 신전에 더 큰 힘과 안정성을 부여하고 아름다움과 유용성을 더한다. 이 네 개 기둥은 가장 높은 도덕적 영역에 속하기 때문에 신전의 매력에 크게 기여하고, 따라서 인격의 아름다움과 고귀함을 높인다. 이 기둥들은 실로 사람을 위대하게 만들뿐더러, 그를 보기 드문 순수함과 밝은 지성으로 빛나는 소수의 사람들 사이에 놓이게 한다.

　　동정심을 감상적이고 피상적인 감정과 혼동해서는 안 된다. 이런 감정은 씨앗도 열매도 남기지 않고 금방 시들어버리고 마는, 예쁘지만 뿌리 없는 꽃과도 같다. 친구와 헤어질 때나 해외에서 고통받는 이들에 대한 이야기를 듣고 히스테리적인 눈물을 흘리는 것은 동정심이 아니다. 타인의 잔인함과 부정한 행위에 격렬하게 분노를 터뜨리는 것도 동정심이라고 할 수 없다. 가정에서 아내를 못살게 굴거나 자녀를 때리고, 일꾼을 학대하며, 이웃을 비꼬는 말투로 공격하는 잔인한 자가 그의 영향력 밖에서 고통받고 있는 사람들을 사랑한다고 말한다면 이 얼마나 위선적인가? 세상의 불의와 비정함에 대한 그의 분노는 얼마나 얄팍한 감정을 보여주는가?

에머슨은 "가서 네 아이를 사랑하고, 네 이웃을 사랑하라. 착하고 겸손한 마음을 가져라. 기품을 가져라. 수백 킬로미터 떨어진 흑인들에 대한 놀라운 다정함으로 네 딱딱하고 비정한 야심을 속이지 마라. 멀리 있는 네 사랑은 집에서는 악의다"라고 말했다. 사람에 대한 동정심의 표현은 그의 극단적 감정에 있는 것이 아니라 즉각적 행동에 있다. 그 행동이 일관되게 이기심과 신랄함을 보인다면, 즉 집에 있는 가족들이 그의 발소리를 들을 때마다 두려워하고 그가 떠날 때 기뻐하며 안도한다면 고통받는 사람들이나 학대받는 사람들에 대한 그의 동정심의 표현은 얼마나 공허한가? 그가 가진 자선단체 회원의 지위는 얼마나 헛된가?

동정의 우물이 눈물의 샘에 물을 댈 수는 있지만, 눈물의 샘은 이기심의 어두운 웅덩이에서 더 자주 물을 끌어온다. 사람은 대부분 이기심이 좌절되면 눈물을 흘리기 때문이다.

동정심은 깊고 조용하며 말로 표현할 수 없는 다정함으로 일관된 무사無事 무욕無欲의 온화한 인격에서 나타난다. 동정적인 사람은 지나치게 감상적이지 않고 흥분하지도 않지만, 상시 자제하고 단호하며 조용하고 겸손하고 인자하다. 타인의 고통에 대한 그들의 평온한 태도는 얄팍한 사람들에 의해 종종 무관심으로 오해받곤 하는데, 통찰력 있는 눈은 다른 이들이 감정에 휩쓸려 주먹을 꽉 쥐고 있는 동안 그들의 조용한 힘과 재빠른 도움에서 깊고 건강한 동정심을 알아챈다.

동정심의 결여는 냉소, 비뚤어진 빈정거림, 조롱, 비아냥거림과 놀림, 분노와 비난으로 나타난다. 또한 병적이고 거짓된 감정으로도 드러나는데, 이는 곧 이론적이고 가장된 동정심으로 실천이 없다.

동정심 부족은 이기주의에서 비롯되는 반면, 동정심은 사랑에서 비롯된다. 이기주의는 무지와 관련 있고, 사랑은 지식과 관련 있다. 인간이 자신을 타인과는 별개의 목표와 이해관계를 가진 다른 존재로 생각하고 자기 방식에 따라 자신은 옳고 타인은 그르다고 여기는 것은 일반적인 일이다. 이때 동정심은 우리로 하여금 이렇게 분리되고 자기중심적인 삶에서 벗어나 동료 인간의 마음속에 살면서 그들과 함께 생각하고 느낄 수 있게 한다. 다른 사람의 입장이 되어 당분간 그들 자체가 된다. 군병원의 영웅이던 휘트먼Whitman(월트 휘트먼은 미국 시인이자 수필가, 기자 · 1819~1892—편집자 주)은 이렇게 표현했다. "나는 다친 사람에게 어떠냐고 묻지 않는다. 나 자신이 그 다친 사람이 된다." 고통받는 사람에게 질문하는 것은 일종의 무례를 범하는 일이다. 고통은 호기심이 아닌, 도움과 다정함을 필요로 한다. 동정심을 가진 사람은 고통을 느끼고 그 고통을 덜어주려고 봉사한다.

동정심은 자랑할 수 없으며, 자화자찬하는 곳에서는 동정심이 사라진다. 누군가 자신이 베푼 여러 친절한 행위에 대해 말하면서 그 대가로 나쁜 대우를 받았다고 불평한다면 그는 친절한 행동을 한 것이 아니며, 동정심의 아름다움인 무사 무욕의 겸손에 아직 이르지 못한 것이다.

심오하고 진정한 의미에서 동정심은 타인의 노력과 고통 속에서 그들과 하나가 되는 마음이다. 그래서 동정심을 가진 사람은 복합적인 존재다. 그는 한 사람 안에 여러 명의 인격이 있는 것과 같으며 사물을 한 가지 측면, 즉 자신만의 특정 측면에서만 보는 것이 아니라, 여러 측면에서 바라본다. 그는 다른 사람들의 눈으로 보고 그들의 귀로 들으며 그들의 머리로 생각하고 그들의 마음으로 느낀다. 따라서 그는 자신은 물론, 다른 사람들을 이해할 수 있다. 그들의 삶의 의미를 들여다보고, 선의의 정신으로 그들과 하나가 된다. 발자크는 "가난한 사람들은 나의 마음을 끈다. 그들의 배고픔이 곧 나의 배고픔이며 나는 그들의 집에 그들과 함께 있다. 나는 그들의 궁핍에 괴로워하고 거지의 누더기가 내 등 위에 있는 것처럼 느낀다. 나는 얼마간 가난하고 멸시받는 사람이 된다"고 말했다. 이 말은 고통받는 어린 자를 위해 행한 일이 곧 자신을 위해 행한 일이었다는, 발자크보다 위대하신 분의 말씀을 떠오르게 한다.

동정심은 우리를 모든 사람의 마음으로 이끌어 그들과 영적으로 하나가 되게 한다. 그들이 고통받을 때 우리도 그 고통을 느끼고, 그들이 기뻐할 때 우리도 함께 기뻐한다. 그들이 멸시와 박해를 받을 때 우리도 영적으로 그들과 함께 심연으로 내려가 그들의 굴욕과 고통을 마음에 받아들인다. 이렇듯 사람을 하나로 묶고 일체가 되게 하는 동정심의 정신을 가진 자는 결코 냉소적인 사람, 비난하는 사람이 될 수 없으며, 타인에 대해 잔인하고 인정 없는 판단을 내릴 수도 없다. 그는 언제나 부드러운 마음으로 타인의 고통을 함께 느끼기 때문이다.

그러나 이처럼 원숙한 동정심에 이르려면 많이 사랑해보고, 고통을 꽤 겪었어야 하며, 슬픔의 어두운 심연에 닿아봤어야 한다. 원숙한 동정심은 가장 깊은 경험에 대한 이해에서 나오고 그 결과 자만심, 경솔함, 이기심이 마음에서 불타 없어지기 때문이다. 적어도 어느 정도 '슬픔을 겪어보고 비탄을 잘 아는 사람'이 아니라면 진정한 동정심을 가질 수 없다. 슬픔과 비탄이 지나간 마음은 변치 않는 친절함과 습관적인 침착함으로 무르익는다.

특정 방향에서 아주 많은 고통을 겪어 고통의 특별한 지혜만 남은 사람은 고통이 어디에서 나타나든 순수한 동정심으로 이해하고 다룰 수 있다. 여러 방향에서 '고통을 받아 완성된' 사람은 자신이 이미 경험하고 정복한 감정 때문에 똑같이 고통받고 마음이 무너져 슬퍼하는 이들을 위한 휴식과 치유의 중심이 된다. 어머니가 괴로워하는 자식의 고뇌를 느끼듯이, 동정심을 가진 사람은 고통받는 이의 고뇌를 느낀다.

이것이 가장 높고 거룩한 동정심이지만 훨씬 덜 완벽한 동정심도 인간의 삶에 선한 힘이 될 수 있으며 어디에서나 매일 필요하다. 모든 계층에 진정으로 동정심을 가진 사람들이 있다는 것이 기쁘긴 해도 한편으로는 가혹함, 분노, 잔인함이 너무 흔하다는 사실도 깨닫는다. 이렇게 부정적인 자질은 그것만의 고통을 가져온다. 전적으로 자신의 불쾌한 기질 때문에 사업이나 일에서 실패하는 이들이 있다. 내면에 있는 동정심의 샘이 말라버려

성미가 격하고 화를 잘 내는 사람, 무정하고 차갑고 계산적인 사람은 다른 면에서 아무리 유능하다고 해도 결국 자신의 일에서 재앙을 피할 수 없다. 그는 심한 어리석음 혹은 냉혹한 잔인함 때문에 동료는 물론, 개인적인 일과 직접 관련된 사람들로부터 점차 고립되고, 그 결과 인생에 번영의 요소가 사라진 채 외로운 실패와 가망 없는 절망만 남게 될 것이다.

평범한 사업적 거래에서도 동정심은 중요한 요소다. 누구나 친절하고 온화한 사람에게 끌리고, 무정해서 가까이하기 어려운 사람보다 친절한 사람과 거래하고 싶어 하기 때문이다. 직접적인 인간적 교제가 중요한 역할을 하는 모든 영역에서 능력은 평균 정도이지만 동정심을 가진 사람이 능력은 뛰어나도 동정심이 없는 사람보다 늘 우위를 차지할 것이다.

만약 어떤 사람이 목사 또는 성직자라면 그의 잔인한 웃음이나 불친절한 문장은 그의 평판과 영향력에 심각한 손상을 초래하게 된다. 특히 영향력이 크게 훼손되는데, 그의 좋은 자질을 존경하던 이들조차 그의 불친절함을 보고 무의식적으로 그를 낮게 평가하게 되기 때문이다.

사업가가 신앙 고백을 한다면 사람들은 종교가 그의 사업에 선한 영향을 미치기를 기대할 것이다. 일요일에는 너그러우신 예수님을 섬기겠다고 공언하면서 주중에는 냉혹하고 탐욕스럽게 마몬을 숭배하는 행위는 그의 사업에 해를 끼칠 뿐 아니라, 번영을 크게 손상하고 만다.

동정심은 심지어 동물을 포함한 모두가 본능적으로 이해하고 인정하는 보편적인 영적 언어다. 모든 존재와 생물은 고통을 겪으며, 이렇게 고통스러운 경험을 똑같이 겪는다는 사실이 우리가 동정심이라고 부르는 감정의 통합으로 이어지기 때문이다.

이기심은 다른 사람을 희생시켜 자신을 보호하게 하지만, 동정심은 자신을 희생해 다른 사람을 보호하게 만든다. 이기심으로 얻는 기쁨은 작고 적은 반면, 동정심으로 얻는 축복은 크고 많기 때문에 동정심에서 비롯된 자기희생에는 실제적이고 궁극적인 손실이 없다.

"자기 사업을 키우는 것이 목표인 사업가가 어떻게 자기희생을 실천할 수 있는가?"라고 질문할 수도 있을 테다. 모든 사람은 자신이 있는 곳에서, 그리고 이해할 수 있는 범위에서 자기희생을 실천할 수 있다. 만약 누군가 자기 상황 때문에 어떤 미덕을 실천할 수 없다고 주장한다면 그는 결코 미덕을 실천하지 못할 것이다. 상황이 달라도 여전히 같은 변명을 할 것이기 때문이다. 사업에서 근면함은 자기희생과 모순되지 않는다. 의무에 대한 헌신은 비록 그 의무가 사업 운영일지라도 이기적인 것이 아니라 비이기적인 헌신일 수 있기 때문이다. 한 사업가는 업계에서 자신을 '축출하려던' 경쟁자가 스스로 실패하고 나가떨어지자 그가 다시 재기할 수 있도록 도왔다. 진정 아름다운 자기희생의 행동이다. 그 사업가는 오늘날 가장 부유하고 성공한 사람 중 한 명이 되었다.

내가 아는 가장 성공한 외판원은 친절과 온정이 넘치는 사람이다. 그는 마치 태어난 지 얼마 안 된 아기처럼 모든 '요령'에 대해 순진했지만, 넓은 마음과 남자다운 강직함을 지녀 어디를 가든 빠르게 친구를 사귀었다. 사람들은 그가 사무실이나 상점, 공장에 들어서면 반갑게 맞이했는데, 이는 그가 가져오는 선하고 상쾌한 영향력뿐 아니라, 그가 하는 일도 건전하고 신뢰할 수 있었기 때문이다. 그는 동정심으로 성공했지만 그 동정심이 무척 순수한 데다 계산적인 면이 없어서 그 자신도 본인이 동정심 덕분에 성공했다는 점을 부인할 것이다. 동정심은 결코 성공을 방해하지 않는다. 망치고 파괴하는 것은 이기심이다. 선의가 커지면 인간의 번영도 커진다. 모든 이해관계는 상호적이라서 함께 일어서고 함께 무너진다. 동정심이 커질수록 영향력의 범위가 확장되고 영적·물질적 축복은 더욱 가득해진다.

동정심이라는 큰 미덕을 구성하는 네 가지 자질은 다음과 같다.

1. 친절함
2. 관대함

3. 온화함

4. 통찰력

'친절함'은 완전히 발달하면 지나가는 충동이 아니라 영구적인 자질이 된다. 간헐적이고 신뢰할 수 없는 충동은 종종 친절로 불리기는 해도 친절이 아니다. 칭찬 뒤에 학대가 뒤따른다면 그 칭찬은 친절이 아니다. 자연스러운 입맞춤을 불러오는 것처럼 보이는 사랑도 즉흥적인 악의와 관련되어 있다면 논할 가치조차 없다. 그렇게 친절해 보였던 선물도 주는 사람이 이후 대가를 바란다면 그 가치를 잃을 것이다. 당신을 기분 좋게 만드는 외부 자극 때문에 다른 사람에게 친절하게 행동하려는 감정이 일어나고, 얼마 지나지 않아 당신을 불쾌하게 만드는 외부 자극 때문에 똑같은 사람에게 반대의 불친절한 행동을 하게끔 흔들린다면 당신의 인격이 나약하다고 간주해야 한다. 또한 이것은 이기적인 상태이기도 하다. 자신을 기쁘게 하는 사람에게만 친절한 행동을 하는 것은 자기 자신만을 생각하는 것이기 때문이다. 진정한 친절은 불변하며, 그것을 행동으로 옮기는 데는 어떤 외부 자극도 필요하지 않다. 진정한 친절은 목마른 영혼이 언제나 마실 수 있는 우물로, 결코 마르지 않는다. 친절함이 인격의 강력한 미덕이 되었을 때 우리는 우리를 기쁘게 하는 사람들뿐 아니라, 우리의 소망과 의지에 반하는 행동을 하는 사람들에게도 친절을 베푼다. 친절은 늘 변하지 않는 따뜻한 온기의 빛이다.

사람들이 회개하는 행동은 모두 불친절과 관련되어 있다. 반대로 사람들이 회개하지 않는 행동도 있는데, 그것은 친절한 행동들이다. 사람이 자신이 한 잔인한 말과 행동을 반성하는 날은 언젠가 오지만, 친절한 말과 행동을 기뻐하는 날은 항상 함께한다.

불친절은 인격을 훼손하고 시간이 지날수록 얼굴을 망치며, 친절했다면 도달할 수 있었을 성공의 완성도를 떨어뜨린다.

친절은 인격을 훌륭하게 높이고 세월이 흐를수록 얼굴을 아름답게 만들며, 자신의 지적 능력에 걸맞은 완벽한 성공에 도달할 수 있게 해준다. 번영은 친절함으로 원숙하고 풍요로워진다.

'관대함'은 호쾌한 친절과 함께 다닌다. 친절함이 부드러운 누나라면 관대함은 강한 형이라고 할 수 있다. 자유롭고 너그러우며 아량 있는 성격은 언제나 매력적이고 영향력을 가진다. 반면, 인색하고 쩨쩨한 성격은 어둡고 갑갑하며 좁고 차갑기 때문에 늘 사람들을 밀어낸다. 친절하고 관대한 성격은 밝고 다정하며 열려 있고 따뜻하기에 늘 사람들을 끌어당긴다. 사람들을 밀어내는 것은 고립과 실패로 향하고, 끌어당기는 것은 화합과 성공으로 향한다.

베풂은 받는 것만큼이나 중요한 의무다. 받을 만한 것은 다 받으면서 베풀지 않는 사람은 결국 받을 수 없게 된다. 받지 않으면 주지 않는 것처럼, 주지 않으면 받지 못하는 것도 분명한 영적 법칙이다.

모든 종교계 스승은 베풂을 위대하고 중요한 의무라고 가르쳐왔다. 베풂은 개인의 성장과 발전으로 향하는 큰 도로 중 하나이기 때문이다. 이기심에 빠지는 것을 막고 더 큰 이타심에 도달하는 수단인 베풂은 사람들과의 영적·사회적 친족 관계를 인정하고, 타인의 선과 안녕을 위해 자신이 벌거나 소유한 것의 일부를 기꺼이 나누겠다는 의지의 표현이다. 많이 가질수록 여전히 더 많은 것을 갈망하고, 맹수가 먹이를 놓지 않듯이 쌓아둔 재물에 대한 집착을 놓지 않는 탐욕스러운 사람은 퇴보한다. 그는 기쁨을 주는 더 높은 자질을 얻을 기회는 물론, 이타적이고 행복한 마음으로 자유롭게 교감을 나눌 기회를 스스로 걷어차고 있는 셈이다. 찰스 디킨스Charles Dickens의 《크리스마스 캐럴》에 등장하는 스크루지는 이런 인간의 모습을 생생하고 극적으로 보여준다.

오늘날 영국, 아마 미국도 공직자는 거의 모두가 훌륭한 기부자다. 아직 예외를 만나지 못했기 때문에 모두라고 해야 할 것 같다. 시장, 치안판사,

시의원 등 공직을 맡고 있는 이들은 개인적인 일 처리에서 대단히 성공한 사람들로, 공적인 일을 관리하는 데도 가장 적합한 인물로 여겨진다. 이 나라의 여러 높은 기관은 그들이 자신의 재능을 얼마나 후하게 나누고 있는지를 보여주는 영원한 증거다. 종종 시기심 많고 성공하지 못한 자들이 공직자의 부가 부당하게 일궈진 것이라며 재능을 기부하는 사람들을 향해 던지는 비난에서 나는 어떠한 실질적인 진실도 찾을 수 없었다. 그들은 완벽하지는 않아도 순수한 노력과 능력, 강직함으로 부와 명예를 얻은 고결하고 활기차며 관대하고 성공한, 명예로운 부류의 사람들이다.

탐욕과 쩨쩨함, 시기, 질투, 의심을 경계하라. 이런 마음을 품으면 인생에서 가장 좋은 모든 것, 즉 물질적인 부분에서 가장 좋은 것은 물론이고 인격과 행복에서 가장 좋은 것도 모두 빼앗기고 만다. 마음은 자유롭고 손은 관대하라. 아량을 가지고 기분 좋게 가진 것을 자주 나누고, 친구와 동료들도 생각과 행동의 자유를 갖게 하라. 그럼 명예, 풍요, 번영이 친구이자 손님으로 찾아와 들어오겠다고 문을 두드릴 것이다.

'온유함'은 신성과 비슷하다. 거칠고 잔인하며 이기적인 모든 것으로부터 온유함만큼 멀리 떨어져 있는 자질도 없기에 온유한 사람은 신성을 가진다. 온유함은 많은 경험과 오랜 자기 수양을 통해서만 얻을 수 있다. 또한 자신의 동물적 격정을 다스리고 복종시킬 때만 마음속에 자리 잡는다. 온유함의 외적 표시는 낮고 분명한 목소리, 명료하고 단호하지만 조용한 말투, 특히 악화되는 상황에서 흥분이나 격렬함, 분노를 드러내지 않는 태도다.

다른 무엇보다 종교적인 사람을 구분하는 한 가지 특징이 있다면 그것은 영적 훈련의 전형화된 특징인 온유함이다. 무례하게 공격적인 사람은 교양 있는 정신과 이타적인 마음에 모욕을 가하는 것이다. 영어 단어 'gentleman(신사)'은 원 의미에서 크게 벗어나지 않았다. 여전히 겸손하고 자제력 있으며 타인의 감정과 행복을 배려하는 사람에게 쓰는 단어다. 사려 깊음과 친절함으로 선한 행동을 하는 신사적인 사람은 출신에 상관없이 항상 사랑받는다. 걸핏하면 싸우려고 하는 이들은 말다툼과 비난을 통해 자신의 무지와 교양 부족을 드러낸다. 온유함으로 자신을 완성한 사람은 결코 다투지 않는다. 그는 성난 말을 되받아치지도 않는다. 그냥 내버려두거나 분노보다 훨씬 더 강력한 온유한 말로 대응한다. 온유함은 지혜와 하나이며, 지혜로운 사람은 자신의 모든 분노를 극복했기에 타인의 분노를 다스리는 방법을 안다. 신사는 통제되지 않는 자들이 스스로를 괴롭히는 대부분의 불안과 혼란으로부터 안전하다. 그들이 소모적인 불필요한 긴장으로 자신을 마모시키는 동안 신사는 늘 조용하고 침착하다. 그리고 그러한 조용함과 침착함은 강력해 삶의 전투에서 승리를 가져다준다.

'통찰력'은 동정심이 주는 선물이다. 동정적인 마음은 깊이 이해하는 마음이다. 인간은 논증이 아니라 경험을 통해 이해한다. 어떤 사물이나 존재를 알려면 먼저 그 사물 또는 사람의 삶에 닿아야만 한다. 논증은 외피를 분석하지만 동정심은 마음에 가서 닿는다. 냉소적인 사람은 모자와 코트를 보면서 상대방을 본다고 생각한다. 동정심을 가진 사람은 상대를 볼 뿐, 모자와 코트에는 관심이 없다. 모든 종류의 증오에는 서로가 서로를 오해하는 갈라진 틈이 있다. 모든 종류의 사랑에는 서로가 서로를 아는 신비로운 합일이 있다. 가장 순수한 형태의 사랑인 동정심은 사람과 사물의 마음을 본다. 셰익스피어가 가장 위대한 시인인 이유는 가장 넓은 마음을 가졌기 때문이다. 문학 작품을 통틀어 인간과 자연, 생물과 무생물 모두에 대해 이렇게 심오한 지식을 보여준 작가는 없었다. 그의 작품에서 셰익스피어 개인은 찾아볼 수 없다. 그는 동정심을 가짐으로써 등장인물에 녹아들어 있다. 셰익스피어는 잠시 동안 현자와 철학자, 광인과 바보, 술주정뱅이와 매춘부가 되었다. 그들 입장에 서고 그들의 특별한 경험 속으로 들어가, 그들 자신이 아는 것보다 더 많이 그들에 대해 알았다. 셰익스피어는 편견이나 선입견이 없으며, 그의 동정심은 가장 천한 사람부터 가장 높은 사람까지 모두를 포용한다.

편견은 동정심과 이해를 가로막는 가장 큰 장벽이다. 편견을 가진 대상을 제대로 이해하기란 불가능하다. 편파적인 판단을 버려야만 사람과 사물을 있는 그대로 볼 수 있다. 동정심을 가져야 제대로 보게 된다. 동정심은 이해를 동반하기 때문이다.

느끼는 마음과 보는 눈은 떼려야 뗄 수 없는 관계다. 동정심을 가진 사람은 예언 능력이 있다. 자신의 심장이 다른 이의 심장에 맞춰 뛰는 사람에게는 마음속에 있는 모든 내용이 드러난다. 동정심이 있는 사람에게 과거와 미래는 더 이상 풀리지 않는 수수께끼가 아니다. 그의 도덕적 통찰력은 인간 삶의 완전한 과정을 이해한다.

동정심이 있는 통찰력은 사람을 자유, 기쁨, 힘에 대한 의식으로 고무한다. 그의 영혼은 폐가 공기를 들이마시듯이 기쁨을 들이마신다. 더는 타인을 두려워하지 않는다. 경쟁, 고난, 적에 대한 두려움도 없다. 비굴한 착각이 사라져 깨어난 그의 눈앞에 위대함과 장엄함의 왕국이 열린다.

여섯 번째 기둥 – 진정성

　　　　인간 사회는 진정성으로 유지된다. 보편적인 거짓은 보편적인 불신을 낳고 이것은 파멸까지는 아니더라도 보편적인 분열을 가져온다. 삶은 서로에 대한 뿌리 깊은 믿음에 의해 더욱 온건하고 건강하며 행복해진다. 사람을 신뢰하지 않는다면 사업을 할 수가 없고 교제도 불가능하다. 셰익스피어의 비극 《아테네의 티몬》 속 '티몬'은 자신의 어리석음으로 인간 본성의 진정성에 대한 믿음을 모두 잃어버린 한 남자의 불행한 모습을 보여준다. 그는 사람들과 관계를 단절하고 끝내 자살한다. 에머슨은 신뢰 체계는 인간이 서로에게 갖는 보편적 믿음의 표시라면서, 상업에서 신뢰 체계가 사라지면 사회는 산산조각 날 것이라고 말했다. 근시안적이고 어리석은 자들이 흔히 사기, 기만이라고 생각하는 사업은 사람들이 자기 의무를 다할 것이라는 신뢰를 바탕으로 한다. 물품이 인도될 때까지 지불을 요구하지 않는 제도가 오랫동안 지속되어 왔다는 사실은 대다수 사람이 지불을 피하려 하지 않는다는 점을 방증한다.

　　모든 결점에도 인간 사회는 강력한 신뢰의 토대 위에 서 있다. 그리고 그 기본 특징은 진정성이다. 위대한 지도자는 비할 데 없는 진정성을 가진 사람이고, 그들의 이름과 업적이 사라지지 않는다는 사실은 인류가 진정성의 미덕을 우러러본다는 증거가 된다.

진정성이 없는 사람은 다른 이들도 모두 자신과 똑같으리라 생각해 "사회가 썩었다"고 말하곤 한다. 세월이 지나도 썩은 상태가 유지될 것처럼 말이다. 색안경을 쓰고 보면 모든 것이 그 색깔로 보이지 않겠는가? 인간 사회를 이루는 것들에서 좋은 점을 하나도 보지 못하는 사람은 스스로를 점검해야 한다. 그들의 문제는 가까이에 있다. 그들은 선을 악이라고 칭한다. 그리고 선을 볼 수 없을 때까지 냉소적이고 까다롭게 악을 곱씹어 모든 것, 모든 사람을 악하게 본다. 최근에 어떤 사람이 내게 "사회는 위부터 아래까지 다 썩었다"고 말하며 그렇게 생각하지 않느냐고 물었다. 나는 그렇게 생각한다니 유감이라고 대답하면서 사회는 많은 결점이 있지만 그 중심에는 건전함과 완벽함의 씨앗이 담겨 있다고 말했다.

사회는 참으로 온전하기 때문에 전적으로 이기적인 목적을 달성하려고 처신하는 사람은 오래 번영하지 못할뿐더러, 어떤 곳에서도 큰 영향력을 발휘할 수 없다. 그는 곧 가면이 벗겨지고 이름이 더럽혀진다. 그런 자가 잠깐이라도 타인의 신임을 얻어 잘살기도 한다는 사실은 설령 그것이 지혜의 부족을 보여주는 증거일지라도 보통 사람에게는 타인을 믿는 성향이 있음을 방증하는 것이다.

무대 위 뛰어난 배우는 관중의 감탄을 사지만, 인생이라는 무대에서 뱃속이 검은 배우는 스스로를 불명예와 경멸의 대상으로 전락시키고 만다. 그는 원래와는 다른 모습으로 보이려고 노력하면서 개성도 특징도 없는 사람이 되고, 모든 영향력과 힘, 성공을 박탈당한다.

진정성이 있는 사람은 위대한 도덕적 힘을 가지고 있다. 이것과 견줄 수 있는 힘은 없으며, 가장 높은 지적인 힘도 도덕적 힘에는 필적할 수 없다. 인간은 진정성의 건전함과 완벽함 정도에 따라 영향력을 갖는다. 도덕성과 진정성은 서로 밀접하게 연결되어 있어서 진정성이 결여된 경우 도덕성도 결여되어 있다. 진정성의 결여는 다른 미덕들을 약화해 무너뜨리고 중요하지 않게 만든다. 진정성이 조금만 없어도 인격의 고귀함이 사라져 평범을 넘어 심지어 경멸의 대상이 된다. 거짓은 너무 비열한 악덕이라 인격, 영향력과 공존할 수 없다. 도덕적 무게감이 있는 사람은 달콤한 칭찬으로 희롱하거나 사소하고 관습적인 속임수로 장난치지 않는다. 아무리 가볍더라도 남을 기쁘게 하려고 기만에 의지한다면 그는 더는 강하고 칭찬할 만한 사람이 아니며, 남들이 끌어다 쓰는 깊은 힘의 우물이 없고 경건한 관심을 불러일으킬 만족스러운 풍요도 없는 얄팍한 약골이 되고 만다.

심지어 꾸며낸 거짓말에 잠시 우쭐하거나 교묘하게 만들어진 속임수에 빠져 기뻐하는 사람조차 불변의 최종적인 문제에 대해서는 마음이 움직이고 판단을 형성하는 영속한 저류의 영향을 받는다. 의도된 기만은 마음 표면에 찰나의 잔물결을 일으킬 뿐이다.

한 여성은 내게 "그의 관심이 아주 기쁘지만 결혼은 하지 않을 거예요"라고 말했다. "왜요?"라고 묻자 그녀는 이렇게 답했다. "진심으로 와 닿지 않거든요."

'진심으로 와 닿다Ring true!'라는 말은 중요한 의미를 담고 있다. 이 말은 동전의 진위 여부를 가릴 때 다른 재료가 섞이지 않은 법정 순도의 동전은 맑은 소리를 낸다는 것과 관련 있다. 맑은 소리를 내는 동전은 표준에 부합하며 언제 어디서나 완전한 가치로 통한다.

사람도 마찬가지다. 사람이 하는 말과 행동은 그만의 독특한 영향력을 발산한다. 또한 개개인에게서는 다른 이들이 내면에서 듣고 본능적으로 감지하는 들리지 않는 소리가 난다. 사람들은 참된 소리와 거짓된 소리를 구분하지만 이를 어떻게 구분하는지는 알지 못한다. 외면의 귀가 섬세하게 소리를 구분할 수 있듯이, 내면의 귀도 섬세하게 영혼을 구분할 수 있다. 속이는 자 외에는 아무도 궁극적으로 속지 않는다. 진정성이 없는 사람은 다른 이들을 성공적으로 속였다고 자만하지만, 정작 자기 자신 외에는 아무도 속이지 못했음을 어리석게도 알지 못한다. 그들의 행동은 만인의 마음 앞에 발가벗겨지고 만다. 사람 마음 속에는 틀리는 법이 없는 심판관이 있다. 따라서 감각이 완벽하게 감지한다면 영혼도 오류 없이 그것을 알지 않겠는가? 내면의 무과실성은 인류의 집단적 판단에서 잘 나타난다. 이 판단은 완벽하다. 무척이나 완벽해서 문학, 예술, 과학, 발명, 종교 등 모든 지식 분야에서 선한 것과 악한 것, 가치 있는 것과 가치 없는 것, 참된 것과 거짓된 것을 구분해 전자는 열렬히 지키면서 보존하고 후자는 사라지게 한다. 위대한 인물의 업적과 말, 행동은 인류의 가보이며 인류는 그것의 가치를 함부로 여기지 않는다. 천 명이 책을 쓰면 그중 오직 한 권만이 독창적인 천재의 작품이다. 인류는 그 한 권을 골라내 높이 평가하고 보존하며, 나머지 구백구십구 권은 망각에 맡긴다. 비슷한 상황에서 만 명이 각각 한 문장씩을 말하면 그중 오직 한 개 문장만이 신성한 지혜를 담고 있다. 인류는 후손을 인도하고자 그 문장만 골라내고 다른 문장들에 대해서는 더는 신경 쓰지 않는다. 인류가 선지자를 살해하는 것은 사실이지만 그 죽임조차 진정한 울림을 드러내는 시험이 되고, 사람들은 진실을 감지한다. 살해당한 선지자는 표준에 도달한 인물이며, 그 죽음은 그의 위대함을 보여주는 확실한 증거로서 보존된다.

위조 동전은 발견되면 용광로에 던져지지만, 진짜 동전은 사람들 사이에서 유통되고 그 가치대로 소중히 여겨진다. 마찬가지로 가짜 말과 행동, 인격은 발각되는 즉시 그것이 나왔던 실재하지 않고 무력하며 죽은 무 nothingness의 자리로 다시 되돌아간다.

골동품이든, 사람이든 가짜는 가치가 없다. 우리는 진품인 척하는 모조품을 부끄러워한다. 가짜는 싸구려다. 가면을 쓴 사람은 나쁜 전형이 된다. 그들은 보통 사람보다 못한 존재이며 그림자, 유령, 단순한 가면일 뿐이다. 진실은 가치가 있고, 건전한 마음을 가진 사람은 모범이 된다. 그들은 보통 사람보다 더 나은 존재이며 실재, 힘, 형성의 원리다. 사람은 거짓으로 모든 것을 잃고 심지어 개성조차 사라진다. 거짓은 실재하지 않으며 무이기 때문이다. 반면 사람은 진실함으로써 모든 것을 얻는다. 진실은 고정적이고 영원하며 실재하기 때문이다.

가장 중요한 점은 진짜가 되는 것, 본래의 모습 외에 다른 모습으로 보이려 하지 않는 것, 미덕을 흉내 내지 않고 장점을 가장하지 않으며 위장하지 않는 것이다. 위선자는 자신이 세상은 물론, 세상의 영원한 법칙도 속일 수 있다고 생각한다. 그러나 그가 속일 수 있는 대상은 단 한 명, 바로 자신뿐이다. 세상의 법칙은 그에게 공정한 형벌을 내린다. 매우 악한 자는 결국 소멸한다는 오래된 이론이 있다. 개인적으로 나는 무엇을 가장하는 것이 소멸에 가장 가까워지는 길이라고 생각한다. 그 사람이 사라지면 그가 있던 자리에 가짜의 신기루만 남기 때문이다. 가장하는 자는 많은 사람이 두려워하는 소멸의 지옥으로 내려간다. 그런 자가 번영할 수 있다고 생각하는 것은 그림자가 실체의 일을 하고 진짜 사람을 대신할 수 있다고 생각하는 것과 같다.

가식과 겉모습 위에 성공적인 경력을 쌓을 수 있다고 믿는 사람이 있다면 그림자의 심연에 빠지기 전에 잠깐 멈춰라. 진정성이 없는 것에는 단단한 땅도 없고 알맹이도 없으며 실체도 없다. 발을 디디고 서 있을 곳도 없고, 가지고 만들 재료도 없다. 오직 외로움, 가난, 수치, 혼란, 두려움, 의심, 울음, 탄식, 비탄만 있을 뿐이다. 여느 지옥들보다 더 낮고 어둡고 더러운 지옥이 하나 있다면 그것은 바로 위선insincerity의 지옥이다.

진정성 있는 사람의 마음을 장식하는 아름다운 네 가지 특성은 다음과 같다.

1. 단순함

2. 매력

3. 통찰력

4. 힘

'단순함'은 자연스러움이다. 이것은 가짜나 이질적인 꾸밈이 없는 단순한 상태다. 자연의 모든 것은 왜 그렇게 아름다운가? 자연스럽기 때문이다. 우리는 자연을 그것이 보이고 싶어 하는 모습대로가 아니라, 있는 그대로 바라본다. 사실 자연은 다르게 보이고 싶어 하지도 않는다. 인간 세계를 벗어난 자연의 세계에는 위선이 없다. 누구에게나 아름답게 보이는 꽃도 가장할 수 있다면 그 아름다움을 잃을 것이다. 자연을 바라보면서 우리는 그 실체를 보고 아름다움과 완벽함에 놀라워하고 기뻐한다. 자연 어디에서도 흠을 찾을 수 없는 우리는 가장 하찮은 것조차 개선하지 못하는 자신의 무능함을 깨닫는다. 모든 존재는 그것만의 고유한 완벽함을 지니고 있으며, 무의식적인 단순함이라는 아름다움 속에서 빛을 발한다.

현대 사회는 "자연으로 돌아가라"고 외친다. 이 말은 보통 시골에 작은 집을 짓고 땅을 경작하라는 의미로 이해된다. 위선을 버리지 않는다면 시골로 내려간다고 해도 별 소용이 없다. 우리에게 달라붙은 모든 겉치레는 지금 있는 곳에서도 얼마든지 씻어낼 수 있다. 사회 관습에 부담을 느끼는 사람이 시골로 내려가 자연의 고요함을 구하는 것은 좋지만, 그것이 그를 단순하고 참된 사람으로 회복시킬 내적 구원을 위한 수단이 아니라면 실패하고 만다.

인류는 동물 세계의 자연스러운 단순함에서 벗어나기는 했지만 아직도 더 높고 신성한 단순함을 향해 나아가고 있다. 위대한 천재는 자신의 자연스러운 단순함 덕분에 천재가 된다. 그들은 가장하지 않는다. 그저 그 자신일 뿐이다. 평범한 사람은 방법과 효과를 연구하면서 세상이라는 무대에서 두각을 나타내고 싶어 하지만 그 부정한 바람 때문에 평범해질 수밖에 없다. 최근 한 남자가 내게 이렇게 말했다. "불후의 찬송가를 쓸 수만 있다면 내 인생의 20년쯤은 바칠 수 있습니다." 그런데 이런 야망을 가진 사람은 찬송가를 쓸 수 없다. 그는 과시하고 싶어 하고, 자기 자신과 자신의 영광만을 생각한다. 불멸의 찬송가를 쓰거나 무엇이든 불멸의 작품을 창조하려면 인생의 20년을 야망에 바치는 것이 아니라, 평생을 인간애에 바쳐야 한다. 위대한 일을 해야 한다는 사실을 잊고 만 번의 쓰라린 경험, 만 번의 실패, 만 번의 승리, 만 번의 기쁨을 겪으며 노래하고 그림 그리고 글을 써야 한다. 겟세마네(그리스도 수난의 땅—옮긴이 주)를 알아야 하고 피와 눈물로 일해야 한다.

지성과 도덕적 능력을 유지하면서 단순함으로 돌아간 사람은 위대해진다. 그는 진짜를 잃지 않는다. 위선은 사라지고 표준에 맞는 인격의 황금이 드러난다. 진정성이 있는 곳에는 늘 단순함이 있다. 즉 우리가 자연에서 보는 단순함, 진리의 아름다운 단순함이 있다.

'매력'은 단순함의 직접적 결과다. 우리는 모든 자연물의 매력에서 단순함을 확인할 수 있다. 다만 인간 본성에서는 이것이 개인적인 영향력으로 나타난다. 최근 몇 년간 큰돈을 내면 '개인적인 흡인력'의 비밀을 살 수 있다고 광고하는 사이비 신비주의자들이 있었다. 그들은 마치 매력이 사고팔 수 있는 것, 화장품이나 물감처럼 발랐다가 지울 수 있는 것인 양 허영심 있는 사람들을 대상으로 '초자연적인' 수단을 통해 매력적인 인물이 되는 법을 알려주겠다고 광고했다. 매력적인 인물로 받아들여지기를 열망하는 사람은 오히려 그렇게 되기가 어려운데, 이는 그들의 허영심이 장벽이 되기 때문이다. 매력적으로 여겨지기를 바라는 욕망 자체가 기만이며, 이는 더 많은 기만으로 이어진다. 이런 사람은 자신에게 매력과 인격의 품위가 부족하다는 사실을 깨닫고 그 대안을 찾지만, 마음의 아름다움과 인격의 강함을 대체할 수 있는 것은 없다. 천재성과 마찬가지로 매력 또한 탐내는 순간 사라진다. 아주 단단하고 진실한 인격을 지녀 매력을 갈망하지 않는 사람이 매력적이다. 인간 본성에서 재능, 지성, 애정, 아름다운 외모를 비롯한 그 어떤 것도 우리가 진정성이라고 부르는 건전한 정신, 온전한 마음과 비교할 만한 매력적인 힘을 가지고 있지 않다. 진정성 있는 사람에게는 영원한 매력이 있다. 그들은 인간 본성의 가장 좋은 특징을 가진 표본들을 자기 가까이로 끌어당긴다. 진정성이 결여된 개인적인 매력은 있을 수 없다. 물론 반할 수는 있지만 이것은 일종의 병이며, 진정성 있는 사람들을 묶는 영속적 유대와는 크게 다르다. 단순히 반함은 고통스러운 환멸로 끝나지만, 진정성 있는 영혼 사이에는 숨겨진 것이 하나도 없고 그들은 실재라는 단단한 토대 위에 서 있어 깨질 환상도 없다.

지도자는 진정성의 힘으로 사람들을 끌어당긴다. 진정성의 척도가 곧 사람을 끌어들이는 영향력의 척도다. 지성이 아무리 높은 사람일지라도 진정성이 없으면 결코 영원한 지도자, 인류의 안내자가 될 수 없다. 잠깐 동안은 인기 흐름에 신나게 편승해 자신이 안전하다고 믿겠지만, 곧 대중의 비난을 받아 낮은 곳으로 떨어진다. 겉치장한 모습으로 오랫동안 사람들을 속일 수는 없다. 사람들은 곧 뒷면을 보고 그가 어떤 거짓으로 만들어졌는지 알아챈다. 그는 화장을 한 여자와 같다. 그는 누구나 자신의 피부에 감탄하리라고 생각하지만 사람들은 그것이 화장이라는 사실을 알고 이내 그를 경멸한다. 그를 숭배하는 사람이 단 한 명 있는데 바로 자기 자신이다. 진정성 없는 사람이 스스로를 가둬놓는 제한의 지옥은 자기 예찬의 지옥이다.

진정성이 있는 사람은 자신의 재능, 천재성, 미덕, 아름다움 등 자기 자신에 대해 생각하지 않는다. 그들은 자신을 의식하지 않기 때문에 모든 사람을 끌어당기고 신뢰와 애정, 존경을 얻는다.

진정성이 있는 사람은 '통찰력'이 있다. 그들 앞에서 모든 위선은 정체를 드러낸다. 진정성 있는 사람의 날카로운 눈에는 가짜가 투명하게 보인다. 그들은 한눈에 가짜의 얄팍한 가식을 꿰뚫어 본다. 협잡꾼은 그의 강렬한 시선에 시들고, 그 시선으로부터 벗어나길 원한다. 마음에서 모든 거짓을 없애고 오직 참된 것만 품은 사람은 다른 이들의 거짓과 참을 구별할 수 있는 능력을 얻는다. 자기기만에 빠지지 않는 사람은 속지 않는다.

　자연물을 둘러보며 뱀, 새, 말, 나무, 장미 등을 확실하게 구별하듯이, 진정성 있는 사람은 다양한 성격을 구별해낸다. 그는 움직임, 표정, 말, 행동에서 그 사람의 본성을 알아차리고 그것에 따라 행동한다. 그는 의심하거나 불신하지 않고 경계하며, 가장하는 사람을 대할 준비가 되어 있다. 부정적인 의심이 아닌, 긍정적인 지식을 가지고 행동한다. 사람들은 그에게 마음을 열고 그는 사람들의 진의를 읽는다. 그의 예리한 판단력은 행동의 핵심을 꿰뚫어 그것을 있는 그대로 다루게 만든다. 그의 직접적이고 분명한 행동은 다른 이들로 하여금 선한 것을 강화하고 악한 것을 부끄럽게 여기도록 만들 뿐 아니라, 아직 그와 같은 마음과 머리의 온전함에 도달하지 못한 사람에게는 힘을 주는 지팡이가 된다.

　'힘'은 통찰력과 함께 다닌다. 행동의 본질을 이해하면 올바른 최선의 방법으로 모든 행동을 다루고 대처하는 힘이 생긴다. 지식은 언제나 힘이지만 행동의 본질에 대한 지식은 그중에서도 최상의 힘이며, 이것을 소유한 사람은 모든 마음에 영향을 미치는 존재가 되어 타인의 행동을 선으로 바꾼다. 그는 육체가 세상을 떠나고 오랜 시간이 지난 후에도 여전히 세상을 형성하는 힘이며, 사람들 마음속에서 미묘하게 작동해 그들을 숭고한 목적으로 향하게 만드는 영적 실재다. 처음에 그의 힘은 국지적이고 제한적이지만, 그가 움직이기 시작한 고결함의 원은 온 세상을 포함할 때까지 계속 확장되다가 마침내 모든 사람에게 영향을 끼치게 된다.

　이것이 바로 진정성의 강력한 기둥들이다. 이 기둥들은 지지력이 대단히 강해서 일단 완전히 세워지면 번영의 신전은 안전해진다. 벽은 무너지지 않고 서까래는 썩지 않으며 지붕은 내려앉지 않는다. 사람들이 살아가는 동안에는 당연히 서 있을 테고, 그들이 세상을 떠난 후에도 여러 세대에 걸쳐 쉼터와 보금자리를 제공할 것이다.

일곱 번째 기둥—공정성

편견을 없애는 것은 대단한 성취다. 편견은 건강, 성공, 행복, 번영을 향해 가는 길 위에 장애물을 쌓아놓는다. 그래서 편견을 가진 사람은 편견이 사라지면 친구로 보일 가공의 적과 계속해서 부딪친다. 편견을 가진 사람에게 인생은 장애물을 뛰어넘지 못해 목표에 도달하지 못하는 일종의 허들 달리기다. 반면 편견이 없어 공정한 사람에게 인생은 기분 좋은 시골길을 산책하다 하루가 끝나면 상쾌하게 휴식을 취하는 과정과도 같다.

공정성을 획득하려면 자신의 관점 외에 다른 관점으로는 아무것도 보지 못하는 타고난 이기주의를 없애야 한다. 이것은 정말 큰일이면서 중요한 일이고, 설령 끝내지 못하더라도 지금 당장 시작할 가치가 있다. 진실은 '산을 옮길' 수 있으며, 편견은 그것을 가진 사람이 그 너머를 보지 못한 채 거기에 아무것도 없다고 믿는 여러 정신적 산이다. 그러나 이 산들이 없어지면 빛과 어둠, 색상과 색조가 하나의 찬란한 그림 속에 어우러진 정신적 다양성의 풍경이 끝없이 펼쳐져 보는 사람의 눈을 즐겁게 한다.

고집스러운 편견에 매달리느라 어떤 기쁨을 놓치고, 어떤 친구를 잃고,

어떤 행복을 파괴하고, 어떤 장래를 망치고 있는가? 다만, 편견에서 자유로운 사람은 드물다. 관심 있는 주제에 대해 편견을 갖지 않는 사람은 거의 없다. 문제의 진실에 도달하고자 모든 사실을 고려하고 각종 증거를 검토해 양쪽 측면에서 주제를 냉정하게 논의하는 사람은 거의 만나기가 어렵다. 편견을 가진 사람은 자기 의견만 주장한다. 그는 이미 자신의 결론이 진실이고 다른 생각은 모두 그릇되다고 확신하고 있기 때문에 진실을 찾지 않는다. 자신의 주장을 옹호하면서 승리하려고 노력할 뿐이다. 또한 그는 차분히 사실과 증거를 열거해 자기주장이 참이라는 것을 증명하려 하지 않고, 다소 과열되고 흥분된 태도로 자신의 입장을 변호할 뿐이다.

때때로 편견은 어떤 사실이나 지식에 근거하지 않은 채 결론을 내리게 하고, 그 결론을 뒷받침하지 않는 것들을 전혀 고려하지 않게 만든다. 이런 식으로 편견은 지식을 얻는 데 완전한 걸림돌이 된다. 편견은 사람을 어둠과 무지에 묶어둔 채 높고 고귀한 방향으로 마음이 발전하는 것을 막는다. 그뿐 아니라 높은 정신을 가진 사람들과의 교류를 차단하고, 이기심이라는 어둡고 고독한 감옥에 스스로를 가두게 한다.

편견은 새로운 빛을 받아들이고, 더 많은 아름다움을 인식하며, 더 신성한 음악을 듣는 것에 대해 마음을 닫은 상태다. 편견을 가진 사람은 자신의 작고 덧없고 얄팍한 의견에 집착하는 것은 물론, 그 의견이 세상에서 가장 뛰어나다고 생각한다. 그는 자신의 결론을 지나치게 사랑한 나머지 모든 사람이 자기 말에 동의해야 한다고 여긴다. 하지만 이것은 자기애의 한 형태일 뿐이다. 그는 또한 자신이 보는 것과 똑같이 보지 않는 사람은 다소 어리석다고 여기는 반면, 자기 의견에 동의하는 사람에게는 올바른 판단을 했다고 칭찬한다. 이렇게 편견을 가지면 지식을 얻을 수 없고 진리에 도달할 수 없다. 이런 사람은 현실 영역을 벗어난 의견의 영역, 즉 자신이 만든 환상에 갇혀 있다. 즉 일종의 자기도취에 빠져 삶의 가장 일반적인 사실은 보지 못한 채, 대개 근거가 없는 자신의 이론을 마음속에서 압도적으로 확산할 뿐이다. 이에 그는 어리석게도 세상에는 한 가지 측면만 존재하며 그 측면은 바로 자신의 견해라고 생각하지만, 모든 것에는 적어도 두 가지 측면이 있다. 반면, 문제에서 진실을 발견하는 사람은 흥분하지 않고 어느 한쪽이 다른 쪽보다 우세하기를 바라는 마음 없이 양측을 주의 깊게 검토한다.

분열과 논쟁 속에서 온 세계는 마치 한 사건을 변호하는 두 명의 변호사와 같다. 기소자 측 변호인은 자신의 주장을 입증하는 모든 사실을 제시하고, 피고인 측 변호인도 자신의 주장을 뒷받침하는 사실들을 모두 제시한다. 양측 모두 상대방이 제시한 사실을 흠잡거나 무시하거나 일축하려고 노력한다. 그러나 이 사건의 재판관은 공정한 사상가와 같아서 정의의 대의에 맞는 공정한 결론을 내리고자 양측의 모든 증거를 듣고 비교해 선별한다.

이런 보편적 편파성이 나쁜 것만은 아니다. 다른 모든 극단과 마찬가지로 여기에서도 자연은 대립하는 양측 의견을 완벽한 균형으로 조율한다. 게다가 이것은 진화의 요소다. 편파성은 자신의 의지대로 깊은 생각을 할 수 있는 능력을 아직 발달시키지 못한 사람들이 생각을 하도록 그들을 자극한다. 이는 모든 사람이 통과해야 하는 단계다. 그러나 이것은 진리라는 위대하고 큰 도로로 향하는 샛길일 뿐이며, 이리저리 얽힌 혼란스럽고 고통스러운 길이다. 공정성이야말로 완벽한 원을 이루는 호弧·arc다. 편견을 가진 사람은 진실의 일부분만 보고 그것을 전체라고 생각하지만, 공정한 사상가는 모든 측면을 포함하는 진실의 전체를 본다. 우리는 모든 부분을 모아서 완전한 원을 만들 때까지 먼저 부분적으로 진실을 봐야 한다. 완전한 원을 만드는 것이 공정성을 달성하는 길이기 때문이다.

공정한 사람은 편견과 호불호에서 벗어나 자유로이 조사하고 비교, 검토하며 숙고한다. 그의 단 한 가지 소망은 진실을 발견하는 것이다. 그는 선입견을 버리고 사실과 증거가 스스로 말하게끔 한다. 그리고 진실은 바꿀 수 없으며, 자신의 의견이 아무런 영향을 미치지 않는 만큼 진실은 조사해서 발견해야 한다는 사실을 알기에 자기주장의 정당성을 입증할 필요를 느끼지 못한다. 그 결과 그는 심한 선입견을 가진 이들이 겪는 엄청난 마찰과 신경질적인 마모에서 벗어날 수 있다. 또한 진실의 얼굴을 직접 바라보면서 고요하고 평화로워진다.

편견에서 자유로운 사람은 매우 드물기 때문에 공정한 사상가는 어디에 있든 세상의 평가나 운명을 이끄는 일에서 분명 높은 지위를 차지할 것이다. 꼭 세속적인 일에서 직책을 맡지 않더라도 영향력의 영역에서 고귀한 지위에 오를 것이 분명하다. 공정한 사상가는 지금도 존재한다. 그는 목수나 직공, 사무원일 수도 있고 가난한 사람일 수도 있으며 백만장자의 집에서 살 수도 있다. 키가 작거나 클 수도 있고, 피부색 또한 아무런 상관이 없다. 무슨 일을 하고 어디에 사는지 비록 알려지지 않았더라도 그는 이미 세상을 움직이기 시작했으며, 언젠가는 진화의 새로운 힘이자 창조적인 중심으로 널리 인정받을 것이다.

약 1,900년 전에 그런 사람이 한 명 있었다. 그는 글도 배우지 못한 가난한 목수에 불과했다. 친척들은 그를 미치광이로 여겼고, 같은 민족은 그가 불명예스러운 최후를 맞이했다고 봤다. 하지만 그는 전 세계를 변화시킨 영향력의 씨앗을 뿌렸다.

약 25세기 전 인도에도 그런 사람이 있었다. 그는 유능했고 높은 교육을 받았으며, 작은 왕국을 다스리는 자본가이자 지주인 왕의 아들이었다. 그는 무일푼의 노숙자가 되었지만 오늘날까지 인류의 3분의 1이 그의 성소에서 참배하고 그의 영향을 받아 스스로를 절제하고 고양한다.

에머슨은 "위대한 신이 이 땅에 사상가를 내놓으면 주의하라"고 말했다. 편견에 얽매인 사람은 사상가가 아니다. 그는 단지 하나의 의견을 강력하게 옹호하는 사람일 뿐이다. 그의 모든 생각은 편견이라는 매개물을 통과해야 하는 데다, 편견의 색깔에 물들어 있어 냉정한 사고와 공정한 판단이 불가능하다. 편견을 가진 사람은 모든 것을 자기 의견과의 관계, 혹은 자기 의견과의 상상 관계에서만 보는 반면, 사상가는 사물을 있는 그대로 본다. 편견을 가진 마음과 이기주의의 모든 불완전함을 품은 마음을 정화해 현실을 똑바로 바라볼 수 있는 사람은 힘의 정점에 도달한다. 그는 가장 큰 영향력을 손에 쥐고 있으며 알고서든, 모르고서든 이 힘을 휘두른다. 이 힘은 그의 삶에서 분리될 수 없으며, 꽃에서 향기가 나듯이 그에게서 흘러나올 것이다. 그리고 이 힘은 그의 말과 행동, 몸가짐과 생각, 심지어 그의 침묵과 고요한 거동 속에도 있다. 위대한 사상가는 세상의 중심이기에 어디를 가든, 심지어 사막으로 날아가더라도 이 고귀한 운명을 피할 수 없다. 모든 사람은 그를 중심으로 궤도를 돌고, 모든 생각은 그를 향해 끌린다.

진정한 사상가는 인류를 삼키는 펄펄 끓는 격정의 소용돌이 너머에서 살고 있다. 그는 객관적 원칙의 중요성을 이해하고 있기 때문에 개인적인 이유로 흔들리지 않는다. 또한 이기적인 욕망들이 충돌하는 전쟁에서 싸우지 않는 비전투원이 되어 공정하지만 무관심하지는 않은 관측자 입장에 서서 양측을 똑같이 보고 싸움의 원인과 의미를 파악한다.

위대한 스승뿐 아니라 문학계의 가장 위대한 작가들도 참된 거울처럼 편견 없이 사물을 공정하게 비추는 사람들이다. 휘트먼, 셰익스피어, 발자크, 에머슨, 호머가 그런 인물이다. 이들의 정신은 국지적이지 않고 보편적이며, 이들의 태도는 개인적이지 않고 우주적이다. 이들은 모든 사물과 존재, 온 세상과 법칙을 자신 안에 담고 있다. 또한 이들은 인류를 마침내 격정의 열병에서 해방시켜 고요한 땅으로 인도할 신이다.

진정한 사상가는 인간 중 가장 위대하며, 그의 운명은 고귀하다. 완전히 공정한 마음은 신에게 도달해 진실의 충만한 햇볕을 쬔다.

공정성을 이루는 네 가지 주요 요소는 다음과 같다.

1. 정의

2. 인내심

3. 평온함

4. 지혜

'정의'는 동등한 가치를 주고받는 것이다. 소위 '일방적으로 유리한 조건에 따라 거래하는 것'은 일종의 도둑질이다. 이는 구매자가 구매 물품의 일부에 대해서만 가치를 지불하고 나머지는 명백한 이득으로 착복한다는 의미다. 판매자 또한 거래를 성사시켜 이를 조장한다.

공정한 사람은 불공정한 이득을 취하려 하지 않는다. 그는 사물의 진정한 가치를 고려하고 그것에 따라 거래한다. 결국에는 옳은 것이 최고 보상을 가져다준다는 사실을 알기에 '이익이 되는 것'을 '옳은 것'보다 우선시하지 않는다. 또한 정당한 행동이 거래 쌍방에게 똑같이 이익이 된다는 사실을 아는 그는 자신의 이익을 추구해 다른 사람의 불이익을 초래하는 행위를 하지 않는다. "한 사람의 손실이 다른 사람의 이익"이라면 나중에 균형이 맞춰지게 되어 있다. 부당한 이득이 번영을 가져올 수는 없지만, 실패는 틀림없이 가져온다. 공정한 사람은 이른바 '똑똑한 거래'로 타인의 주머니를 털어 부당한 이익을 취하는 법이 없다. 똑똑한 거래로 부당한 이익을 취하는 것을 소매치기만큼이나 부정직하다고 여기기 때문이다.

사업에서 흥정의 정신은 진정한 교환의 정신이 아니다. 그것은 무언가를 공짜로 얻으려는 도둑과도 같은 이기적인 정신이다. 올곧은 사람은 모든 흥정을 배제한 채 자신의 사업을 좀 더 기품 있는 정의의 기초 위에 세운다. 그는 '좋은 물건'을 제값에 공급하고 바꿔치기하지 않는다. 또한 사기로 손을 더럽히지 않는다. 그가 내놓는 상품은 진품이며 가격도 타당하다.

구매할 때 '가격을 깎으려고' 하는 고객은 스스로 품위를 떨어뜨리는 셈이다. 그들의 행동은 두 가지 생각 중 하나 또는 둘 모두를 가정한다. 즉 상인이 정직하지 않고 바가지를 씌우려 한다는 생각(저속하고 의심 많은 마음가짐), 그리고 상인이 자신을 속여 이익을 포기하게 만들고(똑같이 비도덕적인 태도) 자신의 손실로 이익을 얻으려 한다는 생각이다. '가격을 깎는' 것은 전적으로 부정직한 행위이며, 이를 열심히 추구하는 사람은 '바가지를 쓰는 것'에 대해 가장 많이 불평하는 경향이 있다. 그들 자신이 늘 다른 이들에게 바가지를 씌우려 한다는 점을 고려하면 그리 놀라운 일도 아니다.

한편 정의와 물건의 타당한 가치를 무시한 채 고객으로부터 최대한 많은 것을 얻어내려고 안달하는 상인은 일종의 강도와도 같다. 그는 천천히 자신의 성공을 독살하고 있는 셈이다. 그의 행동은 재정적 파멸 형태로 반드시 그에게 돌아갈 것이기 때문이다.

일전에 쉰 살의 한 남자가 내게 이렇게 말했다. "나는 방금 지금까지 살아오면서 내가 모든 것에서 내야 할 돈보다 50퍼센트 더 많은 돈을 지불했다는 사실을 알았습니다." 정의로운 사람은 부당하다고 생각하는 거래는 하지 않기 때문에 어떤 것에 대해서도 너무 많이 지불했다고 느끼지 않는다. 하지만 모든 것을 반값에 얻기를 열망한다면 지금까지 두 배로 값을 지불했다며 자신을 초라하고 비참하게 여기고 슬퍼할 것이다. 정의로운 사람은 줄 때든 받을 때든 완전한 값을 지불하는 것에 대해 기뻐한다. 그의 마음은 어지럽지 않고, 그의 날은 평화로 가득 차 있다.

우리는 무엇보다 비열하지 않고 완벽하게 정의로워지기 위해 노력해야 한다. 정의롭지 않으면 정직하지도, 관대하지도 않지만, 무엇보다 가능한 한 적게 주고 많이 얻으려 하는 일종의 위장한 도둑과도 같기 때문이다. 따라서 모든 흥정을 삼가라. 그리고 크고 훌륭한 성공에 이를 수 있는 고양된 품위를 가지고 사업을 수행해 흥정하는 자들에게 더 나은 길을 가르쳐라.

'인내심'은 공정한 사람이 가진 성격 중 가장 빛나는 보석이다. 여기서 말하는 인내심은 바느질을 하는 소녀나 장난감 엔진을 만드는 소년처럼 특정 일에 대한 특별한 인내심이 아니다. 변함없는 배려심, 힘든 상황에서도 늘 똑같은 온화한 기질, 어떤 시험에도 훼손되지 않고 어떤 박해에도 망가지지 않는 불변의 부드러운 힘에 뿌리를 둔 인내심을 말한다. 사실 이것은 사람들이 드물게 갖고 있는 성격이다. 대다수에게서는 오랫동안 기대할 수 없는 미덕이지만, 어느 정도는 도달 가능하다. 불완전하더라도 인내심은 우리의 삶과 일에 경이를 가져오는 반면, 만성적인 성급함은 파멸을 불러온다. 성급한 자는 빠르게 불행이 찾아오길 원하는 사람이다. 자신에게 불평이나 비판의 작은 불꽃이 떨어질 때마다 화약처럼 터지는 사람을 누가 상대하겠는가? 친구들조차 하나 둘 그를 떠날 것이다. 사소한 차이나 오해에도 성마르고 불같은 혀로 무례한 공격을 일삼는 사람과 누가 친구가 되려 하겠는가?

크게 번영하는 사람, 쓸모 있고 힘 있는 사람이 되고자 한다면 현명하게 자신을 통제해야 하고, 인내심의 아름다운 가르침을 배워야 한다. 자기 자신뿐 아니라 타인을 생각하고 그들의 이익을 위해 행동하는 법을 익혀야 하며, 배려하고 참고 인고하는 법도 배울 필요가 있다. 또한 가장 중요하다고 생각하는 부분들에 대해 자신과 다른 입장을 취하는 사람들을 대할 때마다 평온한 마음을 갖는 방법도 연구해야 한다. 치명적인 독을 마시지 않듯이, 다툼을 피하는 것도 중요하다. 외부에서 끊임없이 불화가 덮쳐오겠지만, 그것들로부터 자신을 지키고 인내심을 발휘해 조화를 이끌어내는 방법을 익혀야 한다.

다툼은 흔하며, 마음을 아프게 하고 정신을 왜곡한다. 반면 인내심은 드물며, 마음을 풍요롭게 하고 정신을 아름답게 한다. 짐승과 다를 바 없는 사람은 누구에게나 침을 뱉고 화를 낼 수 있다. 이런 행동은 노력할 필요가 없고 단지 느슨해지기만 하면 된다. 하지만 우리는 모든 일에서 마음의 의지를 지키고, 타인의 결점을 다룰 때는 고심하면서 인내심을 가져야 한다. 결국 인내심은 승리한다. 부드러운 물이 가장 단단한 바위를 뚫듯이 인내심은 모든 반목을 극복한다. 인내심은 사람의 마음을 얻을 뿐 아니라, 사람의 마음을 정복해 다스린다.

'평온함'은 인내심을 수반하는 위대하고 영예로운 성격이다. 폭풍우가 몰아치는 격정의 바다에서 오랫동안 방황한 끝에 해방된 영혼이 마주하는 평화로운 안식처다. 평온함은 무수한 고통을 겪고, 많은 것을 견디고, 많은 것을 경험하고, 마침내 자아를 정복한 사람임을 보여주는 표시다.

침착하지 못한 사람은 공정할 수 없다. 흥분, 편견, 편파성은 거친 격정에서 나온다. 개인적인 감정은 좌절된 순간 마치 둑으로 막았던 물줄기가 터지듯이 솟구쳐 올라 소용돌이친다. 반면, 침착한 사람은 자신의 감정을 개인적인 방향에서 객관적인 방향으로 돌려 이러한 마음의 동요를 피한다. 그는 자기 자신뿐 아니라 다른 사람을 생각하고 느낀다. 다른 사람의 의견에도 자신의 의견과 똑같은 가치를 부여한다. 자기 일이 중요한 만큼 다른 사람의 일도 중요하다고 생각한다. 타인의 단점을 부각해 자신의 장점을 증명하려고 들지 않는다. 그는 험티덤피Humptydumpty(영어 동요에 나오는 달걀―옮긴이 주)처럼 자만심으로 전복되지 않으며, 진실을 위해 이기심은 제쳐둔 채 사물의 올바른 관계를 인식한다. 그는 성급함을 이겨낼뿐더러, 그 자체만으로 짜증을 유발하는 것은 하나도 없다는 사실을 안다. 내가 보는 것처럼 보지 못한다고 타인에게 짜증을 내는 것은 팬지꽃을 보고 장미가 아니라며 짜증을 내는 것과 같다. 사람 마음은 다 다르며, 침착한 사람은 그 차이를 인간 본성의 당연한 사실로 인식한다.

침착하고 공정한 사람은 가장 행복할 뿐 아니라, 자신의 모든 능력을 마음대로 사용할 수 있다. 그는 확신에 차 있고 신중하며 실행력이 뛰어나다. 그리고 성마른 이들이 시끄럽고 힘들게 천천히 해내는 일을 침묵 속에서 쉽고 빠르게 처리한다. 그의 마음은 깨끗하고 평온하며 몰입해 있고, 언제든 주어진 일에 정확한 힘으로 집중할 준비가 되어 있다. 모든 모순이 화해를 이루어 평온한 마음에는 빛나는 기쁨과 영원한 평화가 자리한다. 에머슨은 이렇게 말했다. "평온함은 변하지 않고 습관화된 기쁨이다."

무관심을 평온함과 혼동해서는 안 된다. 이 둘은 정반대의 극단에 있기 때문이다. 무관심은 생명이 없는 반면, 평온함은 생명이 빛나고 힘이 충만하다. 평온한 사람은 자아를 일부 또는 완전히 정복해 내면의 이기심과 성공적으로 싸워온 만큼 타인의 이기심에 잘 대처하고 그것을 극복하는 방법을 알고 있다. 모든 도덕적 싸움에서 승자는 늘 평온한 사람이다. 그가 평온함을 유지하는 한 패배는 불가능하다.

자기통제는 재물보다 낫고 평온함은 영원한 축복이다.

'지혜'는 공정한 사람에게 거한다. 지혜의 조언은 공정한 사람을 인도하고, 지혜의 날개는 즐거운 길을 따라 그를 보호하면서 행복한 목적지로 안내한다.

지혜는 다면적이다. 지혜로운 사람은 타인에게 자신을 맞춘다. 그는 타인의 이익을 위해 행동하지만 도덕적 미덕이나 올바른 행동의 원칙을 위반하지는 않는다. 반면, 어리석은 사람은 타인에게 자신을 맞추지 못한다. 그는 자신만을 위해 행동하며, 도덕적 미덕과 올바른 행동의 원칙을 끊임없이 위반한다. 모든 공정한 행동에는 어느 정도 지혜가 담겨 있다. 일단 공정성의 경지에 닿아 경험해본 사람은 마침내 공정성을 확립할 때까지 몇 번이고 반복해서 그것을 되찾을 수 있다.

모든 지혜로운 생각과 말, 행동은 위대함이 충만하고 온 세상에 영향을 미친다. 지혜는 지식의 우물이자 힘의 샘이다. 또한 지혜는 심오하고 종합적이며, 아주 작은 세부 사항까지 포함할 만큼 정확하고 포괄적이다. 그 거대한 위대함으로 지혜는 작은 것도 간과하지 않는다. 지혜로운 마음은 세상과 같아서 모든 것을 적절한 장소와 질서에 담고, 그것 때문에 부담을 느끼는 법이 없다. 또한 세상과 마찬가지로 자유로우며, 어떤 제약도 의식하지 않는다. 그러나 결코 느슨하거나 틀리는 법이 없을뿐더러, 죄를 짓지 않기에 후회도 하지 않는다. 지혜는 우는 아기와도 같았던 어리석음이 안정되고 성숙해진 결과다. 유아적 무지에서 비롯된 나약함과 의존성, 잘못과 처벌에서 벗어나 곧고 침착하며 강하고 고요한 것이 지혜다.

이해하는 마음은 외부 도움이 필요 없다. 그것은 책으로 배운 지식이 아닌, 원숙한 경험이라는 확고한 지식의 토대 위에 스스로 서 있다. 이해하는 마음은 모든 마음을 겪었기에 그것들에 대해 잘 안다. 모든 마음과 함께 나아가면서 그들의 기쁨과 슬픔의 여정을 이해한다.

지혜가 사람에게 닿으면 그는 고양되고 아름답게 변한다. 그는 새로운 목표와 힘을 가진 새로운 존재가 되고, 찬란한 운명을 완성할 새로운 우주에서 살게 된다.

공정성의 기둥은 그 거대한 힘에 은혜를 더해 번영의 신전을 지지하고 아름답게 만든다.

여덟 번째 기둥―자기 신뢰

       '자기 신뢰Self-reliance'에 대해 쓴 에머슨의 에세이는 젊은이들에게 필독서다. 지금까지 나온 에세이 중 가장 남자답고 강건한 글이다. 이 글은 젊은이에게서 흔히 나타나는 두 가지 정신적 질병인 자기 비하와 자만심을 모두 치료할 수 있도록 구성되어 있다. 소심한 사람에게는 그가 가진 소극성의 나약함과 무력함을 분명하게 보여주고, 오만한 사람에게는 그가 가진 허영심의 하찮음과 공허함을 알려준다. 또한 이 에세이는 인간의 존엄성에 대한 새로운 계시다. 고대 선지자와 예언자에게 내려진 그 어떤 계시만큼이나 중요할뿐더러, 실용화되고 산업화된 시대에 더욱 잘 맞는다. 새로운 유형의 현대적 예언자로부터 나온 이 글의 가장 큰 가치는 강력하게 기운을 북돋운다는 점이다.

  자기 신뢰를 자만과 혼동하지 마라. 자기 신뢰가 강하고 우수한 반면, 자만은 약하고 무가치하기 때문이다. 자기 신뢰에는 비열한 것이 있을 수 없지만 자만에는 훌륭한 것이 있을 수 없다.

  전혀 모르는 주제에 대해 질문을 받았을 때 상대방이 자기를 무지하다고 생각할까 봐 "모른다"고 말하지 않고 추측과 가정을 지식인 양 자신 있게

번영의 여덟 가지 기둥 ·

내뱉는 사람은 무지하다고 알려질 것이 뻔하고, 자만심 때문에 오히려 존중받지 못할 것이다. 무지에 대한 정직한 고백은 존경받지만 지식에 대한 오만한 가정은 경멸을 불러온다.

삶을 두려워하는 것처럼 보이고, 어떤 일을 허락되지 않은 방식으로 할까 봐 노심초사하며, 조롱의 대상이 될까 싶어 몸을 사리는 소심하고 자신감 없는 사람은 완전하지 않다. 타인을 모방해야만 하는 그는 독립적인 행동을 하지 못한다. 이런 사람에게는 맹목적으로 과거 본보기를 모방하는 추종 방식이 아닌, 스스로 주도권을 갖고 새로운 모범이 되도록 유도하는 자기 신뢰가 필요하다. 조롱 때문에 상처받는 자는 성숙한 사람이 아니다. 혹평이나 조롱, 빈정거림은 자기를 신뢰하는 사람의 튼튼한 갑옷을 뚫을 수 없다. 이런 말들은 그의 정직한 마음과 무적의 성채에 도달해 상처를 입히지도, 찌르지도 못한다. 비꼬는 말의 날카로운 화살이 그에게 비처럼 쏟아질 수도 있지만, 그는 비꼬는 말이 자신감이라는 튼튼한 가슴판을 맞고 튕겨 나와 무해하게 떨어질 때 웃어버린다.

에머슨은 "자신을 믿어라. 모든 마음은 그 철줄에 진동한다"고 말했다. 오랜 세월 동안 사람들은 자신의 타고난 단순함과 본래의 존엄성 위에 서기보다 외부의 임시방편에 기대어 살아왔으며, 이는 지금도 그렇다. 그래서 우뚝 설 수 있는 용기를 가진 소수의 사람이 영웅으로 추대되어 왔다. 자신의 본성이 스스로 말할 수 있는 배짱을 가진 사람, 자신의 내재된 가치 위에 설 수 있는 강한 기질을 가진 사람이 참으로 진정한 영웅이다.

이런 영웅적 자질을 갖고자 하는 사람은 자신이 얼마나 강한지 시험하는 과정을 견뎌야 한다. 그는 인습주의자의 근거 없는 걱정 때문에 자신의 입장에 부끄러움을 느껴서는 안 된다. 자신의 평판이나 지위, 교회에서 위상, 지역 사회에서 위신을 걱정해서도 안 된다. 그는 지구 반대편에서 현재 유행하는 것의 영향을 받지 않듯이, 이런 부분에 대해서도 독립적으로 행동하고 살아가는 법을 배워야 한다. 이 같은 시험을 견뎌내고 비방과 오명에 흔들리거나 쓰러지지 않을 때 그는 마침내 사회가 인정하고 그의 조건을 받아들일 수밖에 없는 사람이 된다.

조만간 많은 사람이 자기 신뢰를 가진 이에게 지도를 구할 것이다. 최고의 지성을 가진 사람들은 그에게 의지하지는 않더라도 그의 업적과 가치를 존중하고 높이 평가하면서 앞서 간 신들 사이에서 그의 자리를 인정할 것이다.

배움을 경멸하는 것이 자기 신뢰의 표시라고 생각해서는 안 된다. 배움을 경멸하는 태도는 강함의 요소와 높은 성취에 대한 약속을 특징으로 하는 자기 신뢰보다 나약함의 요소를 가지고 실패를 예언하는 고집 센 오만함에서 비롯된다. 교만과 허영심을 자기 신뢰와 연관 지어서는 안 된다. 교만과 허영심은 품위를 떨어뜨리는 반면, 자기 신뢰는 품위를 높이기 때문이다. 교만은 돈, 옷, 재산, 명성, 지위 등 부수적이고 부속적인 것에 근거를 두며 이것들을 잃으면 전부 다 잃는다. 자기 신뢰는 가치, 고결함, 순수함, 진정성, 인격, 진실 등 본질과 원칙에 근거를 둔다. 그리고 잃어버릴 수 있는 것은 그것이 무엇이든 중요하지 않다. 본질과 원칙은 결코 잃어버릴 수 없기 때문이다. 교만한 자는 과시와 가정으로 무지를 숨기려 하고, 어떤 영역에서도 배우는 사람으로 인식되지 않으려 한다. 이렇듯 교만한 자는 덧없고 짧은 하루 동안 무지와 피상적인 겉모습 위에 서 있으며, 오늘 더 높이 올라갈수록 내일은 더 낮게 추락하고 만다. 반면, 자기 신뢰를 가진 사람은 숨길 것이 없으며 기꺼이 배우려 한다. 교만이 있는 곳에는 겸손이 있을 수 없지만, 자기 신뢰와 겸손은 양립할 수 있다. 아니, 오히려 이 둘은 상호보완적이며, 가장 숭고한 형태의 자기 신뢰는 가장 깊은 겸손과 관련되어 있다. 에머슨은 이렇게 말했다. "극단은 만난다. 겸손한 오만보다 더 좋은 예는 없다. 어떤 귀족, 어떤 왕자도 성인과 같은 자존감을 갖지 않는다. 성인은 왜 그렇게 낮게 있는가? 그는 자기 안에 계신 하나님의 크심에 기대어 그것을 잘 감당할 수 있음을 알기 때문이다." 부처도 이렇게 말했다. "지금이나 내가 죽은 후에 오직 자기 자신에게만 의지하고 외부의 도움에 의지하지 않으며, 다만 진리를 등불로 삼고 진리에서 구원을 찾아 스스로 등불이 될 사람은 자기 외에 그 누구에게도 도움을 바라지 않을 것이다. 이들이 내 제자들 중 가장 높은 곳에 이르게 되리라! 그러나 그들은 기꺼이 배워야 한다." 이처럼 부처는 오직 자기 자신에게 의지해야 할 필요성을 거듭 강조하면서 마지막으로 배움을 열망해야 한다고 권고한다. 이것은 내가 아는 자기 신뢰에 대한 가장 지혜로운 말이다. 이 말을 통해 인류의 위대한 스승은 진리를 추구하는 사람이 반드시 습득해야 하는 자기 신뢰와 겸손함 사이의 완벽한 균형을 알려준다.

"자기 신뢰는 영웅적 자질의 정수다." 모든 위인은 자기를 신뢰한다. 우리는 그들을 버팀목이나 유모차가 아닌, 스승이자 모범으로 삼아야 한다. 누구에게도 기대지 않고 진리의 고독한 존엄 속에 홀로 서 있는 위인이 오면 세상은 즉시 그에게 의지하고, 그를 영적 나태와 파괴적 자기 비하의 핑계로 삼기 시작한다. 위인의 힘으로 우리의 악덕을 어르고 달래는 것보다 더 나은 방법은 그들의 빛나는 등불에 우리의 미덕을 새롭게 비추는 것이다. 다른 사람의 빛에 의존하면 어둠이 우리를 덮치겠지만, 자기 자신의 빛에 의존하면 계속 타오를 수밖에 없다. 우리는 다른 사람에게서 빛을 끌어올 수도 있고 그것을 전달할 수도 있다. 하지만 자신의 등불은 방치되어 녹슬고 있는데 다른 사람의 빛을 가져오는 것만으로도 충분하다고 생각한다면 곧 어둠 속에 버려진 자신을 발견하게 될 것이다. 우리 내면의 빛은 결코 우리를 실망시키지 않는다.

퀘이커교도의 '내면의 빛'이 자기 신뢰의 또 다른 이름이 아니면 무엇이겠는가? 우리는 타인이 아닌 우리 자신 위에 서야 한다. "하지만 나는 너무 보잘것없고 가난하다"고 말한다면 그 보잘것없음 위에 서라. 그러면 머지않아 커질 것이다. 아기는 젖을 먹고 안겨 있어야 하지만 어른은 그렇지 않다. 자신의 팔다리에 의지한다. 사람들은 스스로 손을 뻗어 잡아야 할 것들을 손에 넣어달라고, 열심히 일해서 얻어야 할 양식을 입에 넣어달라고 신에게 기도한다. 그러나 인간은 이 영적 유아기를 벗어날 수 있다. 자신을 위해 기도하고 말씀을 전해달라며 사제에게 돈을 지불하지 않을 때가 곧 올 것이다.

인간이 가진 가장 큰 문제점은 자기 자신을 믿지 않는다는 것이다. 그래서 자신을 신뢰하는 사람은 드물고 특이한 구경거리가 된다. 스스로를 '벌레'처럼 여긴다면 그에게서 나올 수 있는 것은 오직 무력한 꿈틀거림뿐이다! 실로 "겸손한 자는 높아지리라". 반면, 스스로를 비하하는 자는 그렇지 않으리라. 사람은 자신을 있는 그대로 봐야 하며, 결점이 있으면 없애고, 가치가 있는 부분은 유지하고 익지해야 한다. 사람은 스스로 비하할 때만 낮아지고, 고귀한 삶을 살 때만 고귀해진다.

어째서 인간은 끊임없이 반복해서 타락한 본성에 관심을 모으는가? 악덕에 일종의 자부심을 느끼는 거짓 겸손을 가졌기 때문이다. 사람은 넘어지면 다시 일어나서 그 일과 관련해 더욱 현명해질 수 있다. 만일 도랑에 빠졌다면 어느 누구도 거기 그대로 누운 채 지나가는 모든 사람에게 자신을 봐달라고 요구하지 않는다. 일어나서 더 조심히 갈 길을 간다. 마찬가지로 악덕의 도랑에 빠졌다면 일어나서 깨끗이 씻고 기뻐하며 자신의 길을 가라.

우리 인생에서 자기 신뢰가 영향력과 번영을 크게 증가시키지 않는 영역은 없다. 세속적이든, 종교적이든 교사나 조직자, 관리자, 감독자 등 통제하고 지휘하는 자리에 있는 모든 사람에게 자기 신뢰는 없어서는 안 될 능력이다.

자기 신뢰의 네 가지 특징은 다음과 같다.

1. 결단력
2. 확고함

3. 품위

4. 독립성

'결단력'은 사람을 강하게 만든다. 갈팡질팡하는 사람은 나약하다. 인생이라는 드라마에서 아무리 작은 역할이라도 배역을 맡은 사람은 결단력이 있어야 하고, 자신의 목적을 분명히 알아야 한다. 무엇을 의심하든 상관없지만 자신의 행동력은 의심해서는 안 된다. 인생에서 자신의 역할을 알고 거기에 모든 에너지를 쏟아붓는 것은 중요하다. 일을 할 때 참고할 견고한 지식 기반을 가지고 있어야 하고, 그 위에 굳건히 서야 한다. 재고품의 가격과 품질을 아는 것에 불과할 수도 있지만 자신의 업무를 철저히 파악하고 있어야 하며, 자신이 알고 있다는 사실도 알아야 한다. 누군가 업무와 관련한 의무에 대해 이의를 제기할 때 스스로를 위해 언제든 대답할 준비가 되어 있어야 하는 것이다. 어떤 순간, 어떤 돌발 상황에서도 머뭇거리지 않을 정도로 자신의 일을 깊이 이해하고 있어야 한다. "주저하는 사람은 길을 잃는다"라는 말은 진실이다. 스스로를 믿지 못하는 사람, 의심하고 멈추고 흔들리며 두 갈래 길의 엉킨 실타래에서 빠져나오지 못하는 사람은 그 누구도 믿어주지 않는다. 자기가 파는 물건의 가격을 모르거나 어디서 찾아야 하는지도 모르는 상인과 누가 거래하겠는가? 사람은 자기 일에 대해 알아야 한다. 내가 내 일에 대해 모른다면 누가 나를 가르치겠는가? 우리는 자기 내면의 진실을 잘 보고할 수 있어야 하며, 기술과 지식만이 가져다주는 과단성 있는 직감을 가져야 한다.

확신은 자기 신뢰의 중요한 요소다. 무게감을 가지려면 나눠줄 진리가 있어야 한다. 자고로 모든 기술은 진리를 전달하는 것이다. 사람은 "필사로서 말하지 말고 권위를 가지고 말해야 한다". 언제까지 견습생으로 남지 않고 대가의 방식대로 명쾌하고 이해하기 쉽게 일을 처리하려면 그 일에 정통해야 하고 자신이 정통했음을 알아야 한다.

우유부단함은 붕괴의 원인이다. 잠깐의 망설임이 성공 흐름을 되돌릴 수 있다. 실수할까 봐 빨리 결정하기를 두려워하는 사람은 행동할 때마다 거의 항상 실수를 저지른다. 생각과 행동이 빠른 사람은 큰 실수를 할 가능성이 적다. 차라리 우유부단하게 행동하고 실수하는 것보다 결단력 있게 행동하고 실수하는 편이 낫다. 후자의 경우에는 실수만 있지만, 전자의 경우에는 실수에 나약함까지 더해지기 때문이다.

사람은 자신이 아는 것과 모르는 것 모두에 대해 항상 결단력이 있어야 한다. "예"라고 말할 수 있는 것만큼이나 "아니요"라고 말할 준비가 되어 있어야 하고, 지식을 전달할 때만큼이나 빠르게 무지를 인정할 수 있어야 한다. 사실에 근거를 두고 단순한 진리에 따라 행동한다면 예와 아니요 사이에서 머뭇거릴 이유가 없다.

빠르게 마음을 정하고 결단력 있게 행동하라. 이보다 더 좋은 방법은 미리 마음을 정해두고 본능적·무의식적으로 결정이 이뤄지게 하는 것이다.

'확고함'은 빠르게 결정할 수 있는 마음에서 생겨난다. 실로 확고함은 인생에서 최선의 행동 방침과 최선의 길에 대한 최종 결정이다. 어떤 일이 있어도 원칙을 굳건히 지키겠다는 영혼의 맹세. 정해진 원칙에 대한 확고한 충성심은 곧 맹세의 정신이기에 서면 또는 구두 서약이 필요하지도, 불필요하지도 않다.

정해진 원칙이 없는 사람은 많은 것을 성취하지 못한다. 편의주의는 수렁이자 가시밭이다. 거기에서 인간은 도덕적 해이라는 변덕스러운 진창에 갇혀 스스로 만든 실망의 가시에 찔리고 긁힌다.

우리는 사람들 사이에 설 수 있는 확고한 기반을 가지고 있어야 한다. 원칙을 양보하는 나약함의 수렁 위에 서 있어선 안 된다. 변덕스러움은 나약함의 악덕이고, 나약함의 악덕은 힘의 악덕보다 인격과 영향력을 약화하는 데 더 큰 영향을 미친다. 동물적 힘이 넘쳐 악덕한 사람은 힘이 부족해서 악덕한 자, 어떤 것에 대해서도 마음을 정하지 못하는 악덕을 지닌 자보다 마음만 먹으면 더 빨리 진리에 도달할 수 있다. 힘이 선한 목적과 악한 목적 모두에 쓰일 수 있다는 사실을 이해한다면 술주정뱅이나 매춘부가 미지근한 종교인보다 천국에 먼저 도착한다는 이야기가 그리 놀라운 일은 아닐 것이다. 적어도 그들은 타락했을지언정 자신이 선택한 길에서 철저하고, 철저함은 곧 힘이기 때문이다. 그 힘을 악한 것에서 선한 것으로 바꾸기만 하면 된다. 그러면 보라! 끔찍한 죄인이 고귀한 성인이 된다!

사람은 확고하고 변하지 않는 단호한 마음을 가져야 한다. 모든 문제에서 가장 신뢰할 수 있는 원칙, 즉 의견 충돌의 미로를 통과할 수 있도록 가장 안전한 길을 안내해주고 인생의 전투에서 물러서지 않는 용기를 불어넣어주는 원칙을 정해야 한다. 원칙을 채택한 후에는 그것을 이익이나 행복보다, 심지어 삶 자체보다 더 중시해야 한다. 나 스스로 원칙을 버리지 않는다면 원칙도 결코 나를 버리지 않는다는 사실을 알게 될 것이다. 원칙은 나를 모든 적으로부터 보호하고, 모든 위험으로부터 안전하게 구조하며, 모든 어둠과 어려움을 통과할 수 있도록 길을 밝혀준다. 또한 어둠 속의 빛이 되고, 슬픔에서 벗어난 안식처가 되며, 세상의 갈등에서 떨어진 피난처가 된다.

'품위'는 위엄 있는 옷과 마찬가지로 굳건한 마음을 입는 것이다. 악과 타협해야 할 때는 쇠막대처럼 단단하고, 선한 것에 순응해야 할 때는 버드나무 지팡이처럼 유연한 사람은 그 존재 자체로 다른 이들을 진정시키고 고양하는 품위를 지니고 다닌다.

불안정한 마음, 즉 고정된 원칙에 닻을 내리지 못한 채 자신의 욕망이 위협받을 때는 완고하고 자신의 도덕적 안녕이 위태로울 때는 유연해지는 마음은 무게도 균형도 없고, 침착한 평정심도 없다.

품위 있는 사람은 짓밟히거나 노예가 되지 않는다. 그 스스로 자신을 짓밟고 노예로 삼지 않기 때문이다. 그는 자신을 비하하려는 모든 시도를 표정과 말, 현명하고 암시적인 침묵으로 즉시 무장 해제해버린다. 그의 존재

생각의 지혜 ·

172

는 경박한 사람, 꼴사나운 사람에게는 건전한 꾸지람이지만 선을 사랑하는 사람에게는 힘의 반석이 된다.

그러나 품위 있는 사람이 존경받는 가장 주요한 이유는 자신을 지극히 존중할 뿐 아니라, 타인을 당연히 존중하고 자비롭게 대하기 때문이다. 교만은 자기 자신만 사랑하고 그 아래에 있는 자들을 내려다보며 경멸한다. 자신에 대한 사랑과 타인에 대한 경멸은 늘 같은 정도로 함께 다니기 때문에 자신에 대한 사랑이 클수록 오만함도 커진다. 진정한 품위는 자기애가 아니라 자기희생, 즉 정해진 중심 원칙을 치우치지 않게 지키는 데서 나온다. 판사의 품위는 그가 직무를 수행할 때 모든 개인적 고려는 제쳐두고 오로지 법에만 근거를 둔다는 사실에서 나온다. 한때의 덧없고 하찮은 개성은 전혀 고려하지 않는 반면, 영원하고 장엄한 법은 고려해야 할 모든 것이 된다. 판사가 사건을 판결할 때 법을 잊고 개인적 감정과 편견에 빠진다면 그의 품위는 사라질 것이다. 따라서 위엄 있는 인격의 순수함을 지닌 자는 개인적 감정이 아닌, 신성한 법 위에 서 있는 사람이다. 격정에 굴복하는 순간 품위가 손상될 뿐 아니라, 어리석으면서도 통제력 없는 군중의 한 명으로 자리 잡게 된다.

모든 사람은 정해진 원칙에 따라 행동하는 만큼 평정심과 품위를 가질 수 있다. 원칙이 옳고, 따라서 논쟁의 여지만 없으면 된다. 그런 원칙을 고수하면서 흔들리거나 개인적 욕망에 빠지지 않는 한 우리를 공격하는 격정, 편견, 사리사욕은 아무리 강력하다 해도 부패하지 않는 원칙의 정복 불가능한 힘 앞에서 나약하고 무력해진다. 그리고 결국 오합지졸의 혼란은 우리의 단일하고 장엄한 올바름에 굴복할 것이다.

'독립성'은 강하고 통제력 있는 사람의 타고난 권리다. 모든 인간은 자유를 사랑하고 자유를 얻고자 노력한다. 즉 모든 인간은 일종의 자유를 열망한다.

사람은 자기 자신이나 공동체를 위해 일해야 한다. 장애가 있거나 만성적인 병이 있거나 정신적으로 문제가 있는 사람이 아니라면 모든 부분에서 타인에게 의존하고 그 대가로 아무것도 내놓지 않는 것을 부끄러워해야 한다. 만약 누군가 그런 상태를 자유라고 생각한다면 그것은 가장 낮은 형태의 예속임을 알아야 한다. 인류의 벌집에서 수벌(게으름뱅이—옮긴이 주)이 되는 것, 심지어 가난한 떠돌이가 아닌 존경할 만한 수벌이 되는 것조차도 공개적인 불명예를 안겨줘 더는 존경받지 못하는 때가 온다.

독립, 자유, 영예로운 해방은 나태가 아닌, 노동을 통해 온다. 자기 신뢰가 있는 사람은 매우 강하고 명예롭고 올곧아서 젖먹이처럼 다른 이들에게 도움을 구하며 의존할 수 없다. 그는 자기 손과 머리로 성인이자 시민으로서 살아갈 권리를 얻는다. 이것은 부유하게 태어나든, 가난하게 태어나든 마찬가지다. 부유함은 게으름의 핑계가 아니라, 오히려 공동체 이익을 위해 드문 재능을 가지고 일할 수 있는 기회이기 때문이다.

자활할 수 있는 사람만이 자유롭고 자립적이며 독립적이다.

지금까지 여덟 가지 기둥의 본질을 살펴봤다. 세워진 토대, 건축 방식, 구성 요소, 각각을 구성하는 재료의 네 가지 특징, 어떤 위치를 차지하고 어떻게 성전을 지탱하는지 등을 이제는 알았을 것이다. 불완전하게 이해하던 사람은 더 완벽하게 알았을 테고, 완벽하게 알던 사람은 번영의 도덕적 질서를 체계화하고 단순화해 기쁠 것이다. 이제 성전 자체를 자세히 바라보자. 기둥의 단단함과 벽의 견고함, 지붕의 내구성, 전체 건물의 건축적인 아름다움과 완벽함을 인지할 수 있을 것이다.

번영의 신전

돈을 버는 일, 사업상 거래, 다양한 사업에서 이익과 손해, 가격, 시장, 계약, 약정은 물론 기타 번영을 달성하는 것과 관련된 정보를 얻으려고 이 책에 소개된 과정들을 따라온 독자라면 구체적인 지침이 전혀 없다는 사실을 깨달았을 것이다. 여기에는 다음과 같은 네 가지 이유가 있다.

첫째, 구체적인 지침은 독립적으로 작동하지 못하며, 원칙과 지적으로 연결되어 있지 않으면 아무것도 구축할 수 없기 때문이다.

둘째, 구체적인 지침은 셀 수 없이 많고 끊임없이 변화하는 반면, 원칙은 몇 가지 없고 영원하며 불변하기 때문이다.

셋째, 원칙은 모든 구체적인 지침의 일관된 요소로, 구체적인 지침들을 정리하고 조화롭게 만들기 때문이다. 따라서 원칙이 올바르다는 것은 모든 하위 지침이 올바르다는 의미다.

넷째, 어떤 측면에서든 진리를 가르치는 스승은 원칙을 엄격하게 고수해야 하고, 원칙을 떠나 끊임없이 변화하는 사적인 자초지종과 개인적인 세부 사항의 미로 속으로 빠져 들어가서는 안 되기 때문이다. 각각의 세부 사항은 한정된 범위에서만 유효하고 특정 개인에게만 필요하지만, 원칙은 보편적으로 옳고 모든 사람에게 필요하다.

이 책에 소개된 원칙들을 현명하게 실천할 수 있을 만큼 제대로 이해한 사람이라면 이 네 가지 이유의 핵심에 도달할 것이다. 일의 세부 사항은 중요하지만 그것은 어디까지나 개인의 세부 사항 또는 개인이 속한 특정 산업 분야의 세부 사항일 뿐이며, 그 분야의 밖에 있는 사람들은 아무런 관련이 없다. 반면 도덕적 원칙은 모든 사람에게 동일하다. 그것은 모든 조건에 적용되며 모든 세부 사항을 통제한다.

정해진 원칙에 기반을 두고 일하는 사람은 여러 세부 사항의 복잡한 문제로 스스로를 괴롭힐 필요가 없다. 왜냐하면 그는 하나의 생각 속에 있는 모든 세부 사항을 파악하고 관련된 원칙의 빛에 비추어 그것들을 속속들이 들여다볼 것이기 때문이다. 그리고 이 과정은 마찰이 없을뿐더러, 불안과 부담에서도 자유로울 것이다.

원칙을 이해하기 전까지는 세부 사항을 일차적 문제로 여기고 또 그렇게 다루기 때문에 수많은 복잡하고 혼란스러운 문제가 발생한다. 그러나 원칙에 비춰 보는 순간 세부 사항은 부차적인 사실로 간주된다. 따라서 원칙을 참조하면 세부 사항과 관련된 모든 문제는 한번에 해결되고 제거된다.

정리하고 종합하는 데 필요한 원칙이 없이 수많은 세부 사항을 다루는 사람은 숲속에서 길을 잃은 자와 같다. 많은 고려 사항 속에서 따라갈 똑바른 길을 찾지 못하는 것이다. 원칙을 가진 사람은 모든 세부 사항을 자기 안에 품는 반면, 원칙이 없는 사람은 세부 사항에 삼켜진다. 전자는 세부 사항의 바깥에 서서 그것을 전체로 이해하지만, 후자는 자신과 가장 가까운 몇 가지 세부 사항만 볼 수 있다.

원칙은 모든 것을 담는다. 원칙은 만물의 법칙이고 모든 사물은 그 고유한 법칙을 따른다. 사물을 본질과 분리해서 보는 것은 잘못된 행동이다. 세부 사항은 정신을 담은 문자에 불과하고 여기서 정신은 원칙이다. 종교에서와 마찬가지로 예술, 과학, 문학, 상업에서도 "문자는 죽이고 정신은 생명을 준다"는 말이 사실이다. 각 부분이 경이롭게 결합된 인간의 육체는 오직 정신과의 관계에서만 중요할 뿐이다. 정신이 사라지면 육체는 쓸모가 없고 버려진다. 온갖 복잡한 세부 사항으로 이루어진 사업의 육체 역시 그것을 통제하는 활기찬 원칙과의 관계에서만 중요하다. 원칙이 사라지면 사업은 무너진다.

번영의 몸, 즉 번영의 물질적 표현을 얻으려면 먼저 번영의 정신을 가져야 하며, 번영의 정신은 도덕적 미덕의 활기찬 정수다. 세상에는 도덕적 실명이 만연해 있다. 사람들은 돈, 재산, 쾌락, 여가 등을 보고 번영으로 착각해 즐거움을 위해 그것들을 얻으려고 노력하지만 일단 얻은 후에는 거기에서 아무런 즐거움도 찾지 못한다.

번영은 곧 정신, 마음가짐, 도덕적 힘, 삶이고 처음에는 외부적으로 풍요, 행복, 기쁨의 형태로 나타난다. 시, 수필, 희곡을 쓴다고 천재 작가가 되는 것은 아니다. 천재의 영혼을 발달시키고 습득해야만 원인에 대한 결과로서 좋은 작품이 따라온다. 마찬가지로 돈을 쌓아 부를 얻는다고 번영할 수는 없으며, 덕이 있는 영혼을 발달시키고 획득해야만 원인에 대한 결과로서 물질적인 부속물이 따라온다. 미덕의 정신은 기쁨의 정신이며, 모든 풍요와 만족, 삶의 충만함이 그 안에 담겨 있기 때문이다.

돈, 재산 등 어떤 물질적인 것에도 그 자체에는 기쁨이 없다. 이런 것들은 죽어 있고 생명이 없다. 기쁨의 정신은 분명 사람 안에 있으며, 그 외에 어디에도 존재하지 않는다. 행복해질 수 있는 능력은 틀림없이 우리 내면에 있다. 우리는 물질적인 것들을 단순히 쌓아두는 것이 아니라 사용하는 방법을 아는 지혜를 가져야 한다. 우리가 물질적인 것을 소유해야지, 물질적인 것이 우리를 사로잡게 두어서는 안 된다. 물질적인 것이 우리에게 의존해야지, 우리가 물질적인 것에 의존해서는 안 된다. 물질적인 것이 우리를 따라와야지, 우리가 언제까지고 그것들을 쫓아다녀서는 안 된다. 내면에 그것과 관련된 도덕적 요소를 가지고 있다면 물질적인 것은 필연적으로 우리를 따라오게 되어 있다.

천국에는 결여된 것이 없다. 선하고 참되고 필요한 모든 것이 있으며 "하나님의 나라가 너희 안에 있다". 나는 지극히 행복한 부자를 몇 명 알고 있다. 이들은 관대하고 너그러우며 순수하고 기쁨이 넘치기에 늘 행복하다. 반면, 매우 불행한 부자들도 알고 있다. 그들은 행복하려고 돈과 재산을 추구할 뿐, 자기 내면에서 선과 기쁨의 정신을 발달시키지 못한 자들이다.

한 해 수입이 1만 파운드가 넘는다고 해도 불행한 사람을 어떻게 '번영'하고 있다고 표현할 수 있겠는가? 진정한 번영에는 건강, 조화로움, 만족이 있어야 한다. 부자가 행복하다면 이는 그가 행복의 정신을 부로 가져온 것이지, 재물이 그에게 행복을 가져다준 것이 아니다. 행복한 부자는 물질적인 부가 충분하고 내적으로도 책임을 다해 충만한 사람인 반면, 불행한 부자는 오직 내면에서 발달하는 충만한 삶을 위해 물질적 재물만을 찾아다니는 공허한 사람이다.

결국 번영은 도덕적 능력, 속세의 삶에서 분리할 수 없는 물질적 부를 올바르게 사용하고 정당하게 누리는 지혜로 귀결된다. 외부적인 것들에서 자유로워지려면 먼저 내면이 자유로워야 한다. 나약함, 이기심, 악덕으로 정신이 묶여 있는 사람이 돈을 가졌다고 해방될 수 있겠는가? 오히려 그것은 그의 손에서 스스로를 더욱 노예로 만들 준비된 도구가 되지 않겠는가?

물질적 부 같은 번영의 가시적 결과는 그 하나로만 생각할 것이 아니라, 정신적·도덕적 원인과의 관계에서 생각해야 한다. 모든 건물에는 보이지 않는 기초가 있다. 건물이 계속 서 있다는 사실이 그 증거다. 마찬가지로 모든 형태의 성공에는 보이지 않는 기초가 있으며 성공의 영속성이 그것을 증명한다. 번영은 인격이라는 기초 위에 서 있고, 이 넓은 우주에는 인격 이외에 다른 기초는 존재하지 않는다. 진정한 부는 곧 건강, 복지, 복리, 건전함, 온전함, 행복이다. 불행한 부자는 진정한 부자가 아니다. 그는 단지 자기 고문의 도구로서 돈과 사치, 여가를 짊어지고 있을 뿐이다. 그들은 소유 때문에 스스로 저주받는다.

도덕적인 사람은 영원히 복되고 행복하며, 전체적으로 봤을 때 그의 삶은 늘 성공적이다. 여기에 예외는 없다. 세부적으로는 어떤 실패를 겪을지 몰라도 그가 완성하는 인생이라는 작품은 건전하고 온전하며 완전하다. 그는 고요한 양심, 명예로운 이름, 훌륭한 인격과 분리될 수 없는 다양한 축복을 누릴 것이고, 이러한 도덕적 풍요가 없다면 경제적 부는 도움이 되지 않거나 만족을 주지 못한다.

그런 점에서 다시 한 번 여덟 가지 기둥의 힘과 영광을 간단하게 요약해 살펴보자.

1. 에너지: 과업을 완수하는 데 격렬하고 끊임없이 노력을 기울이도록 스스로를 분발하게 하는 것.

2. 경제성: 힘을 집중하는 것. 자본과 인격을 보존하는 것. 인격은 정신적 자본이기에 가장 중요함.

3. 올곧음: 정직함을 잃지 않는 것. 손익에 대한 고려를 떠나 모든 약속, 합의, 계약을 지키는 것.

4. 체계: 모든 세부 사항을 질서에 종속하게 하는 것. 그럼으로써 여러 가지를 하나로 줄여 기억과 마음에서 불필요한 일이나 긴장을 덜어내는 것.

5. 동정심: 관대함, 너그러움, 온화함, 부드러움. 인색하지 않으며 자유롭고 친절한 것.

6. 진정성: 건전하고 온전하며 강건하고 진실한 것. 따라서 공적으로나 사적으로나 일관된 모습을 유지하는 것. 공개적으로는 선한 행동을 하는 척하면서 비밀리에 악한 행동을 하지 않는 것.

7. 공정성: 정의. 자신만을 위해 노력하는 것이 아니라, 양쪽 입장을 모두 비교 검토한 뒤 공평하게 행동하는 것.

8. 자기 신뢰: 불변하는 무적의 원칙 위에 서서 오직 자기 자신에게서만 힘과 지지를 구하는 것. 언제라도 빼앗길 수 있는 외부적 요소에 의존하지 않는 것.

　이 여덟 가지 기둥 위에 세워진 삶이 어떻게 성공하지 않을 수 있겠는가? 그 어떤 신체적·지적 힘도 이 여덟 가지 기둥의 힘에는 비할 바가 아니다. 여덟 가지 기둥을 모두 완벽하게 세운 사람은 무적이 될 것이다. 그러나 인간은 여덟 가지 자질 중 하나 또는 몇 가지에만 강하고 다른 자질에는 약할 때가 많다. 이렇게 약한 자질이 무지한 사람을 잘못된 생각으로 이끄는 것이다. 예를 들어 사업에 실패한 사람이 그 원인을 자신의 정직함에서 찾는 것처럼 말이다. 정직함이 실패를 낳는 것은 불가능하다. 실패 원인은 다른 방향, 즉 선하고 필수적인 자질을 소유하고 있다는 점에서 찾을 것이 아니라 결여된 자질에서 찾아야 한다. 게다가 사업 실패 이유가 정직함 때문이라고 말하는 것은 상업의 올곧음에 대한 비방이며, 명예롭게 상거래에 종사하는 수많은 사람을 향한 잘못된 비난이다.

　에너지, 경제성, 체계는 강하게 잘 갖췄지만 나머지 다섯 가지 자질은 상대적으로 약한 사람이 있을 수 있다. 그런 사람은 네 가지 핵심 기둥 중 하나인 올곧음이 부족해 완전한 성공에 다다르지 못하고, 그의 신전은 약한 모서리에서 무너지고 말 것이다. 번영의 신전이 안전하게 서 있으려면 처음 네 개 기둥이 반드시 잘 세워져야 하기 때문이다. 처음 네 개 기둥은 인간의 도덕적 진화에서 가장 먼저 획득해야 할 자질이며, 이것들이 없으면 그다음 네 개 기둥을 가질 수 없다. 다시 말하지만, 처음 세 개 기둥은 튼튼하더라도 네 번째 기둥이 약하면 질서의 부재가 일에 혼란과 재앙을 가져올 수 있다. 이는 처음 네 개 기둥이 어떻게든 부분 조합을 이루어도 마찬가지다.

　처음 네 개 기둥을 따로 뺀 이유는 그다음 네 개 기둥은 무척이나 숭고한 특징이라서 드문 예외를 제외하고는 사람들이 다소 불완전한 형태로 소유할 수밖에 없기 때문이다. 따라서 어떤 상업 분야나 일반적인 여러 직업 중 하나에서 지속적으로 성공하고 싶은 사람은 실천을 통해 처음 네 가지 도덕적 기둥을 자신의 성격으로 만들어야 한다. 그리고 이 고정된 원칙에 따라 자신의 생각과 행동, 일을 통제할 필요가 있다. 모든 문제를 원칙을 참고해 다루고, 모든 세부 사항을 원칙에 맞추어야 한다. 무엇보다 어떤 상황에서도 개인적으로 이익을 얻거나 개인적인 문제를 해결하려고 원칙을 버려선 안 된다. 원칙을 버리면 사람을 허물어뜨리는 악의 요소에 취약해지고, 타인의 비난에 쉽게 무너지기 때문이다. 이 네 가지 원칙을 따르는 사람은 자기 일에서 완전한 성공을 거둘 수 있고, 번영의 신전이 튼튼히 세워져 잘 지탱하면서 굳게 서 있을 것이다. 이 네 가지 원칙에 통달하겠다는 목적을 품고 이를 기꺼이 연구하는 사람은 그 원칙들을 완벽하게 실천할 수 있다. 이 원칙들은 어린아이도 의미를 파악할 수 있을 만큼 쉽고 단순할 뿐더러, 완벽하게 실천하는 데 특별한 수준의 자기희생이 필요한 것도 아니기 때문이다. 물론 행동의 세계에서 성공하려면 반드시 약간의 자기 부인self-denial과 개인적인 절제력이 필요하긴 하지만 말이다.

처음 네 개 기둥 이외에 나머지 네 개 기둥은 좀 더 심오한 본질을 가진 원칙이라서 이해하고 실천하기가 더욱 어렵다. 또한 가장 높은 수준의 자기희생과 겸양이 요구된다. 이 원칙들을 완벽하게 실천하려면 욕망이나 편견 등 개인적 요소에 초연해져야 하는데, 현재 여기에 도달한 사람은 거의 없다. 다만 이를 눈에 띄게 달성한 소수의 사람은 자신의 힘을 크게 확대하면서 삶을 풍요롭게 살아갈 것이다. 또한 매력적이고 보기 드문 아름다움으로 번영의 신전을 장식해 세상을 떠난 후에도 오랫동안 그 신전을 보는 모든 이들을 기쁘게 하고 고양할 것이다.

이 책의 가르침에 따라 번영의 신전을 짓기 시작하는 사람은 신전을 세우기까지 어느 정도 시간이 걸린다는 사실을 명심해야 한다. 벽돌 위에 벽돌을 쌓고 돌 위에 돌을 올려 끈기 있게 건물을 지어야 하며, 기둥을 단단히 고정하고 굳혀야 한다. 전체를 완성하려면 노동과 정성이 필요하다는 점을 잊지 말아야 한다. 내면에 정신적 신전을 세우는 일은 눈에 보이지 않고 소리도 없지만 실제적이고 중요하다. "7년 동안 세운" 솔로몬의 신전처럼 정신적 신전을 세울 때도 이렇게 말할 수 있을 것이다. "세우는 동안 집 안에서 망치나 도끼, 어떤 쇠 연장 소리도 들리지 않았다."

여러분에게 말하노니, 그대의 인격을 세우고 삶의 집을 짓고 번영의 신전을 건축하라. 이기적 욕망의 불확실한 흐름에 따라 흥하고 망하는 어리석은 자가 되지 말고, 일하면서 평화를 찾고 완전함으로 노력을 장식하는 사람이 되어라. 그리하여 불변하고 튼튼한 토대 위, 영원히 지속되는 진리의 원리 위에 확신을 갖고 신전을 세우는 한 명의 지혜로운 사람이 되어라.

18

인간과 체제

인류의 삶에서, 제도에서, 그리고 선과 악으로 불리는 것에서
사람들이 행위가 결합된 결과는 명백히 드러나며, 전화는 모든 것에서
모든 것을 통해 모든 것에 대해 영원히 승리한다.

서문

끊임없는 변화와 불안, 삶의 고통은 행복과 마음의 평화를 유지하고자할 때 기댈 수 있는 확실한 근거를 찾아낼 필요성을 만든다. 과학, 철학, 종교가 이 영원한 근거를 찾는 데 많은 노력을 기울인다. 물질적 측면이든, 영적 측면이든 우주에 관한 모든 해석은 삶의 성쇠와 모순을 조화시키기위해 통일된 원리 또는 원칙을 공식화하려는 수많은 시도라고 할 수 있다.

사람들은 수학이 유일하게 정확한 과학이라고 말한다. 단 한 번의 예외도 없이 영원히 참을 내는 유일한 과학이라는 것이다. 그러나 수학이 육체와 같다면 윤리는 정신과 같다. 모든 수학적 문제는 그것에 상응하는 윤리적 문제가 있으며, 윤리 정신은 수학 형식만큼이나 변함없이 정확하다.

모든 자연과학은 그 근본이 수학적이라는 사실이 밝혀지고 있다. 심지어세간에서 수학과는 거리가 멀다고 여겼던 음악도 이제는 엄밀히 수학적이라는 사실이 드러났다. 화성에 대한 과학은 상대적 비율이 절대 변하지 않는 특정한 고정 음들을 밝혀냈고, 이 음들은 모두 수적으로 협화음이 될 수있다. 이들 음은 그것을 나타내는 숫자와 마찬가지로 영원히 고정되어 있으며, 그 조합 역시 숫자의 조합처럼 무한하지만 정해진 조합은 항상 동일한 결과를 만들어낸다.

만물에서 수학적 기초는 과학이라는 신전의 쐐기돌이다. 과학이 완성되면 만물은 수학적 법칙에 엄격히 부합한다는 사실이 밝혀질 것이다.

종교에서도 똑같은 수학적 확실성이 '만세의 반석'은 물론, 성인과 현자들이 삶의 압박이나 혼란으로부터 안식을 찾았던 '큰 평화'를 이룬다.

현재 인간의 삶과 진화는 근본 지식 또는 신성한 지식을 완전히 이해하고 숙달하기 위한 준비 단계를 배우는 과정에 있다. 정확하고 불변하는 수학적 기초가 없다면 어떤 가르침도 배울 수 없다. 인간이 신이나 인생의가르침을 배운다고 말할 때는 두 가지를 추론할 수 있다. ①학습자가 무지한 상태다. ②학습자가 배워야 할 어떤 확실한 지식이 있다. 이것은 학교에 다니는 어린이에게서 명백히 볼 수 있다. 학교 수업은 진보하는 지식에 불변하는 원칙이 있음을 의미한다. 그러한 지식이 없다면 어떤 수업도 존재할 수 없다.

따라서 우리가 죄 지은 자를 보고 인생의 교훈을 배운다고 말하면 이는 의식적으로든, 무의식적으로든 모든 사람이 얻으려고 하는 영원한 지식의 기초가 존재할 것이라고 추정한다는 뜻이다.

모든 인류가 결국 습득하게 될 지식, 기본 원리는 신성한 정의라는 말로 가장 잘 표현된다. 인간에 대한 정의는 자신의 빛과 어둠에 따라 사람마다 다르지만, 우주를 영원히 유지하는 신성한 정의는 결코 변할 수 없다. 신성한 정의는 영적인 수학이다. 숫자와 물질은 단순하든 복잡하든 늘 옳고, 불변하는 결과가 존재하며, 아무리 무지해도, 또 치밀하게 조작해도 다른 답이 있을 수 없다. 마찬가지로 생각이나 행동의 모든 결합도 선하든 악하든 일정하고 필연적인 결과가 있다.

만약 원인 없는 결과, 즉 행동과 무관한 결과를 얻을 수 있다면 인간의 경험은 결코 지식으로 이어지지 않고, 안심할 수 있는 기초도 없으며, 가르침을 얻을 수도 없을 것이다.

이렇듯 모든 결과에는 원인이 있고, 원인과 결과는 불의가 끼어들 틈이 없을 정도로 밀접한 관계를 맺고 있다. 그럼에도 인간은 무지하며 무지 때문에 인생의 가르침을 잘못 행한다. 인생의 수학 문제를 잘못 푸는 것이 과실 또는 죄이고, 이것이 인간이 겪는 고통의 근원이다. 학교에서 아이들이 수학 문제를 제대로 못 풀어서 울 때가 얼마나 많은가? 행동의 계산이 행복이 아닌 고통의 형태로 답을 내놓았을 때 인생이라는 학교에서 나이를 먹은 아이들도 마찬가지다.

삶의 온갖 사건 속에서 우리가 안전하게 쉴 수 있는 확실한 근거는 도덕법칙의 수학적 정확성이다. 우주의 도덕적 질서는 불균형하지 않고, 불균형할 수도 없다. 불균형하다면 우주는 산산조각 날 것이기 때문이다. 벽돌집도 일정한 기하학적 비율에 따라 짓지 않으면 멀쩡히 서 있지 못하는데, 하물며 형태와 작동이 무한히 복잡하고 광활한 우주가 정확하고 오류 없는 정의의 인도 없이 어떻게 세월의 흐름에도 변치 않는 위엄을 가지면서 계속 작동할 수 있겠는가?

인간이 알고 있는 모든 물리 법칙은 그 작동 방식이 결코 변하지 않는다. 동일한 원인이 주어지면 늘 동일한 결과가 나온다. 인간이 알고 있는 모든 영적 법칙도 그 작동 방식에 물리 법칙과 똑같은 무과실성을 가지고 있으며, 또 가져야만 한다. 어떤 삶의 상황에서 똑같은 생각이나 행동을 하면 늘 똑같은 결과가 나올 것이다. 이렇게 기본적인 윤리의 정의가 없다면 인간 사회는 존재할 수 없다. 개인 행위에 대한 정당한 반응이 사회가 무너지는 것을 막기 때문이다.

따라서 행복과 고통의 분배 같은 삶의 불공평함은 흠 없이 정확한 방식에 의해 작동하는 도덕적 힘의 결과다. 이 완벽한 법칙은 인생에서 하나의 위대한 기본적인 확실성이며, 이 법칙을 발견하는 것은 인간의 완전성을 보장해 그를 지혜로운 사람, 깨우친 사람으로 만들고 그를 기쁨과 평화로 가득 채운다.

자신의 의식에서 이런 확실성에 대한 믿음을 저버리면 그는 방향타도, 태양도, 나침반도 없이 스스로 만든 우연의 바다에 표류하게 된다. 그에게는 인격이나 삶을 구축할 기반도, 고귀한 행위를 할 동기도, 도덕적 행동을 할 중심도 없을뿐더러 평화의 섬도, 피난할 항구도 없다. 마음이 완전하고 죄를 범하지 않으며 '어떤 변덕스러움도, 변화의 그림자도 없는' 위대한 사람과 비슷한 신에 대한 가장 단순한 생각조차도 신성한 정의라는 기본 원칙에 관한 믿음을 대중적으로 표현한 것이다.

이 원칙을 따르면 편향이나 변화가 없고 틀림없으며 정확하다. 따라서 인간의 모든 고통은 결과로서 옳으며, 무지에서 비롯된 잘못이 그 원인이다. 다만, 고통은 결과이기에 사라질 것이다. 인간은 자신이 하지 않은 일로 고통받을 수 없다. 그것은 원인 없는 결과이기 때문이다.

인간은 자기 자신을 통해 스스로 고통을 겪는다. 결과가 있는 곳에 원인이 있다. 그리고 그곳은 밖이 아닌 내면에 자리한다. 오늘 거두는 결과는 과거에 뿌린 원인이다. 오늘 선한 사람이 과거에 행한 악한 행동의 결과를 거둘 수 있고, 오늘 악한 사람이 과거에 행한 선한 행동의 결과를 거둘 수도 있다. 이 신성한 원리는 선한 사람이 고통과 실패를 겪고, 악한 사람이 즐기고 번영하는 경우에 대해 빛을 던져준다. 현재의 상황은 결코 원인 없이 존재하는 것이 아니다. 현 상황 뒤에 원인과 결과의 긴 행렬이 있고 미래에도 또 다른 행렬이 뒤따를 것이다. 풍경 속에서 대상을 볼 때는 원근법을 사용해야 하며 사건을 볼 때도 마찬가지다.

신성한 정의의 원칙은 신성한 법칙과 별개의 것이 아니다. 둘은 동일하다. 일부 사람은 정의와 사랑을 분리하고 심지어 대립하는 것으로 여기지만, 신성한 삶에서 둘은 하나로 섞여 있다.

옳음을 초월할 수 있는 것은 아무것도 없다. 계속해서 무지와 잘못을 경험하고 '고통을 통해 완전해지는' 것보다 더 사랑스러워질 수 있는 방법은 없다. 결코 변하지 않고 틀리지 않으며 단 하나의 행위도 그냥 지나치지 않는 이 신성한 사랑 안에서 우리는 확실한 구원의 반석을 갖는다. 바뀌고 변화하는 것은 발판이 될 수 없기 때문이다. 영원한 평화와 안전은 오직 변하지 않는 것, 영원히 참된 것에만 있다. 이 신성한 원리에 기대어 모든 악을 버리고 선에 집착할 때 우리는 모든 삶의 변화를 굳건히 견뎌낼 수 있는 확신의 근거를 인지하고 깨닫는다. 만세의 반석과 성인들의 피난처를 발견한다.

—제임스 앨런

영국 일프렉콤 브린골루에서

상관관계와 결합된 결과

　　오늘날 '체제'로 명명된 인간 활동 방식과 관련해 광범위한 반발이 일어나고 있다. 체제는 보통 인간 자체와 구별되는 것, 그러나 인간을 감독·통제·지배하는 어떤 것이라고 일컬어진다. 따라서 체제에 반발하는 무리의 지도자들은 '상업 체제', '사회 체제', '경쟁 체제', '정치 체제' 등을 언급하면서 특정 체제가 빈곤과 부도덕 등 광범위하게 퍼진 특정 악에 원인을 제공했고 책임이 있다는 듯이 말한다. 마치 '체제'가 순수한 인류를 노예로 만들어 짓밟는 무형의 거대한 독재자인 것처럼 말이다.

　　그러나 이렇게 자의적이고 외적인 형태의 체제는 망상일 뿐 존재하지 않는다. 인간의 체제는 인간의 욕망과 필요로부터 분리될 수 없으며, 실제로 욕망과 필요의 가시적 결과물이다. 체제는 공동체가 합의한 행동 방식으로, 대다수 사람이 어떤 일을 이렇게 저렇게 처리해야 한다고 암묵적으로 합의한 결과다. 한마디로 체제는 사람들이 행동하기로 동의한 방식이다. 따라서 사람들이 행동하면 체제가 나타나고, 사람들이 행동을 멈추면 체제도 사라진다.

행동에 관한 합의는 체제에 대해 어떤 사람이 취하는 찬성이나 반대 같은 태도와는 아무런 관계가 없으며 그 태도로부터 영향을 받지도 않는다. 다만 행동에 좌우될 뿐이다. 입으로는 어떤 체제를 격렬하게 비난하면서도 계속 그 체제에 따라 행동하고 매일의 삶에서 그것을 따른다면 마음속으로는 체제에 동의한다는 사실을 보여주는 셈이다. 우리는 종교가 크게 비난하는 죄를 계속해서 저지르는 인간의 종교적 위선을 알고 있다. 이는 표면적으로나 이론적으로는 반대하지만, 실제로는 비난하는 죄에 근본적으로 동의하는 셈이다. 그리고 이러한 형태의 무의식적 불일치는 종교에만 국한되지 않으며, 모든 도덕적 활동에서 뚜렷이 나타난다. 이론적으로는 가능할지 모르겠지만, 어쨌든 '기존 체제'의 개혁을 주된 목표로 하는 활동에서는 이런 불일치가 특히 명확하게 드러난다. 가끔 현재의 자본주의 체제를 가난한 자들의 노동력에 기대어 일부 사람이 부자가 되는 체제라고 비난하는 사회주의자를 만나곤 한다. 그들에게 그럼 당신은 왜 배당금, 즉 다른 이들이 행한 노동의 결실로 살아가면서 스스로가 악이라고 비난하는 것을 매일 전파하느냐고 물으면 거의 항상 "내가 아니라 체제를 비난해야 한다"는 대답이 돌아온다. 이 대답은 그들이 스스로를 자기 자신이나 자신의 행동과는 별개로 외부에 존재하는 압제적인 무언가, 즉 그들이 '체제'라고 부르는 것의 무력한 희생자로 여긴다는 점을 보여준다. 그러나 조금만 생각해보면 그들이 '체제'라고 비난하는 문제는 바로 자신이 하면 선하다고 여기는 특정 행동을 타인이 하면 악하다고 간주하는 것임을 알 수 있다.

이런 사람은 다른 이들과 똑같이 행동함으로써 자신이 비난하는 '체제'에 동의하고, 악으로 간주하는 '체제'의 종범이 된다. 그들 자신이 곧 체제로, 임금을 받는 순한 양들을 죽이는 자를 격렬히 비난하지만 그 역시 "네가 그 사람이다!"라는 비난을 받을 것이다.

체제는 인간의 행동 방식이며, 그것이 지속될지 여부는 계속 동일한 방식으로 행동하겠다는 사람들의 암묵적 합의에 달려 있다. 이러한 합의는 특정 체제를 계속 시행하는 사람들이 그 장점뿐 아니라 단점도 받아들일 수 있어야 한다는 것을 의미한다. 이득을 얻기 위한 투쟁에는 항상 그에 상응하는 불이익이 따르는 만큼 인간의 이익을 위한 싸움에도 늘 승리와 패배가 존재한다.

이러한 관점에서 볼 때 지금 대유행 중인 '체제의 무고한 희생자'라는 표현은 얄팍하고 기만적으로 느껴진다. 모든 사람이 엄격히 따르거나 정신적으로 고수하는 체제에서 무고한 희생자는 없다. 유죄가 있다면 모두가 유죄다. 그리고 무죄는 피상적이고 표면적일 뿐, 근본적이고 실제적인 것이 아니다. 오랜 투쟁 과정과 시간을 통해 진화해온 체제에는 무죄도, 유죄도 없다. 그저 한편에는 승리와 행복이, 다른 한편에는 패배와 불행이 있을 뿐이다. 패배자라고 무죄인 것도, 승리자라고 유죄인 것도 아니다. 사회생활에서 승자와 패자는 전투나 경주에서 승리와 패배가 있는 것처럼 인간 행동에 따른 정당한 결과이기 때문이다.

이를 더 명확히 이해하기 위해 간단한 예를 들어보자. 여기 특정 형태의 도박에 참여하기로 상호 동의한 열 사람이 있다. 참여자 각자의 목표는 승리해 재산을 늘리는 것이고, 모두 패배할 가능성이 있다는 사실을 안다. 또한 일부 참여자가 반드시 패배하는 것이 이 게임의 불가피한 위험이라는 점도 알고 있다. 그들은 판돈을 걸고 행동을 시작하자마자 '도박 체제'라는 것을 만든다. 이 체제의 이익과 불이익은 곧 분명해진다. 참여자들은 도박에서 승리해 부자가 되었다가 다시 패배해 가난해지는 등 총재산이 끊임없이 변한다. 하지만 결국 누군가는 전 재산을 잃고 패배한 채 물러나야 하는 반면, 다른 사람은 패자의 몫까지 획득해 부자가 된다.

여기에서 우리는 승자에게 패자를 착취하고 짓밟은 죄가 있다고 비난할 수 없고, 패자가 도박 체제의 무고한 희생자라고 말할 수도 없다. 도박에 참여한 열 사람의 정신적 태도와 행동에는 무죄도 유죄도 없으나, 게임 방식과 그에 따른 불가피한 결과, 즉 한쪽은 이득을 얻지만 다른 한쪽은 불이

익의 고통을 감수해야 한다는 부분에서는 상호 계약이 존재한다.

마찬가지로 사람들이 참여한 여러 체제에는 무고한 희생자도, 모든 책임을 져야 할 압제자도 없다. 물론 희생자는 사람들이 패배자나 한동안 손실을 겪을 이들을 그렇게 부르기로 한다면 존재하겠지만, 그들은 자기 행위의 희생자일 뿐 외부에 있는 지배적이고 강제적인 부정의의 희생자는 아니다. 도박에 참여한 열 명 중 희생된 사람은 아무도 없으며 희생될 수도 없다. 도박 체제 밖에 있는 사람들, 즉 자신의 행위로 도박을 조장하거나 전파하지 않은 사람은 아무런 피해도 입지 않은 채 그대로 남아 있다. 따라서 현재의 상업 체제가 많은 사회 개혁가가 명명한 것처럼 '탐욕의 시스템'이라면 탐욕스러운 사람 외에는 그 누구도 피해를 입을 수 없다.

의심할 여지없이 세상에는 수많은 탐욕이 존재한다. 진화의 현 단계에서 인류는 주로 이기적인 길을 통해 교훈을 얻지만 탐욕은 외부 '체제' 속에는 있을 수 없고 오직 인간의 마음에만 존재한다. 또한 탐욕은 탐욕스러운 자 외에는 누구도 해칠 수 없다. 스스로 탐욕을 제거한 사람의 손에 있는 영리주의는 탐욕에서 자유롭다. 반면 탐욕스러운 자는 자신의 불순함으로 종교를 포함한 모든 것을 더럽힐 것이다.

산업주의는 국가가 가진 에너지와 능력이 발휘된 결과로, 유익하고 고귀하다. 괴로움을 낳는 것은 탐욕이며, 탐욕 때문에 고통받는 유일한 사람은 탐욕스러운 자신뿐이다.

이쯤에서 다음과 같은 흔한 질문이 나올 법하다. "탐욕스러운 기업가에 의해 무고하게 피해를 입은 사람들은 무엇이란 말인가?" 그럼 이렇게 대답하겠다. 그리고 이 대답은 모든 상황과 체제에 적용될 수 있다. 즉 그들은 무고한 것이 아니라 부도덕한 기업인과 똑같은 마음가짐, 즉 노력하지 않고 가능한 한 많은 돈을 벌고 싶다는 욕구를 가지고 있다고 말이다. 기업가가 그들이 가진 탐욕의 결과를 거두는 도구이자 탐욕의 희생양이 되는 것이다.

사회 개혁가들은 '자본주의' 또는 '영리주의'라는 체제를 비난한다. 하지만 그들 자신이 '좋은 투자'를 예의 주시하고 열성적으로 '배당금'을 늘리는 데 열중함으로써 탐욕과 가장 유사한 영리주의의 한 측면, 즉 산업적인 것과 구별되는 투기를 계속하는 한 그들이 '탐욕의 체제'라고 부르는 체제는 유지될 것이다.

타인이 이룬 노동의 결실에서 이득을 취해 살아가려고 하거나, 기회가 생기면 그렇게 할 마음이 있는 사람들이 있다. 이처럼 상응하는 대가를 지불하지 않고 돈을 얻길 바라는 사람은 궁핍과 가난을 한탄하기보다 자신이 따르는 방식의 불가피한 단점으로 그것을 인식하고 받아들여야 하며, 사치와 부는 그 이득이라고 생각해야 한다.

일하지 않고 어느 날 갑자기 부자가 되어 영원히 편안한 삶을 살고 싶다는 희망은 가난한 사람이 가지는 흔한 허상이다. 탐욕이 인간의 마음을 계속 흔드는 한 궁핍과 가난은 이어질 것이다.

인간은 욕망하고 행동하며, 이 행동들이 결합해 소위 '체제'라는 것을 구성한다. 도박에 참여한 열 사람은 손해를 감수하면서 일하지 않고 재산을 늘리기를 바랐고, 그 욕망에 따라 행동했다. 그들의 행동이 결합해 체제를 만들었으며 결과의 조합을 구성했다. 즉 사람들이 소위 세상의 악이라며 원인으로 지목하는 체제는 개인들이 한 행동을 반영한 것으로, 수많은 개인의 상호 행위가 결합된 결과다.

체제는 '부정의'할 수 없다. 인간은 스스로 한 행위에 대해 필연적으로 공정한 결과를 거두기 때문이다. 세상에 만연한 악은 불의가 아닌, 정의를 보여주는 표시다. 빈곤과 결핍은 현재의 사회생활 또는 체제, 즉 사람들이 동의한 행동 방식에 따른 자연스러운 불이익이다. 고통은 있지만 불의는 없다. 도박 참여자 가운데 가난해진 사람들을 두고 승자로부터 부당한 대우를 받았다거나 도박 체제의 무고한 희생자라고 말할 수는 없다. 그들의 운명은 공정했으며, 가난은 스스로의 행동에 따른 필연적 결과다.

최근 사회주의자인 한 지인이 지주와 지주 제도를 다소 격렬하게 비난하길래 내가 물었다. "당신도 지주인데 왜 지주를 비난합니까? 불과 몇 주 전에 이미 소유하고 있는 땅에 더해 또 다른 땅을 사지 않았습니까?" 그러자 그는 대답했다. "내가 문제가 아니라 체제가 문제예요. 현재의 체제가 지속되는 한 그 체제에 맞게 살아야죠. 하지만 체제가 바뀌면 나는 기꺼이 내 땅을 포기할 것입니다."

도박꾼이 도박이라는 '체제'를 나쁘다고 비난하면서도 도박을 계속한다면 우리는 당연히 그가 행동과 인식 측면에서 혼란을 겪고 있다고 말할 것이다. 누군가 사회·정치 혹은 어떤 체제를 비난하면서 계속 그 체제대로 행동한다면 그 역시 혼란을 겪고 있다고 말할 수 있다. 그런 사람은 대부분 마음속으로는 체제를 나쁘다고 생각지 않고 선하며 공정하다고 여기는데, 이는 그가 행동으로써 체제를 계속 전파한다는 사실에서 증명된다.

인간에게 체제는 태양에는 빛, 구름에는 비, 정신에는 생각과 같다. 체제는 사람인 동시에 사람의 행위다. 체제를 사람과 별개라고 간주하는 것은 생각과 원칙을 혼동하는 것이나 마찬가지다. 무지한 행위에 대한 반작용은 틀림없고, 깨달음을 얻은 행위에 대한 보상은 확실하기에 체제의 결과에는 어떤 불의도 있을 수 없다.

나의 경우에는 제도에서 악을 보지 않고 무지와 잘못된 행동에서 악을 본다. 인간은 각자의 방식대로 행동할 자유가 있기에 모든 체제는 적법하다. 도박을 통해 부자가 되거나 가난해지기로 상호 동의한 열 명은 자기 자신 외에 탓할 사람이 없으며, 승자가 자신의 이익에 만족한다면 패자도 똑같이 자신의 손실에 만족해야 한다. 그렇지 않다면 스스로를 되돌아보고 자신의 행위를 고쳐야 한다. 가난은 더 나은 행동 방식을 찾게 만든다는 점에서 좋은 시련이다.

어떤 체제가 나쁘다고 생각한다면 실제로 그 체제대로 행동하지 말고 다른 방향으로 행동을 바꾸어야 한다. 두 사람이 함께 행동하는 즉시 체제가 시작되고, 그들의 행동에 숨어 있던 선과 악이 그 체제를 통해 곧 드러날 것이기 때문이다.

인류의 삶에서, 제도에서, 그리고 선과 악으로 불리는 것에서 사람들의 행위가 결합된 결과는 명백히 드러나며, 정의는 모든 것에서 모든 것을 통해 모든 것에 대해 영원히 승리한다.

일, 임금, 복지

활동은 존재에 불가결한 것이고, 유용성은 존재의 목적이다. 자연은 쓸모없어진 것은 단번에 잘라버린다. 자연의 경제에는 흠이 없으며, 자연은 진보하는 자신의 일터에서 더는 도움이 되지 않는 것들 때문에 짐을 지지 않는다. 또한 편리한 도구를 사용하지 않은 채 방치하거나 빛나는 물건을 녹슬게 두는 경우도 없다. 능력이 있는 곳에는 여지와 기회가 있고, 에너지가 있는 곳에는 그것을 발휘할 적법한 통로가 있으며, 원대한 마음이 있는 곳에는 성취 수단이 바로 가까이에 있다. 밭이 쟁기를, 바다가 배를, 항구가 상품을 기다리듯이 물질적이든, 정신적이든 자연의 모든 부문은 인간이 하는 노동에 협력하고 그의 근면함과 노력에 보상할 준비가 되어 있다. "능력을 펼칠 기회가 없다"는 말은 허영심의 표현이거나 태만에 대한 변명이며, 기지가 부족하다거나 기회를 활용할 능력이 없다는 고백일 수 있다. 능력은 잠시도 사용하지 않고 방치해서는 안 된다. 모든 능력에는 무한한 기회가 있다. 필요한 것은 일할 수 있는 능력뿐이다.

모든 능력 가운데 일할 수 있는 능력은 가장 유용하고 필요하며 영예로운 힘이다. 사람들은 이 사실을 불구가 되거나 병에 걸렸을 때 알게 된다. 갑작스레 건전하고 활기차게 일하지 못하게 되었을 때 다시 한 번 힘차게 머리나 근육을 쓸 수 있다면, 건강한 활동에 원기 왕성하게 힘을 쏟을 수 있다면 무엇인들 하지 않겠는가?

일에는 좋아서 하는 노동과 강제된 노역 두 가지 종류가 있다. 돈을 받으려고 일을 끝내는 것이 유일한 목표인 사람, 돈으로 표시되는 것 외에는 일에 대한 애정도 없고 관심도 없는 사람은 진정한 노동자가 아니라 노예다. 그는 오직 필요에 의해서만 일한다. 그의 모든 관심은 무언가를 하는 것이 아니라 얻는 것에 있다. 열의 없이 마지못해 일하면서 일이 안전하다고 생각되면 점점 더 적게 일하고, 더 많은 임금을 받을 수 있는 방법을 찾아낸 뒤 거기에는 열성적으로 최선을 다한다. "더 적게 일하고 더 많이 받는다"는 표현은 노예들의 표어이지 자주적인 사람에게 어울리는 말이 아니다.

반대로 자기 일에 마음을 집중해 의무를 완벽하게 수행하는 것이 목표인 사람은 진정한 노동자다. 그의 쓸모와 영향력은 누적적이고 점진적이며, 그를 단순한 성공에서 더 큰 성공으로, 노동의 낮은 영역에서 한층 더 높은 영역으로 데려간다. 임금과 보상을 생각하지 않고 열심히 자발적으로 일하는 사람은 자연이 선택한 인물 중 한 명이 되어 이타적인 노동을 통해 더 큰 탁월함과 완전한 보상을 받을 자격을 갖춘다.

완전한 보상은 그것을 탐욕스럽게 추구하는 사람으로부터는 종종 달아나지만, 일할 때 보상을 신경 쓰지 않는 사람에게는 다가간다. 진정한 보상은 결코 보류되는 법이 없으며, 상응하는 대가를 지불하지 않고 보상을 얻으려는 이기적인 욕망을 가진 사람은 실망만 안은 채 기대했던 보상을 얻지 못한다.

노동의 대가는 확실하다. 보편적 경제에서는 누구도 속임을 당하지 않는다. 모든 노력은 그것에 비례하는 결과를 얻기 때문에 정당한 소득을 빼앗기는 법이 없다. 노동은 원인이고 임금은 결과다. 다만 임금은 결과라고 해도 결코 끝이 아니며, 더 크고 원대한 결과와 목적, 즉 인류의 진보와 행복 증진에 필요한 복지를 위한 수단이기도 하다.

　일한 대가로 많은 돈을 받는 것이 임금이 가지는 완전한 의미는 아니다. 임금은 진정한 노동의 대가 가운데 극히 일부에 불과하다. 돈을 받으면 일이 끝났다고 생각하는 사람은 상응하는 대가를 받았음에도 일에서 완전한 만족을 얻지 못한다. 또한 이타적인 의무에 헌신하는 사람에게는 준비된 높은 영역의 지식과 쓸모를 이해하거나 거기에 다다르지 못한다.

　더 높은 사명감을 길러 정신을 고양함으로써 노예 같은 고된 노동의 영역에서 행복한 일의 세계로 넘어갈 때, 그리고 욕심과 흥정, 고역과 굴욕을 뒤로한 채 동료들 사이에서 자신의 자리를 받아들여 인류의 유쾌한 협력자가 되고 만물의 경제에서 행복하며 자발적인 도구가 될 때 바로 그때가 한 사람의 인생에서 뚜렷한 진보를 이루는 날이다.

　그런 사람은 다음처럼 일곱 배로 완전한 임금을 받는다.

1. 돈

2. 쓸모

3. 탁월함

4. 권력

5. 독립성

6. 명예

7. 행복

　먼저 일에 상응하는 돈을 전액 받는다. 여기에 더해 세상에 대한 그의 쓸모가 커지고 계속 증가한다. 쓸모가 커진다는 것은 노동의 순수한 기쁨 중 하나다. 사용의 주된 보상 가운데 하나가 더 큰 쓸모를 갖는 것이기 때문이다. 노예는 노동의 보상으로 게으름을 탐내지만 노동자는 더 많은 일에서 기쁨을 느낀다.

이렇게 쌓인 쓸모는 뛰어난 기술이라는 보상으로 이어진다. 즉 일의 완성도가 높아지는 것이다. 어떤 문제 또는 언어에 통달하거나 큰 어려움을 극복한 사람은 그것들에 확실히 따라오는 행복을 알게 된다. 비록 나중에서야 자신의 일과 관련된 이런 성공의 완전한 의미를 깨닫게 되더라도 말이다.

탁월함은 결국 권력과 지식, 숙달됨이 합쳐지는 지점에 도달한다. 무슨 일이든 자신의 일에 헌신하는 사람은 마침내 그 일의 대가가 된다. 그는 자신이 올라온 길의 낮은 단계를 걷고 있는 사람들 사이에서 스승이자 안내자, 지도자로 자리한다. 사람들은 그에게 그가 연습과 경험을 통해 얻은 지식을 구한다. 그는 인류를 이끌고 인류를 위해 일하는 사람들 사이에서 신뢰받으며 타당한 자리를 차지한다. 권력은 고되고 긴 노동의 결과로 얻는 보상의 한 형태다. 즉 노동의 결과를 쌓아올린 사람만이 얻는 것으로, 말하자면 이타적인 고생을 해야 권력을 수확할 수 있다.

권력과 관련된 것이 독립성이다. 진정한 노동자는 동료들 사이에서 유능한 시민으로 한자리를 차지한다. 그의 눈에는 두려움 없는 정직함의 섬광이 있고, 목소리에는 가치 있는 울림이 있으며, 걸음걸이에는 굳은 자립심이 깃들어 있다. 그는 인간 사회라는 벌집에서 비록 수벌은 아니더라도 일하지 않고 무언가를 얻는 것이 인생에서 가장 큰 선이라고 생각하는 게으른 한량과는 눈에 띄게 대조적인 모습을 보인다. 오직 필요에 의해 억지로 싫은 일을 하는 노예는 거지 신세를 면치 못하고 창피를 당하며 멸시와 외면을 받지만, 진정한 노동자는 자립과 명예를 얻고 존경과 추앙을 받는다.

명예는 더 높은 형태의 보상 중 하나로, 자기 일에 활기차고 충실한 사람에게는 구하지 않아도 어김없이 찾아온다. 명예는 늦게 올 수도 있고 종종 늦게 오기도 하지만, 반드시 오고 항상 적절한 때 온다. 돈이 보수의 첫 번째이자 가장 작은 항목인 데 비해, 명예는 마지막에 오지만 가장 큰 항목

중 하나다. 명예가 클수록 그것을 얻기 위한 노동의 과정은 더 길고 힘들다. 쓰임의 척도에 따라 명예도 단계가 있으며, 가장 위대한 사람이 가장 큰 명예를 얻는다.

충분한 보상을 받는 사람은 충만한 행복을 얻는다. 게으름을 피우고 억지로 일하면 불행이라는 동전으로 보수를 지급받는 것처럼, 진정한 노동은 반드시 행복을 가져다주기 때문이다. 고요한 양심, 만족스러운 마음, 평온한 정신, 자신의 능력 등을 완전하고 충실하게 발휘함으로써 인류의 행복을 증진하고 인류의 진보에 도움을 주었다는 의식, 즉 복지와 관련된 의식은 행복의 완성에서 나온다.

먼저 일을 해야 그다음에 보수가 따라온다. 하지만 복지는 ㄱ 일이 진정한 일일 때, 일 자체를 사랑할 때, 일의 대가로 받은 돈을 어리석음과 방종에 낭비하지 않고 더 많은 일과 더 나은 성취를 위해 사용할 때만 뒤따른다. 단지 돈을 벌려고 일하는 사람일지라도 그 돈을 신중하게 쓴다면 그 가치만큼의 복지를 이끌어내고, 산업 발전에도 조금이나마 도움이 될 수 있다. 반면 임금을 어리석게 사용하는 사람은 그 돈을 불행의 도구로 만들고, 자신을 생명의 나무에서 쓸모없는 죽은 가지로 전락시킬 수 있다.

만물의 법칙은 모든 사람을 그가 내놓은 것에 상응하는 보상을 받도록 이끈다. 게으름을 피우면 무기력함과 죽음을 받고, 마지못해 일하면 겨우 맞춰진 보수를 받으며, 충실하고 후한 노동력을 제공하면 축복이 충만한 인생에서 관대한 대가를 받는다.

여기서 이렇게 물을지도 모르겠다. "하지만 힘들게 일하는 대다수 사람은 어떤가? 당신이 주장하는 바는 일부 특혜를 받는 사람에게는 사실이지만, 긴 시간 동안 고되게 순전히 기계적인 노동만 하는 제분소와 공장 노동자에게는 어떻게 적용할 수 있겠는가?"

지금까지 이야기는 그들에게도 똑같이 적용된다. 특혜를 받는 개인은 없다. 지금 높은 자리에 있는 사람도 낮은 곳에 서 있던 때가 있었다. 제분소

노동자가 자신의 일에 이기적이고 의무에 충실하지 않으며 양심적이지 않아야 할 이유는 없다. 또한 그가 자신의 재정적·육체적·정신적 자원을 제대로 활용해 돈을 가정과 주변 환경을 개선하는 데 쓰고, 저녁과 여가 시간을 지적·도덕적 능력을 높이는 문화 활동에 써야 하는 이유는 충분하다. 이를 통해 그는 쓰임과 권력의 더 높은 영역에 들어갈 때를 대비해 스스로를 준비할 것이다. 그가 복잡한 문제를 다루고 무거운 책임을 감당할 수 있을 만큼 충분히 준비되고 강해졌을 때 쓰임과 권력의 더 높은 영역이 다가온다. 그리고 준비 과정 자체가 끊임없이 늘어나는 지식과 힘, 행복이 된다.

일, 임금, 복지는 인류 진화에 중요한 세 가지 요소다. 미래의 정치와 경제는 지금은 비록 무시당하지만 여전히 개인과 국가의 복지에 가장 강력한 요소인 정신적·영적 임금을 더 많이 고려하게 될 것이다.

번영과 행복은 물질적 자원에 국한되지 않는다는 사실, 국민의 정신적·영적 재료에도 무한한 생활 자원의 광산이 있고 충분히 발전된 교육 방법을 도구 삼아 이를 활용하면 번영과 평화라는 풍부한 수확물을 거둘 수 있다는 사실, 그리고 물질적 성공뿐 아니라 모든 고귀하고 숭고한 성공에 이르는 가장 확실하고 빠른 길은 부지런히 인격을 배양하는 데 있다는 사실을 깨닫고 이를 현명하게 활용하는 국가에 번영과 행복이 있을 것이다.

신성한 법칙으로서 적자생존

        한때 자연과 정신은 적대적 관계로 여겨졌다. 오늘날에도 대다수 사람이 이 둘을 서로 반대되는 개념으로 간주하는데, 우주에 대한 더욱 완전한 지식은 자연과 정신이 하나의 영원한 진리가 가지는 두 가지 측면이라는 장엄한 사실을 드러낸다.

  자연은 눈에 보이는 유형의 정신이다. 보이는 것은 보이지 않는 것의 형상이자 문자다. 우리는 실재를 찾아 길도 없는 성찰의 사막을 헤매지만 실재는 언제나 우리 앞에 서 있다. 그 피곤하고 헛된 방황을 끝내고 진리로 돌아간다는 것은 단순하고 명백한 것으로 돌아간다는 뜻이다. 눈을 감고 나갔다면 눈을 떠서 돌아온다. 무지와 이기주의에서 벗어나 깨끗해진 시야로 자연을 바라보면 부정한 것이 맑아지고, 필멸자가 불멸자가 되며, 자연적인 것이 영적인 것으로 보인다.

  이에 물리학자는 자연 법칙을 밝힐 때 자신이 인식했든, 안 했든 영적인 법칙도 동시에 알려준다. 온 우주는 영적이며 모든 물리 법칙은 도덕적 원리의 문자다. 우주의 도덕적 본질을 이해하면 종종 반대되는 것으로 여겨지던 물질과 정신에 대한 모든 논쟁이 끝난다. 그리고 흔히 경멸의 투로 '유

물론자'로 불리는 물리적 영역의 근면한 노동자는 계시자revealer이자 정신적 영역의 일꾼으로 여겨진다. 이는 앞에서 지적한 것처럼 물질과 정신은 우주의 두 가지 측면이지만 완전한 하나의 원을 이루는 두 호에 불과하기 때문이다.

찰스 다윈이 '적자생존'의 법칙을 발표했을 때 그는 자연에서 신성한 정의가 작동하고 있음을 밝혀냈다. 다윈의 발표가 불러일으킨 종교인들의 거의 보편적인 편견과 열렬한 반대는 사실 법칙 자체가 아니라, 적자생존의 법칙에 대한 완전한 오해에서 비롯된 것이었다. 오늘날 이러한 반대는 거의 사라졌지만, 여전히 이 법칙을 '무자비한 법칙'이라고 부르면서 그것에 대한 믿음이 동정심과 사랑을 파괴하는 경향이 있다고 비난하는 사람들이 있다.

이렇게 비난하는 사람들은 적자생존의 법칙을 '가장 무자비한 자가 생존하는 것' 또는 '가장 강한 자가 생존하는 것'이라고 생각하는데, 바로 여기서 오해가 생긴다. '적자생존'이라는 정확한 용어를 놓쳐서는 안 된다. 적자는 결코 가장 무자비한 자가 아니며, 가장 강한 경우도 드물기 때문이다. 가장 강하고 무자비한 생물은 이미 사라진 지 오래고, 그 자리를 약하지만 더 똑똑한 생물과 존재가 차지했다. 무수히 많은 곤충과 다양한 곳에서 그들을 괴롭히는 여러 강력한 적을 떠올려보라. 이 놀랍고도 아름다운 생물은 적이 가진 힘이나 무자비함보다 더 크고 뛰어나며 생존에 적합한 지능을 가진 덕분에 계속 번성하고 있다. 최고가 살아남는 것이 아니라, 적자가 살아남는다는 것은 어떤 의미인가? 계속 진보하는 세상에서는 각 시대의 최선이 최악보다 우선해야 하고 악한 것보다 선한 것이, 부적합한 것보다 적합한 것이 우위에 있어야 한다. 이것이 진보의 진정한 의미다. 우리는 진보하면 흔히 열등하고 발전 선상에서 뒤떨어진 어떤 것보다 앞서는 우월한 것, 시대와 상황에 더 적합한 것을 떠올린다. 이러한 진보, 발전, 적자생존에 대한 개념은 도덕적 원칙, 신성한 법칙으로도 이해할 수 있다.

적자생존의 개념에 반대하는 사람들은 암묵적으로 가장 이기적인 개체가 곧 살아남는 적자라고 생각한다. 그 결과 이 개념이 무정하다고 비난하면서 다윈이 이기심을 최고 가치로 만들었다고 힐난한다. 그러나 잘못 생각한 것은 그들이지, 다윈이나 법칙은 아무런 잘못이 없다. 그들은 편견에 사로잡혀 다윈이 밝힌 법칙의 의미를 거짓된 쟁점으로 왜곡하고 공격한다. 그들의 오류는 생존에 가장 적합한 적자가 가장 이기적인 개체라고 가정하는 것이다. 하지만 사실 가장 이기적인 개체는 최선이 아니라 최악의 표본이다. 이기적인 개체보다 비이기적인 개체가 생존에 더 적합하다는 점을 깨달으면 적자생존의 법칙은 그것에 반박하는 사람들의 주장과는 정반대 측면을 가정한다는 사실을 알 수 있다. 그리고 그 안에 가장 심오한 도덕적 원칙, 즉 정의와 사랑의 원칙이 포함되어 있음을 인식하게 된다.

살아남은 것이 곧 적자라면 법과 질서가 지배하는 이 우주에서는 무엇이 적자일까? 적자가 종 가운데 가장 진화한 개체라는 사실은 분명하다. 가장 강하지도, 가장 잔인하지도, 가장 이기적이지도 않고 심지어 신체적으로 가장 우수하지 않더라도 진화의 질서에 적절히 부합하는 개체가 가장 진화한 종이다.

한 시대의 적자가 다른 시대에도 적자는 아니다. 난폭한 힘이 지배하는 시대가 있었지만 그때는 더 고차원적인 것이 진화하지 않았다. 그러나 아주 먼 옛날 거대한 짐승들이 세상을 지배하던 1,000만 년 전에는 무언가 고차원적인 것이 진화하고 있었다. 그 거대한 짐승들도 새끼를 사랑하고 보호함으로써 이미 지성과 이타적인 사랑이 뚜렷이 나타나기 시작했던 것이다. 짐승이든 사람이든 가장 이타적으로 새끼를 보호하는 개체는 지켜지는 반면, 새끼에게 소홀한 개체는 빠르게 사라지는 것이 분명하다.

따라서 아주 오래전 난폭한 힘의 시대에 지능을 가진 연약한 아기가 태어나고 이후 여러 투쟁의 시대를 거치면서 서서히, 그러나 확실하게 야만적인 힘과 공포를 극복했을 것이다. 그 결과 오늘날 지능은 승리를 거두었다.

가장 강한 짐승이 육체적으로는 더 약하고 작지만 도덕적으로 완벽하고 뛰어난 존재에게 자리를 내주면서 영원히 사라졌기 때문이다.

이런 법칙이 작용하지 않았다면 인간은 결코 존재할 수 없었을 것이다. 인간은 수백만 년 전 최초의 생명이 지구에 나타났을 때부터 지금까지 이어져온 투쟁, 선택, 진보 과정에서 왕관이자 정점이었다. 즉 인간은 수백만 년, 어쩌면 수백만 시대에 걸친 적자생존 법칙의 산물이지만, 사실 힘으로만 따지면 많은 동물에 비해 훨씬 열등하다. 한마디로 인간은 내면에 있는 지성의 원리로 오늘날 세상을 지배한다. 그러나 인간 내면에서는 지성보다 더 높은 원리, 즉 신성한 사랑이 발전하고 있다. 지성이 야만적인 힘보다 더 높고 강력하듯이, 신성한 사랑은 지성보다 훨씬 높고 강력하다. 나는 모두가 사랑이라고 일컫는 인간의 애정이나 간헐적으로 나타나는 친절한 충동과 구별하기 위해 이를 '신성한 사랑'이라고 부른다. 지성은 이기심을 거들 수 있지만 사랑은 그렇지 않다. 사랑 안에서는 모든 이기심이 삼켜지고, 난폭한 힘이 더는 존재하지 않으며, 이기심과 힘은 둘 다 온화함으로 바뀐다.

신성한 사랑은 이미 세상에서 시작되었다. 우리는 신성한 사랑을 완성해낸 소수의 사람, 즉 자신의 가르침과 삶으로 모범을 보여 오늘날 세상을 다스리는 위대한 영적 스승들에게서 신성한 사랑의 놀라운 작용을 본다. 이기적인 사람은 그들을 신으로 숭배한다. 우리는 영적 스승들을 통해 우리가 사랑의 마음을 고도로 발전시킨 먼 미래에 사랑이 어떤 작용을 할지, 지금 짐승들이 인간의 지성에 복종하고 지배되는 것처럼 이기적인 사람들이 어떻게 사랑에 복종하고 그것에 지배될지에 대한 예언을 본다. 그리고 이 사랑은 위대한 스승뿐 아니라 덜 진화한 사람들에게서도 나타나고 있다. 비록 아직은 다소 초보적 형태이지만, 그럼에도 많은 사람이 온화함과 기쁨을 마음으로 느끼고 있다.

적자생존의 법칙에 반대하는 사람들의 주장은 그 법칙을 실행에 옮기면 약자와 병자는 전멸하고 강자만 보존되어 모든 연민과 사랑, 인간성이 파괴되리라는 것이다. 이 주장은 앞에서 언급했던 오류를 그대로 보여준다. 이는 우스울 만큼 자기 모순적인데, 최고 가치는 연민과 사랑, 인간성이라는 점을 인정하면서도 적자나 최선이 살아남는다면 그 가치들이 사라질 것이라고 단언하기 때문이다. 바로 여기에 모든 문제의 핵심이 있다. 즉 최선이 살아남고, 따라서 이기심과 힘은 동정심, 연민, 사랑을 전복할 수 없다는 점이다. 동정심, 연민, 사랑은 더 높은 특성들이라서 이기심이 영원히 소멸될 때도 살아남을 것이기 때문이다.

인간의 경우만 봐도 생존에 가장 적합한 적자는 이기적이고 잔인한 사람이 아니라 친절, 연민, 정의, 사랑이라는 가장 우수한 특성을 발전시킨 사람, 한마디로 가장 도덕적이고 순수하며 지혜로운 사람이라는 점이 분명하다.

적자생존의 법칙을 '실행'하는 문제에 관해 말하는 것은 그 본질에 대한 무지를 드러내는 꼴이다. 적자생존의 법칙은 독립적으로 작동하며 언제나 작동하고 있고, 모든 인간과 생물은 그 법칙을 따르기 때문이다. 만약 어떤 민족이 그 법칙을 실행하고 있다고 생각하면서 '약하고 병약한 사람들을 죽이는 것' 같은 폭력을 행사한다면 적자생존의 법칙은 작동을 멈추지 않을 것이고, 바로 그 법칙에 의해 그들은 스스로 멸종하고 말 것이다.

인류가 끊임없이 진보하면서 지능과 온화함은 점점 늘어나고 있고, 잔인함은 생존에 적합하지 않게 되어가고 있다. 잔인한 종족은 거의 모두 사라져 지리멸렬한 잔당들만 남았다. 사나운 맹수는 점점 줄고 있으며, 잔인한 사람은 이제 사회의 위협으로 간주되고 있다. 이기적이고 공격적인 사람은 세상에서 점점 더 힘을 잃을 수밖에 없고, 평화와 선의가 확대되는 환경과는 조화를 이루기조차 어렵다. 그 결과 정의와 진실이 승리를 거두고 사랑이 정복한 세상에서는 더는 생존에 적합하지가 않아 마침내 거대한 공룡이 멸종한 것처럼 세상에서 완전히 사라질 것이다.

다윈이 밝힌 이 법칙은 자연에서 정의나 사랑이 작용하는 한 측면이다. 진리의 관점에서 정의와 사랑은 하나로 보이기 때문이다. 모든 위대한 스승은 이 법칙의 영적 측면을 직접적으로 알려줬지만 사람들은 스승이 그들의 가르침에서 이것을 구체화했다는 사실을 간과해왔다. 즉 "온유한 자가 땅을 상속받으리라"는 예수의 가르침은 적자생존에 대한 단순하지만 신성한 말씀이다.

악에 있어 정의

오늘날 우리는 "모든 것이 좋다"라는 주장을 자주 접한다. 포프Pope(알렉산더 포프는 영국 고전주의의 대표 시인 · 1688~1744—편집자 주)는 인간에 대해 쓴 유명한 에세이에서 이렇게 말했다.

존재하는 것은 무엇이든 정당하다.

그리고 거의 모든 사람이 익히 알고 자주 인용하는 브라우닝Browning(로버트 브라우닝은 영국 시인이자 극작가 · 1812~1889—편집자 주)의 시도 있다.

하나님이 하늘에 계시니 세상 모든 것이 옳도다.

이런 표현을 보면 자연스레 다음과 같은 질문들이 떠오른다. 전쟁과 기근은 옳은가? 질병과 가난은 옳은가? 슬픔과 고통은 옳은가? 이는 인생에서 실제로 광범위하게 일어나는 주요한 일들이다. 이것들은 옳은가? 다시 말하지만, 죄와 이기심은 옳은가? 음주와 잔인함은 옳은가? 범죄와 폭력은 옳은가? 바다와 육지에서 일어나는 사고는 옳은가? 수십만 명의 목숨을 앗아간 재앙은 옳은가? 앞서 말한 것처럼 이 일들도 실제로 매일 일어난다. 이것들은 현실이며 널리 고통을 야기한다. 그렇다면 이러한 일들은 과연 옳은가?

화산 폭발, 지진, 홍수, 기근, 전쟁, 다양한 형태의 범죄와 폭력 등 전례 없는 재앙이 발생한 지난 몇 년 동안 많은 사람이 이와 같은 의문을 가졌을 것이다.

이런 것들이 과연 옳은가? 만약 옳다면 인간은 왜 그렇게 간절히 그것들로부터 벗어나고 싶어 하는가? 심지어 "존재하는 것은 무엇이든 정당하다"라는 말을 입버릇처럼 인용하는 사람도 다음 순간에는 특정 '악'을 언급하면서 그것을 없앨 방법에 대해 말하곤 한다.

인간의 행복을 더한다는 의미에서 본다면 이러한 것들은 인간의 불행을 초래하기에 분명 옳지 않다. 이론적으로 악의 존재를 부정하는 사람들조차 실제로는 악을 정복하려고 노력하면서 악을 인정한다.

그럼에도 보편적인 선과 만물의 옳음에 대한 이상적인 말은 모두 사실이다. 모두 상대적인 문제라는 얘기다. 악에 대한 인식과 모든 것이 옳다는 진술은 서로 모순되지 않는다. 인생에서 일어나는 사건들이 인간의 행복과 관련될 때면 어떤 것은 '선'으로, 어떤 것은 '악'으로 인식된다. 하지만 그것이 근본적이고 영원한 정의의 원리와 관련될 때는 만물은 침범할 수 없는 공정함이라는 위대한 법칙과 조화를 이루는 선하고 옳은 것으로 여겨진다.

간단한 예로 육체적 고통을 생각해보자. 인간의 행복을 고려하면 육체적 고통은 악이다. 하지만 생명 자체의 원리, 생명의 보호 및 존속이라는 관점에서 바라보면 육체적 고통은 인간에게 상처와 소멸로부터 생명을 보호하도록 촉구하는 경고이기에 선이다.

육체적 고통과 마찬가지로 슬픔, 후회, 외로움, 슬픔 같은 정신적 고통도 행복을 파괴하기 때문에 악이지만, 무지와 잘못된 행동의 결과로서 사람들에게 지혜와 올바른 행동의 길을 찾도록 촉구하기에 공정하며, 따라서 선이다.

예언자 이사야Isaiah는 이렇게 말했다.

나는 빛을 만들기도 하고 어둠을 만들기도 하며, 평화를 만들기도 하고 악을 만들기도 한다. 나 여호와가 이 모든 일을 행하노라.

이사야는 물리적 우주에서 어둠이 빛에 반대되는 개념으로 제자리를 갖고 있는 것처럼, 악도 선에 반대되는 개념으로 도덕적 우주에서 제자리를 차지하고 있다며 익의 징의를 인정했다.

예언자 아모스Amos도 다음과 같이 똑같은 의미의 말을 했다.

성읍에 악이 있는데 주께서 그것을 행하지 아니하셨느냐?

구약성서에 나오는 히브리 예언자들의 글에는 악의 근원은 불의가 아니라 정의에 있으며, 인간을 덮치는 모든 고통과 재앙은 인간이 도덕 법칙을 위반한 데서 비롯된다는 진리가 가득 담겨 있다. 그들은 이 점에 대해 매우 단호해서 홍수, 폭풍, 지진, 가뭄, 식량 부족 등 순전히 외부 사건으로 인한 고통까지 인간 내면의 불의와 그것에 따른 당연한 귀결이라 보고, 신의 질서에서 이탈한 데 그 원인이 있다고 생각했다.

인간의 마음과 삶에 관한 깊은 지식은 모든 비극은 인간의 격정이 충돌하는 정점이라는 위대한 진리, 즉 표면적으로는 또렷이 보이지 않아서 경솔한 사람에게는 숨겨져 있는 진리를 드러낸다. 폭력적인 격정이 없는 곳에는 비극도, 재난도, 재앙도 있을 수 없다. 우리는 인류가 내면의 조화와 평화를 이룰 때 세상을 황폐화하고 인간을 슬픔과 비탄으로 벌하는 모든 형태의 폭력으로부터 자유로워질 것이다.

마테를링크Maeterlinck(모리스 마테를링크는 벨기에 시인이자 극작가, 수필가로 1911년 노벨 문학상 수상 · 1862~1949 —편집자 주)는 이 진리를 명확하게 인식해 저서 《지혜와 운명Wisdom and Destiny》에서 다음과 같이 말했다.

운명은 한 번 이상 자신을 정복한 영혼 앞에서 당황해 뒷걸음질한다. 이 영혼이 가까이 있을 때 운명이 감히 보내지 못하는 재앙이 있다.

(…) 현자의 존재만으로도 운명을 무력하게 만들기에 충분하다. 진정한 현자가 등장하는 이야기가 거의 존재하지 않는다는 사실에서 그 증거를 찾을 수 있다. 현자의 존재가 운명을 무력하게 만들 수 있다면 유혈 사태와 눈물의 참사에 이르기 전 그 사건은 반드시 멈출 것이다. 현자와 현자가 충돌하는 이야기는 없을뿐더러 현자를 중심으로 전개되는 이야기도 거의 없다. 진정 자아에 대한 지식을 얻기 위해 진지하게 노력해온 사람들 사이에서 어떤 사건이 비극으로 변할 것이라고 생각할 수 있는가? (…) 실로 비극적 시인이 현자를 장면에 등장시키는 일은 잠깐은 그럴 수는 있어도 드물다. 그들은 고매한 영혼을 두려워한다. 사건은 그다지 두렵지 않다는 사실을 알기 때문이다. 진정한 영웅의 고지로 날아오를 영웅이 있다면 무기는 땅에 떨어지고 이야기는 평화로워질 것이다. 즉 깨달음의 평화를 달성할 것이다.

셰익스피어는 거의 모든 유형의 인물을 그렸지만 이야기에 현자를 등장시킨 적은 없다. 현자가 있다면 이야기에 비극은 일어나지 않을 것이기 때문이다. 겉으로 드러난 등장인물들의 폭력은 서로 충돌하는 무질서한 격정이라는 숨겨진 원인이 만들어낸 결과다. 현자는 그러한 무질서한 격정과 충돌을 극복한 사람이다. 조화롭고 고요한 영적 힘을 가진 현자의 존재 앞에서 우리는 격정이 사라져 차분해지고 비극적인 문제가 다가오는 것도 피할 수 있다.

인간의 무지, 그리고 여기에서 비롯된 착각과 잘못된 행동으로부터 모든 악이 나온다는 것은 현자와 예언자의 마음속에 분명하게 드러난 강력한 진리다. 따라서 악은 정당하고 옳다. 다만 정당하고 옳다고 해서 바람직한 것은 아니며, 악이기에 극복해야 한다. 도둑에게 투옥이 정당하고 옳은 것처럼, 악도 인간을 가르치고 궁극적으로 그를 지혜의 발치에 이르게 한다는 점에서는 정당하고 옳다. 육체적 고통이 인간의 생명을 보호하듯이, 정신적 고통은 인간의 마음과 삶을 보호한다.

우주의 도덕적 질서, 즉 신성한 법칙에 대한 인간의 무지에서 비극, 재앙, 재난의 원천인 생각과 격정, 내적 조건이 생겨난다. 시기, 악의, 질투는 분쟁과 다툼을 일으키고 궁극적으로 전쟁을 초래해 수천 명을 죽이거나 불구자로 만들어 수백 가정을 슬픔에 잠기게 한다. 탐욕과 방종, 쾌락에 대한 갈망은 폭식, 나태, 음주를 거쳐 질병, 빈곤, 역병으로 이어진다. 모든 형태의 탐욕과 정욕, 이기심은 인간으로 하여금 기만과 거짓말, 부정직함을 행하게 한다. 그리고 하찮은 계획과 쾌락을 맹목적으로 추구하면서 타인과 싸우게 만들고, 그럼으로써 그들을 박탈감과 상실감, 파멸로 이끈다. 폭력적인 격정이 있는 곳에는 늘 때 이르고 폭력적인 죽음으로 마감되는 폭력적인 삶이 있다.

인간은 자신의 무지, 이기심, 마음의 어둠 때문에 슬픔의 표식이자 재앙의 원인이 된다. 그의 고통은 억류되어 있던 신성한 법칙이 이제 스스로를 주장하고 있다는 표시다. 인생에서 비극적 어둠은 기쁨의 빛이 나오는 똑같은 정의에서 비롯된 결과다. 모든 자살과 파멸, 비애, 심지어 사고까지 사물의 도덕적 구조 속에 있는 궁극의 원인을 추적해 올라가 보면 그 일들의 공정성에는 아무런 흠이 없을 것이다.

개인에게 적용되는 법칙이 국가에도 동일하게 적용된다. 필연적으로 광범위한 이기주의는 광범위한 재앙으로 이어지고, 국가적 타락은 전체의 재앙과 국가적 재난, 파멸로 이어진다.

빈곤, 질병, 기근뿐 아니라 지진, 화산 폭발, 홍수 같은 외부 사건도 그 근본 원인은 인간의 도덕적 삶과 밀접하게 관련되어 있다. 외부 사건에 도덕적 원인이 있다는 사실은 폭력적인 사람이 어리석음과 무모함으로 스스로에게 치명적인 사고를 초래하는 경우에서 분명하게 알 수 있다.

인간의 몸은 화학적으로, 또한 중력에 의해 지구의 일부이며, 마음은 영적으로나 윤리적으로나 우주의 도덕적 질서에 속하는 일부다. 인간의 삶과 존재는 사물의 본질 및 구조와 서로 얽혀 있고 그것과 분리할 수 없다. 도덕적 실체이자, 따라서 합리적 행위자로서 인간은 신성한 법칙에 맞서는 대신, 그것을 발견하고 조화를 이룰 수 있는 능력을 지니고 있다.

무모한 기수나 맹인이 벽에 부딪히면 다치듯이 인간의 모든 고통, 괴로움, 재난, 불행은 지각을 갖고 달려가든, 맹목적으로 달려가든 도덕 법칙에 부딪쳐서 생기는 충격이다. 이렇게 생긴 슬픔은 성난 신의 자의적인 심판이나 벌도 아니며, 화상의 고통이 불을 너무 가까이한 결과인 것처럼 원인과 결과의 문제일 뿐이다.

오늘날 사회적 · 정치적 · 신학적 갈등은 물론 전쟁, 기근, 홍수, 범죄, 화재, 화산, 지진 같은 재앙이 도처에서 일어나고 있다. 이럴 때 국가적 문제와 지역적 재앙에 대한 진리의 불길로 타오르는 히브리 예언자들의 연구로 돌아간다면 과학적인 깨달음을 얻을 뿐 아니라, 우주의 아름다움과 질서, 인간 삶의 완전한 정의에 관한 계시를 밝히는 데 상당한 도움이 될 것이다.

인간이 원인을 만들었으니 인생의 악은 옳다. 그러나 악을 생겨나게 한 원인을 만든 인간은 선을 낳는 원인도 만들 수 있다. 내면의 격정을 길들이고 정복하면 외적인 폭력은 사라지고 인류를 해치기에도 무력할 것이다.

끓어오르는 격정의 내적 폭력과 자연의 외적 폭력 사이에는 사물의 내적 질서에서 그것들이 둘로 나뉠 수 없는 하나의 정수가 될 만큼 밀접한 관계가 있다. 예언자 아모스는 이렇게 말했다.

주께서 말씀하시기를 그들은 옳게 행할 줄을 알지 못하며 궁궐에 폭력과 약탈을 쌓아두느니라. 그러므로 주 여호와께서 이와 같이 말씀하시느니라. 대적이 그 땅 사방에 있으리니 그가 네 힘을 쇠약게 하며 네 궁궐을 못 쓰게 하리라.

외부의 '대적'은 내적 폭력을 없애는 데 필요하며, 또한 내적 폭력에 의해 존재하게 된다. 국가가 타락하면 정복당하고 삼켜진다. 도시가 도덕적으로 파탄나면 산산조각 나거나 외부 힘에 의해 파괴된다.

정의와 사랑

종종 정의가 사랑과 반대편에 있다는 말을 듣는다. 이렇게 그릇된 생각은 정의와 사랑이라는 두 가지 원칙이 가진 심오하고 포괄적인 의미를 제대로 이해하지 못하는 데서 비롯된다. 정의와 사랑은 서로 대립하거나 모순될 수 없다. 둘 다 선하다고 인정되는 이 두 가지 기본 법칙은 반드시 조화를 이루어야 하며, 그렇지 않으면 하나는 악이 되고 만다. 선은 선에 반대할 수 없기 때문이다. 사람들이 정의와 사랑 사이에 있다고 생각하는 대립관계는 현실에는 존재하지 않는다. 이는 관련 원칙의 진정한 본질과 올바른 적용에 대한 무지에서 생겨난 잘못된 생각이다.

정의에서 결코 빠지지 않는 요소는 친절이다. 만약 정의에 친절이 없다면 그것은 사랑이 아닌 나약한 주정주의일 뿐이다. 종종 부드러운 묵인보다 모진 꾸지람에 더 큰 사랑이 담겨 있다. 자식을 많이 사랑하지 않는 아버지는 자식을 무정하게 대하지는 않더라도 제대로 가르치려고 애쓰지도 않을 것이다. 그러나 자식에 대한 사랑이 넘치는 아버지는 단호하지만 부드러운 손길로 아이를 가르친다. 그는 자식을 사랑하기에 자식에게 공정하며, 필요할 때는 혼내고 벌을 줘 그들에게 도움이 되게 할 것이다.

정의는 사랑과 분리되지 않고, 사랑도 정의와 분리되지 않는다. 정의와 사랑의 본질적인 일치는 "사람이 무엇을 심든 그대로 거두리라"는 신성한 명령에 간단히 표현되어 있다. 선한 행위로 선한 결과를 거두고, 악한 행위로 악한 결과를 거두는 것은 완전한 사랑과 완전한 정의에 따른 법칙이다. 모든 사람이 이론적으로는 이를 인정한다. 하지만 대다수는 우주에 이런 법칙이 작동한다는 사실을 인정하지 않는다. 그들은 어려움이 닥쳤을 때 자신은 이런 불행을 초래할 만한 일을 한 적이 없기 때문에 뿌린 대로 거두고 있지 않다면서 무고하고 부당하게 고통받고 있다고, 또는 타인의 잘못으로 고통받고 있다고 주장한다.

그러나 뿌린 대로 거둔다는 법칙은 분명 존재한다. 사물의 표면 아래를 깊이 들여다보면서 충분히 오래 찾는 사람은 법칙을 발견하고, 그 흠결 없는 작용을 정확하게 추적할 수 있다. 마음이 바른 사람은 대부분 다른 것을 바라지 않는다. 그는 스스로에게 할 수 있는 가장 유익한 일이 모든 실수와 잘못에 대해 완전한 벌을 받고, 이를 바탕으로 더 빠르게 덕과 지혜를 키우는 것임을 안다. 자신이 저지른 죄에 대한 정당한 처벌을 물러 달라고 신에게 탄원하는 것은 아무런 소용이 없다. 이는 미숙한 도의심에서 비롯된 행위일 뿐이다. 정의의 법칙이 이렇게 무시된다면 인간에게 참으로 불행이 닥칠 것이다.

자신이 지은 죄로 고통스러워하고 슬픔으로 마음이 찢긴 사람에게 신은 특별한 편애를 베풀지 않는다. 오직 공정한 법칙에 희망이 있을 뿐이다. 기도로 악행의 결과에서 벗어날 수 있다면 정의는 존재하지 않을 것이고 사랑은 어디에 있겠는가? 이렇게 해서 나쁜 결과를 얻지 않게 된다면 좋은 결과를 얻으리라는 확신은 어떻게 가질 수 있겠는가? 그럼 구원의 근거가 사라지고 변덕과 압제가 사랑과 정의를 대신할 것이다.

하나에 두 면이 있는 동전처럼 사랑과 정의는 같은 것의 두 가지 측면이

인간과 체제 ·

215

다. 사람들은 정의에 숨겨진 사랑이나 사랑에 숨겨진 정의를 인지하지 못한다. 한쪽 면만 인식하면서 그것을 뒤집어 완성된 모습으로 보지 않기 때문이다.

신성한 원칙으로서 정의는 어떤 잔인한 요소도 포함될 수 없다. 겉으로 보이는 모든 가혹함은 사람을 단련시키는 사랑의 불꽃이다. 법칙이 아니라 인간 스스로가 궁극적인 행복과 선을 위해 작용하는 모든 고통을 초래하는 것이다. 정의가 가장 높은 권위를 지니고 있는 만큼 사랑이 우주를 통치한다. 부드럽고 다정한 손길이 훈계의 회초리를 잡는다. 인간은 심지어 자신으로부터도 보호받는다. 사랑과 정의는 하나다.

자기 보호:
동물, 인간, 신

투쟁의 세계에서 자기 보호 수단과 방법은 매우 다양하며 경이롭다! 자연사를 보면 심지어 식물조차 자기 보호 수단을 갖고 있다. 동물 세계에서는 살기 위한 투쟁에서 멸종을 피하려고 채택한 방법들이 감탄과 경이를 불러올 만큼 다양하고 비범하다. 살기 위한 이 싸움이 언제나 '사나운 자들의 싸움, 강한 자들의 경주'인 것은 아니다. 실제로 자연의 약한 존재들도 적을 피하려고 매우 독창적인 방법을 사용함으로써 두려움을 느낄 적수가 거의 없는 가장 사나운 생물과 마찬가지로 스스로를 지키는 데 성공한다. 모든 생물 중 가장 약한 곤충조차 아주 높은 독창성을 발휘해 자신을 보호하는데, 예를 들어 그들이 앉아서 쉬는 나무 잔가지의 형태와 색깔을 모방하거나 그들이 사는 토양이나 나뭇잎의 색깔을 따라 하기도 한다. 심지어 오랜 경험을 통해 특정 꽃의 색깔과 형태를 아주 비슷하게 모방하기도 해 날카로운 시각을 가진 새들도 그냥 지나쳐 갈 정도다. 이런 곤충은 지능을 가진 인간조차 관찰력이 탁월한 동물학자로서 경험이 없다면 꽃과 구별하지 못한다. 작은 물고기들은 동물 세계에서 가장 약한 부류에 속하지만 자신을 숨기는 비슷한 방법을 취한다.

큰 동물의 사냥감이 되는 약하고 작은 동물들은 생존을 위해 곤충이나 물고기와 비슷한 전략을 쓰지만, 덩치가 큰 네발동물은 동물적 힘이 전략의 대부분을 차지한다. 맹수는 단단하고 유연한 근육에 뿔, 송곳니, 발톱 같은 강력한 방어 무기까지 발달시킨 덕분에 지구상에서 사라지지 않고 자기 자리를 지키고 있다. 지구력, 속도, 힘, 사나운 성질은 맹수의 자기 보호 수단이다.

사자와 호랑이의 뛰어난 힘과 교활함은 동물의 자기 보호가 최고 수준에 이른 모습이지만, 인간이 채택한 자기 보호 수단과 비교하면 약하고 서툴러 보인다. 인간에게 자기 보호는 동물 세계에서만큼 전능하지는 않아도 여전히 지배적인 충동이다.

인간은 모든 동물적 본성을 지니고 있고 내면의 동물적 충동과 본능도 강하지만, 여기에 지능과 도덕관념, 즉 자의식이 더해져 자기 보호의 범위와 힘이 크게 확대되고 강해진다. 인간은 여전히 지구력, 속도, 힘, 사나운 성질을 지닌 동물이긴 해도 지능과 자의식을 가지고 있어 동물보다 더 크고 위대한 존재다.

지능이 낮은 인간 사이에서는 여전히 동물적인 방법이 널리 행해진다. 생존이 걸린 투쟁에서 야만인은 동물적 힘에 의존한다. 문명화된 사회에서도 여전히 수많은 사람이 '고귀한 자기 방어술'에 열광하는데, 이는 사자의 사나움을 고귀하다고 표현하는 측면에서만 고귀할 뿐이다. 이런 고귀한 자기 방어술은 아무런 기술이 없으며, 전적으로 동물적 힘과 교활함만으로 이루어져 있다. 실제로 이 기술은 너무 동물적이라 문명인 사이에서는 자기 방어 수단으로 사용되지 않은 지 오래이고, 지금은 일부 사람의 저속한 오락거리에 불과하다.

인간은 육체적 힘에 근거한 전략을 바탕으로 동물적 본능이라는 낡은 길을 따라 적을 섬멸하고 자신을 보존하기 위해 수많은 파괴 도구를 발명했으며, 이를 기반으로 점점 더 독창적이고 교묘하게 진보를 계속하고 있다.

우리는 인간이 동물적 활동과 인간적 활동을 구별하는 순수한 지성의 새로운 길을 따라 육체적 안락함을 더했고, 육체를 평화롭게 보호할 방법을 발견했으며, 동물적 힘이 아닌 손의 수고와 두뇌의 예리함을 통해 생존할 권리와 힘을 얻었다고 주장한다. 사실 여기서 기본 투쟁은 식량과 생존을 위한 직접적인 투쟁이 아니라, 식량을 조달하고 삶을 유지하는 인위적인 수단, 즉 돈을 위한 투쟁이다. 흉포한 동물적 투쟁은 그것보다 친절한 인간적 투쟁으로 진화했고, 이빨과 발톱을 사용해 유혈이 낭자하던 싸움은 재치와 기술을 사용하는 좀 더 평화적인 전투로 대체되었다. 아직은 불완전한 수준이지만 인간은 타인을 공격하고 죽이고 파괴하는 것보다 자신을 보호하는 좀 더 좋은 방법이 있다는 사실을 알게 되었다. 또 동물적 투쟁 방식이 자신의 안락함과 행복, 심지어 생명까지 위험에 빠뜨린다는 사실, 무혈의 패권 경쟁에 참여해 사람들이 자신의 정신 능력에 따라 자리를 차지하도록 놓아두는 것이 더 낫다는 사실을 깨달았다. 옳음이 힘을 대신하기 시작했다. 주로 돈을 위한 싸움이지만 전적으로 그런 것은 아니며, 인간의 고귀함을 높이고 삶과 진보의 도구로서 더 적합한 정신적 자질을 확보하기 위한 싸움으로 분명 진화하고 있다. 이성, 판단력, 재치, 통찰력, 독창성, 기지, 창의성 등 지적 자질과 친절, 관용, 동정, 용서, 경의, 정직, 정의 같은 도덕적 자질이 바로 그것이다. 지금의 교육은 거의 전적으로 이런 지적·도덕적 노선에 따라 이루어지고 있다. 인간이 살아가고 존속하기 위해 선택한 투쟁 도구는 송곳니가 아닌 지적 능력이며, 발톱이 아니라 재능이다. 지적·도덕적 우수성은 인간 세상에 존재하기 위한 허가증이다.

지적으로 왕성하고 도덕적으로 올곧은 사람이 인생의 경주에서 선두를 달린다. 물론 약한 사람들도 자기 자리를 차지하고 발전할 수 있는 여지와 기회가 있다. 인간은 약자, 고통받는 자, 괴로워하는 자 등 타인을 보호하면서 자기 자신도 확실히 보호할 수 있다는 사실을 서서히 깨닫고 있다.

이렇듯 인간은 자기 보호 방식에서 짐승의 야만적 본능을 넘어 엄청난 발전을 이루었다. 상업, 공예, 게임이 약탈과 파괴를 대신하고, 제한된 동물적 애정이 자비와 박애로 확대되었다. 경쟁에는 여전히 짐승 같은 본성이 숨어 있지만 사나움은 억제되었으며, 그 본성은 대체로 더 좋고 유익한 것으로 변모했다. 어두운 공포는 따뜻한 친절의 빛으로 밝아지고, 거친 성질은 점점 더 증가하는 사랑의 온화함으로 부드러워졌다.

동물적 자기 보호보다 인간적 자기 보호가 더 우수하다. 다만, 이런 비교우위가 존재하는 것처럼 인간적 자기 보호보다 우수한 자기 보호의 또 다른 형태가 있다. 바로 신성한 보호 또는 영적 보호다. 영적 보호 방식을 취하면 짐승의 방식에 따라 다른 사람과 육체적으로 싸우지 않고, 인간이 그러하듯 다른 사람과 정신적으로 다투지 않는다. 그는 내면의 짐승을 소멸시키고자 그것과 싸우고, 평화와 선의, 지혜의 더 높고 고귀하며 오래 지속되는 삶을 살기 위해 자기 본성 속 탐욕과 다투면서 스스로를 맞춘다.

신성한 자기 보호에서는 타인과 더는 치열한 다툼이나 이기적인 경쟁을 하지 않으며, 자기희생과 무저항을 무기로 사용한다. 그리고 이러한 무기는 신성한 만물의 세계로 들어갈 만큼 도덕적으로 고양된 사람만이 이해하고 사용할 수 있다. 송곳니와 발톱으로 스스로를 보호하는 짐승은 더 높은 재능을 부여받은 인간이 그토록 쉽고 강력하게 사용하는 기지와 창의성이라는 정신적 무기를 이해해 사용할 수 없는 것처럼, 이기적인 사람은 신성한 인간이 자기 자신뿐 아니라 온 세상을 보호하기 위해 사용하는 자기희생과 무저항의 무기를 이해해 휘두를 수 없다.

이기심, 타인에 대한 저항, 타인과의 경쟁은 인간적인 삶에서 가장 강력한 요소다. 그러나 신적인 삶에서는 자기 소멸, 타인에 대한 깊은 공감과 연민이 지배적인 동기다.

신성한 사람은 다른 이들이 이기적인 싸움을 벌일 때 보복하지 않고 양보함으로써 정복한다. 그의 온화한 힘은 무적이라서 동물의 도구와 비교하면 그것보다 더 크고 강력한 이기적인 힘도 무력하게 사라지도록 만든다. 동물적 본능이 인간의 힘과 겨룰 수 없듯이, 인간의 힘도 신성한 원칙에 대항할 수 없다. 신성한 사람은 신성한 원칙 위에 서서 그 원리를 바탕으로 행동한다. 그 안에서 언급된 인간적 자질은 인내, 겸손, 순결, 연민, 사랑이라는 신성한 원칙으로 합쳐진다.

동물과 인간은 모두 유한한 육체의 보호 및 보존에만 관심을 갖지만, 신성한 사람의 보존은 그가 서 있는 원칙처럼 영원한 영과 관련되어 있다. 한마디로 신성한 보존은 격정과 이기심으로부터 마음을 보존하면서 마음에 순수함과 지혜를 불어넣는 것이다.

예수, 부처 등 이러한 원칙을 실천한 몇몇 신성한 위인의 삶과 성품을 생각해보면 자기희생과 무저항에 내재된 기대한 힘을 엿볼 수 있다. 대체로 모든 인간은 신성한 만물의 위대한 스승에게 굴복해 고개 숙인다. 군주, 정복자, 장군, 정치가, 연설가, 금융가 등 세속적으로 높은 성취를 이룬 사람은 위대한 스승들의 이름 앞에서 겸손한 존경심과 경외심을 품고 허리를 굽힌다. 그리고 자신이 이룬 모든 세속적 영광과 성취, 업적은 인류의 온화한 스승들이 보여준 위대한 자기 정복, 그 대단한 영적 성취에 비하면 아무것도 아니라는 사실을 직관적으로 인식한다. 오늘날 약 5억 명의 사람이 안내자이자 스승으로서 부처에게 머리를 조아리고, 약 3억 명의 사람이 구세주이자 생명의 수호자로서 예수 앞에 무릎 꿇는다.

우리는 동물적 · 인간적 · 영적 자기 보호의 세 가지 방법에서 지각 있는 존재의 진화, 즉 가장 낮은 피조물로 시작해 우리가 직접적으로 알고 있는 신성한 존재에 이르는 과정에서 작용하는 근본적인 힘을 깨닫는다. 또한 이러한 자기 보호 방법 중 어느 것에도 내재된 악은 없으며, 모두 똑같이 정당하고 만물의 우주적 질서에 속한다는 사실도 알게 된다. 각 영역에서 각각의 방법은 옳고 필요하며, 점점 더 높은 지능과 깊은 지식으로 나아가게 한다. 동물은 자신의 본성과 지식의 한계에 따라 스스로를 보호하고, 마찬가지로 인간은 인간 본성의 지시에 따라 스스로를 보호한다. 그리고 신성한 존재는 더 명확한 통찰력과 깊은 지혜를 통해 평화와 축복 속에서 자신을 영원히 보존한다.

진화 과정에서는 어떤 힘도 사라지지 않는다. 짐승 같은 격정은 인간 안에서 지적 에너지와 도덕적 에너지로 전환되고, 지적 에너지와 도덕적 에너지는 신성한 인간 안에서 통제력과 평정으로 녹아든다.

비행과 새로운 의식

버크Bucke(리처드 모리스 버크는 캐나다 정신과 의사
이자 근대 심리학의 아버지 · 1832~1920 ─편집자 주) 박사는 저서 《우주 의식
Cosmic Consciousness》에서 항공술은 가까운 미래에 실현될 것이며, 이는 전
세계 사회 및 경제에 대변혁을 일으킬 것이라고 언급했다.

그는 새로운 여행 수단의 출현에 관한 한 진정한 서지자임을 증명했으
며, 나는 변혁 측면에 대한 그의 예언도 곧 사실로 입증되리라고 확신한다.
이 위대한 변혁의 완성에 대해 버크 박사는 이렇게 썼다.

항공기 운항의 경계, 관세, 아마도 언어의 구분이 사라질 것이다. 대도시는 더는
존재할 이유가 없을 것이고 소멸될 것이다. 지금 도시에 사는 사람들은 여름이면
산과 바닷가에서 살 테고, 현재 거의 접근이 불가능하거나 매우 어려운 공기 좋
고 아름다운 곳에 건물을 지은 뒤 광대하고 장엄한 경치를 바라보며 살 것이다.
겨울에는 적당한 크기의 공동체에서 거주할 것이다. 지금 대도시에서 무리 지어
사는 것처럼 농사짓는 사람들이 고립되는 일은 지나간 역사가 될 것이다. 공간은
사실상 소멸될 것이다. 함께 모여 살지도 않을 테고, 어쩔 수 없이 고립되지도 않

을 것이다.

위 글은 항공술 발전이 인간 사회에 가져올 결과를 아름답게 그리고 있으며, 이는 의심의 여지없이 실현되리라고 본다. 하지만 그러한 상황이 단숨에 이루어지지는 않을 것이다. 적어도 수백 년은 걸릴 테고, 완전히 실현되기까지는 수천 년이 걸릴 수도 있다. 아직 우리는 비행 측면에서 정제되지 않은 시작 단계에 있으며, 이동 수단으로 공중을 지배하는 일은 지금까지의 어떤 기계적 이동 수단보다 더 많은 개선과 발명의 여지를 제공한다. 인간이 가장 빠른 철새와 비슷한 속도, 안전성, 기술로 하늘을 날 수 있을 때까지는 오랜 기간에 걸쳐 발명에 발명이 이어질 것이다. 오래전 에디슨은 궁극적이고 완벽한 비행 기계는 새가 날아다니는 원리를 기반으로 만들어질 것이라고 단언했다. 지금 기계는 새가 날아다니는 원리를 어느 정도 반영하고 있지만 연이 나는 원리에 더 가깝고 모터 구동력이 연줄을 대신한다. 리턴Lytton(에드워드 불워리턴은 영국 소설가이자 극작가, 정치가 · 1803~1873 — 편집자 주) 경은 저서 《미래의 종족The Coming Race》에서 미래 종족은 사람마다 각자 완전히 통제할 수 있는 한 쌍의 기계 날개를 가지고 있고 그 날개로 창공을 우아하게 날아오른다고 묘사했다. 의심의 여지없이 완벽한 비행 기계는 이러한 형태일 테고, 이는 에디슨이 말했던 '새의 원리'에도 부합한다.

그러나 이 글에서 관심을 가지는 비행 측면은 진화하는 인간 의식과 관련 있다. 현재 인간에게 지배적 상태인 다툼, 고통, 노동, 슬픔과 필연적으로 연결되어 있는 자의식을 넘어 더 높고 신성한 형태의 의식이 나타나고 있기 때문이다. 아직 정의되지는 않았지만, 더 나은 상태를 향한 끊임없는 열망과 함께 현재의 불완전한 상태를 넘어서서 새로운 삶의 질서, 더 축복받은 상태, 소수를 제외한 사람들에게는 알려지지 않은 크게 진화된 형태의 의식이 행렬 형태로 분명히 다가오고 있다.

발명은 진보와 관련되어 있으며, 실로 내적 성장이 외부로 나타난 것이다. 인간이 한 모든 발명은 의식 확장에 적응한 결과물로, 인류 진화에서 중요한 전환점이 된다. 인간이 필요로 하는 순간 새로운 것이 나타난다. 인간의 지성이 낡은 미신의 속박에서 벗어나 기쁨과 자유를 만끽할 준비를 하고 있을 때 인쇄기가 인간 해방의 주된 도구로 등장했다. 증기기관은 가속화된 인간의 사고 속도가 고대의 무기력함을 떨쳐버리기 시작할 때 등장했다. 팽창하는 인간의 정신이 더는 좁은 지역 범위에서 움직일 수 없게 되었을 때, 보잘것없는 자기 본위의 차이에 만족할 수 없게 되었을 때 기관차가 등장해 인간의 더 넓어진 범위를 충족하고, 그만큼 증대된 정신 활동과 확대된 동정심을 펼질 기회를 제공했다.

그리고 이제 또 다른 발명이 현실 영역으로 들어왔다. 이전까지 어떤 발명보다 혁신적이지만 더 중요한 것, 즉 비행의 발명이다. 인간은 지금까지 단단한 땅과 덜 단단한 물을 물질 이동 수단으로 사용해왔지만, 이제 공기를 고분고분한 종으로 만들어 그것을 이용해 원하는 목적지로 새처럼 곧장 날아가려 한다. 이것은 인류가 현재 내딛고 있는 진화의 새로운 발걸음을 보여주는 중요한 외적 표시다. 빠르고 불안한 변화가 현재의 전환기를 특징짓는다. 오래된 종교와 정부 형태가 사라지고 있으며, 새로운 사고와 행동 양식이 도처에서 나타나고 있다. 마찬가지로 인간의 의식도 확장되고 있다. 조만간 인간의 의식 형태는 곧 완성 지점에 닿을 것이고, 실제로 완성에 가까워지고 있다. 그리고 그로부터 전 인류를 변화시킬 신성한 의식 형태가 나올 것으로 전망된다. 신성한 의식의 지배하에서 지금 세상에 존재하는 거의 모든 것이 격변하고, 그때 신성한 존재인 인간은 신성하게 행동할 것이다. 지금 인류를 지배하고 행동의 근원이 되는 강력한 인간의 격정은 그때가 되면 아래쪽에 자리를 차지해 신성한 의지와 지혜의 통제 및 지시를 받을 것이다. 이때 인간은 스스로의 주인이자 세상의 주인이 된다.

이미 인간은 지식과 축복의 가장 높은 영역으로 날아오를 새로운 의식의 날개가 자라고 있음을 느낀다. 오랜 세월 동안 수많은 종교를 가장해 날아오르기를 열망했고 예언자들도 점쳐 왔던 일이 이제는 신성한 생득권을 얻게 된 것이다.

이를테면 비행은 현재 형태를 갖추고 있는 새로운 정신의 첫 번째 외적 상징이다. 사실 상징 그 이상이기도 하다. 비행은 새로운 의식이 영광스러운 생각과 웅장한 계획을 구체화할 수 있도록 돕는 첫 번째 중요한 물질적 도구가 될 것이기 때문이다. 오늘의 행복은 신성한 상태가 잘 확립되었을 때 지상에서 맛볼 복된 상태에 비하면 고통이다.

항공술 발전에 따른 새로운 환경은 인간과 인간, 국가와 국가 사이에 어떤 물질적 한계가 무너지고 전쟁이 사라지는 데서 시작될 것으로 보인다. 이와 더불어 국가 사이에 자유롭고 사이좋은 산업적 교류가 이루어지며, 보편적이고 기본적인 종교 원칙을 받아들이려는 경향이 강해짐으로써 하나의 위대한 세계 종교가 창시될 것이다. 항공술이 더욱 완성되어 인간의 경제 체계에 들어가면 새로운 조건, 즉 새로운 의식의 첫 번째 묘목이 나타나기 시작할 수 있다. 사람들이 '바람의 날개'를 타고 국가와 국가 사이, 대륙과 대륙 사이를 빠르게 날아다니면 사회적으로나 산업적으로나 매우 가까워져 지금 존재하는 오래된 적대감은 사라질 것이다. 또한 국가 간 낡은 장벽도 조용히 무너져 어떠한 혁명적 격변 없이도 여러 국가가 하나의 나라가 되고, 모든 국가의 상호 선에 부합하지 않는 이익은 사라질 것이다.

기관차는 지금까지 말한 내용을 잘 보여주는 사례다. 비록 자의식 영역에서지만, 기관차는 이전에는 분열되어 있던 국가를 조화롭게 일하는 하나의 가족으로 만들어 내전이 불가능하게 했다. 비행기는 여기서 더 나아가 높은 의식 영역, 즉 우주 의식과 연결될 테고, 그 결과는 지금까지 인간의 자의식 상태에서 일어났던 어떤 발명보다 훨씬 더 인상적인 효과를 창출해 멀리까지 영향을 미칠 것이다.

현재 우리는 고작 항공술의 실험 단계에 있지만, 금세 이를 여행과 상업에 적용하는 경제적 단계로 나아갈 것으로 전망된다. 그럼 거의 즉각적으로 사회와 국가에 새로운 조건이 나타나기 시작할 테고, 일단 새로운 조건이 나타나기 시작하면 오래된 삶의 형태를 흡수해 점점 커지는 아름다움과 웅장함의 먹이로 사용할 것이다. 그리고 높은 의식을 가진 새롭고 위대한 사람들이 생겨나 세상에 만물의 새 질서를 확립하는 뛰어난 도구로서 일할 것이다.

새로운 용기

보통 용기라는 미덕은 육체적 행동과 관련해 이야기된다. 용기의 상징이 맹수 사자인 것만 봐도 그렇다. 사전적 정의 역시 용기의 육체적 측면에 맞춰져 있다. 용기라는 단어를 찾아보면 "용감함, 두려움 없음, 용맹함"이라는 뜻으로 나와 있을 뿐 다른 의미는 언급되어 있지 않다. 군인은 용기의 인간적 유형으로, "사자처럼 용감하다", "군인처럼 용맹하다"라는 말이 있다.

사자와 군인은 공격과 방어에서 두려움이 없을뿐더러, 둘 다 굴복하느니 생명을 잃는 선택을 할 것이다. 그러나 이것은 전적으로 동물적이고 육체적인 공격과 방어다. 용기는 다양한 측면이 있고 여러 행동 양식으로 나타나기 때문에 이렇게 육체적 측면에만 국한할 수 없다. 사실 육체적 측면은 용기를 표현하는 가장 낮은 형태다. 인간이 도덕적 · 영적으로 성장함에 따라 용기도 더 새롭고 높은 형태로 변한다. 그러나 이 글의 주제인 가장 높은 형태의 용기로 나아가기 전에 낮은 형태의 용기를 먼저 생각해볼 필요가 있다.

물리적 형태의 용기는 누구에게나 익숙하다. 동물과 인간 둘 다 가지고 있고 대담성에서 비롯되는 이 형태의 용기는 공격과 방어 두 부분으로 이루어져 있다. 이런 종류의 용기는 필연적으로 고통, 파괴, 심지어 죽음과도 연관되며 짐승과 인간의 삶에서 매일같이 나타난다. 공격이든, 방어든 자기 보호가 그 지배적 동기다.

그러나 인간은 육체적 존재이자 동물일 뿐 아니라 도덕적이고 지적인 존재로, 도덕적으로 진화하면서 더 높은 종류의 용기를 발전시킨다. 여기서 말하는 용기는 가장 높은 유형이나 새로운 용기는 아니지만, 동물적 용기에서 크게 발전한 도덕적 용기를 지칭한다. 육체적 용기는 상대방의 신체나 재산을 공격하고 자신의 신체나 재산을 방어하는 반면, 도덕적 용기는 상대방의 생각, 의견, 원칙을 공격하고 자신의 생각, 의견, 원칙을 방어하는 것이다. 용기의 정신에 관한 한 둘 다 똑같이 두려움이 없고 공격과 방어를 하지만, 그 형태에서는 차이가 있다. 즉 육체적 측면이 사라지고 변형 과정을 거쳐 새로운 형태로 다시 나타난다. 도덕적 용기는 육체로서 사람이 아니라, 사람이 가진 원칙과 관련 있으며 완전히 정신적인 것이다. 여전히 파괴, 고통과도 관련되지만 그 파괴는 피를 흘리지 않는 지적인 파괴다. 이는 타인의 의견을 파괴하는 것이며, 그 고통은 육체적이지 않고 정신적이다.

현재 이러한 형태의 용기는 일반적으로 인정되고 있고, 보통의 용기 또는 육체적 용기와 구별하고자 '도덕적 용기'라고 부른다. 의심의 여지없이 도덕적 용기는 인류 진화에서 비교적 최근에 발달한 것으로, 동물에게서는 전혀 찾아볼 수 없다. 수천 년 전만 해도 도덕적 용기는 십중팔구 매우 희귀하고 새로운 능력이었을 것이다. 물론 지금도 도덕적 용기는 여전히 발전 과정에 있으며 아직 이 능력을 발달시키지 못한 인류가 상당수다. 적어도 인류의 75퍼센트는 상당한 육체적 용기를 가지고 있겠지만, 도덕적 용기를 가진 사람이 20퍼센트는 되는지 의심스럽다. 그래서 도덕적 용기를 온전히 소유한 사람은 더 높은 수준의 인격을 가진 자로서, 그리고 반드시 늘 그런 것은 아니어도 일반적으로 특정 무리의 지도자로서 다른 이들과 구별된다.

　다만, 앞서 언급한 내용을 고려했을 때 새로운 용기는 훨씬 더 높은 형태의 용기다. 실로 새로운 용기는 도덕적 용기가 육체적 용기보다 위에 있는 것처럼 도덕적 용기보다 위에 있다. 그리고 이전 형태와 마찬가지로 앞선 형태의 용기와는 별개로 구분된다. 내가 이것을 '새로운 용기'라고 부르는 이유는 이 용기가 현 인류에게는 새로운 것이고, 발현되는 경우가 매우 드물며, 따라서 이해도가 낮기 때문이다. 도덕적 용기가 육체적 용기와 매우 달라도 육체적 용기에서 비롯되듯이, 새로운 용기는 도덕적 용기와는 매우 다르지만 도덕적 용기에서 비롯된다. 육체적 용기는 동물의 것이고, 도덕적 용기는 인간의 것이며, 새로운 용기는 신의 것이다. 따라서 새로운 용기는 동물적 용기 또는 인간적 용기와 구분되는 신성한 용기다.

　신성한 용기는 두 가지 측면으로 이루어져 있다. 첫 번째는 다른 두 가지 형태의 용기처럼 외부의 적 대신 자기 마음속에 있는 적을 두려움 없이 공격하고 극복하는 것이다. 그러나 이후에는 특히 외부의 적이나 반대에 맞서야 할 때 완전히 새로운 행동 방식을 취하게 되는데, 이것이 두 번째 측면이다. 이 글에서 관심을 가지는 부분은 후자의 완성된 단계, 즉 신성한 용기가 외적으로 드러나는 단계다.

　우리는 앞에서 육체적 용기를 가진 사람이 자신의 생명과 재산을 방어하기 위해 어떻게 행동하는지, 도덕적 용기를 가진 사람이 자신의 의견을 방어하기 위해 어떻게 행동하는지 살펴봤다. 그렇다면 신성한 용기를 가진 사람은 어떻게 행동할까?

　새로운 용기를 가진 사람은 타인을 공격하지도, 자기 자신을 방어하지도 않으며 타인의 의견을 공격하지도, 자신의 의견을 방어하지도 않는다. 또한 타인을 보호하는 동시에 그들 자신의 어리석음, 통제되지 않는 격정으로부터 그들을 지킨다. 그는 결코 자신을 보호하려고 하지 않지만, 타인을 그들 자신의 가장 치명적인 적, 즉 내면의 악으로부터 보호하기 위해 행동한다.

육체적 용기와 도덕적 용기는 둘 다 많은 소음을 만든다. 육체적 용기에는 승리의 함성과 죽어가는 자의 신음소리, 무기가 부딪치는 소리, 대포가 발포되는 굉음이 뒤따른다. 도덕적 용기에는 치열한 의견 대립과 말싸움 소리가 있다. 반면, 새로운 용기에는 깊은 침묵이 자리한다. 이 침묵은 소음이 인류 전체에 미치는 것보다 더 큰 영향력을 한 사람에게 행사하고 지속적인 힘을 가진다. 새로운 용기는 실로 침묵하는 용기라고 할 수 있다. 따라서 신성한 용기를 가진 사람은 공격받거나 학대받거나 비방을 당할 때 고요히 침묵을 지킨다. 다만, 이것은 교만하고 이기적인 침묵이 아니다. 삶에 대한 올바른 지식을 바탕으로 심오하고 유익한 목적을 가진 침묵이다. 그 목적은 사람에게 해로운 영향을 미치는 악한 격정으로부터 공격자를 보호함으로써 그를 이롭게 하는 것이다. 그리고 그를 통해 모든 인류를 이롭게 하는 것이다.

인간의 격정이 끓어오르는 바다 한가운데서 침묵과 고요함, 연민을 유지하려면 아직 사람들에게 거의 알려지지 않은 고귀한 용기가 필요하다. 그런 용기를 가진 소수의 사람은 일생 동안 오해와 박해를 받기도 하지만, 이후 신성하고 기적을 행하는 존재로서 인류에게 추앙받는다. 그리고 우리는 신성한 용기의 소유자가 필멸의 시야에서 사라진 후에야 그 용기가 어떻게 계속 작동하는지 알게 된다. 육체적으로 용감한 사람은 싸움에서 상대를 이긴다. 도덕적으로 용감한 사람은 대중의 의견을 누르고 자신의 대의를 위해 수천 명을 설득할 수 있다. 그러나 신성한 용기를 가진 사람은 세상을 정복한다. 다만, 그의 정복은 유혈 사태나 당파 싸움이 아닌, 축복·평화의 싸움을 치른 결과다.

새로운 용기에서는 더 낮은 두 가지 용기에서 통용되던 공격과 방어가 완전히 사라진다. 그럼에도 용기는 파괴되지 않고 여전히 영 안에 존재하며,

하나로 섞여 숭고하고 보편적인 친절로 변한다. 신성한 사람이 적과의 전투를 피함으로써 적으로 하여금 자신이 승리를 거두었다고 느껴 현장을 떠나게 한다면, 그 행동은 잘못 판단한 적을 위해서이지 자신을 방어하기 위해서가 아니다. 그는 적에 대한 깊은 연민, 신성하고 완전한 지식이 바탕이 된 연민을 가지고 행동한 것이다. 이 같은 침묵의 행동은 적의 격정을 진정시키지는 못할지라도 수백 세대에 걸쳐 구전되어 수천 명의 격정을 억누른다. 이렇듯 진리의 행위가 가진 힘은 위대하고 광범위하다.

새로운 용기에서 조용한 친절, 즉 우리가 흔히 친절이라고 부르는 인간의 충동과는 전혀 다른 의미의 친절은 공격이자 방어다. 격정을 더 격렬한 격정으로 정복하는 인간의 방식과 달리 신성한 용기는 격정의 반대인 온유함으로 격정을 훨씬 더 성공적으로 정복한다. 인간적 견지에서 격정은 전혀 억눌러야 할 것이 아니고 내버려둬야 하지만, 실제로 격정은 그것보다 훨씬 더 강력한 무엇에 의해 저지된다. 신성한 온유함과 인간적 격정 사이에서 벌어지는 모든 싸움에서 최고 승리자는 온유함이기 때문이다. 낮은 기준의 용기에서 보면 신성한 용기를 가진 사람은 스스로를 보호하거나 방어하지 않아 얼마간 겁쟁이로 여겨질 수 있다. 하지만 실제로는 격정적인 싸움꾼이나 당원보다 훨씬 더 완벽하고 성공적으로 자신을 방어하고 있는 사람이다. 그는 사랑으로 적을 보호하고 신성한 온유함으로 모든 이들을 보호함으로써 자기 주위에 영원한 방어막과 보호막을 드리우고 있기 때문이다.

새로운 용기에 관한 사례를 찾으려면 너무 드물어서 인류의 위대한 영적 지도자들을 살펴봐야만 한다. 가장 눈에 띄는 사례는 예수다. 예수는 조롱당하고 매 맞고 십자가에 못 박히면서도 보복하거나 최소한의 저항도 하지 않았으며, 자기를 방어하는 말조차 전혀 하지 않았다. 군중이 "그는 다른 사람은 구하면서 자기 자신은 구하지 못한다"며 그를 비난하고 조롱했다는 사실은 사람들이 예수를 사기꾼이자 겁쟁이로 여겼음을 보여준다. 그런 고난을 통과하기 위해 얼마나 숭고한 용기가 필요했을지 생각하면 새로운 용기가 평범한 인간적 형태의 용기를 얼마나 크게 뛰어넘는지 대략 짐작할 수 있다. 이러한 초월적 용기는 오늘날에도 보편적으로 신성하다고 여겨지며, 여전히 적대적이고 이기적인 격정에서 인간을 고양한다.

부처는 적들로부터 학대받고 거짓으로 비난당할 때 늘 침묵을 지켰다. 비난하던 적들이 찾아와 그를 숭배하는 친구나 제자가 되어 돌아가는 일이 드물지 않았으니, 부처의 고요한 온화함은 그만큼 강했다.

신성한 용기가 인류에게 일반적으로 자리 잡기까지 오랜 시간이 걸리겠지만 모든 것이 그 용기를 향해 가고 있다. 신성한 용기를 지닌 사람들이 나타날 테고, 이들이 점점 많아져 마침내 인류는 신성한 경지에 이를 것이다. 그럼 이기심과 슬픔이 사라지고 이 세상에서 더는 인간의 격정이 고통스럽게 충돌하는 소리가 들리지 않을 것이다.

19

빛나는 문

진리는 행위라는 매개체를 통해 눈에 보이게 된다.
진리는 들리는 것이 아니라 보이는 것이다.
말은 진리를 담고 있지 않고 진리를 상징할 뿐이다.
진리를 담는 유일한 그릇은 선행이다.

경계하고 두려워하지 말고 충실하고 인내하고 순수하라

진지한 명상으로 삶의 심연을 재고

사랑과 지혜의 숭고한 고지에 오르리

명상의 길을 찾지 못한 사람은

해방과 깨달음에 도달할 수 없으리

서문

제임스 앨런의 작품을 읽은 전 세계 독자들은 그의 솜씨 좋은 펜 끝에서 나온 또 다른 책을 기쁘게 환영할 것이다. 이 작품에서 '명상의 선지자'는 아주 통찰력 있고 명료하게 이야기하고 있다. 그는 특히 근본 원칙들을 무척 훌륭하게 다룬다. 따라서 앨런의 글에서는 일반론에 대한 모호한 표현을 찾을 수가 없다. 그가 인간 경험의 모든 구체적인 부분에 대해 온화한 경의심을 가지고 접근하고 있기 때문이다. 마치 빛나는 문으로 돌아와 그곳에 서서 자신이 지나온 모든 길을 되돌아보며 사람들이 공통적으로 느끼는 어떤 유혹도 그냥 넘겨버리지 않는 것만 같다. 앨런은 자신의 길을 가로막았던 장애물이나 때때로 시야를 가렸던 구름이 사실은 복된 비전의 고지를 바라보는 사람이라면 누구나 공통적으로 겪는 경험이라는 것을 알았다. 그의 글을 읽고 있는 지금, 앨런이 우리에게 손짓하며 이렇게 말하는 것 같다. "순례자들이여, 갑시다. 빛나는 관문이 바로 앞에 있습니다. 내가 여러분을 위해 길을 닦아놓았습니다." 우리는 그의 또 다른 유작을 펴내면서 열망하는 영혼들이 고지에 올라 마침내 빛나는 문 안에 서는 데 이 책이 틀림없이 도움이 되리라 믿는다.

—릴리 L. 앨런

영국 일프렉콤 브린골루에서

명상의 빛나는 문

거듭나지 않는 사람은 욕망, 격정, 슬픔의 지배를 받는다. 그는 으레 욕망, 격정, 슬픔 속에 살면서 그것에 대해 질문을 던지거나 검토하지 않는다. 이 세 가지를 자신의 삶 자체로 여기는 그는 이것들과 분리된 삶을 전혀 상상하지 못한다. 오늘은 욕망하고, 내일은 격정에 빠지고, 모레는 슬퍼한다. 늘 함께 다니는 이 세 가지 요소가 그를 몰아대지만 그는 자신이 왜 이렇게 충동을 느끼는지 알지 못한다. 욕망과 격정의 내적 힘은 내면에서 거의 무의식적으로 생겨난다. 거듭나지 않는 사람은 아무런 질문도 하지 않은 채 욕망과 격정의 요구를 만족시킨다. 또한 맹목적인 욕망에 이끌려 주기적으로 후회와 슬픔의 수렁에 빠진다. 그는 자신의 상태를 이해할 수 없을 뿐 아니라 인지하지도 못한다. 욕망 또는 자아에 너무 깊이 빠져든 상태라 발을 빼고 나와서 그것을 검토하지 못하기 때문이다.

이런 사람에게는 욕망과 고통을 극복하고 욕망, 격정, 슬픔이 없는 새로운 삶을 산다는 생각이 터무니없게 느껴질 수 있다. 그는 삶의 모든 면을 욕망을 쾌락적으로 만족시키는 것과 연관 짓기 때문에 반작용의 법칙에 따라 쾌락과 고통 사이를 끊임없이 오가며 비참함 속에서 살아간다.

마음속에서 성찰이 시작되면 더 차분하고 현명하며 고상한 삶에 대한 감각이 생겨난다. 물론 처음에는 희미하고 불확실하지만 말이다. 그러다가 자기반성과 자기 분석 단계에 도달하면 이 감각은 더욱 선명하고 강렬해져서 처음 세 단계가 완전히 끝난 후에는 더 높은 삶의 존재와 그것의 성취 가능성에 대한 확신이 마음속에 확고히 자리 잡는다. 욕망과 격정보다 순결함과 선함이 더 우월하다는 굳은 믿음으로 이루어진 확신을 '신념'이라고 한다. 이러한 신념은 아직 어둠속에 있으나 간절히 빛을 찾는 사람에게 의지와 지지, 위안이 된다. 그가 찾는 빛은 명상의 빛나는 문으로 들어갔을 때 눈부신 광채와 형언할 수 없는 장엄함으로 처음 그를 비춘다. 신념이 없다면 끊임없이 그를 괴롭히는 시련과 실패, 어려움 때문에 단 하루도 견디지 못할 것이다. 하물며 용감하게 싸워 이길 수도 없고, 궁극적인 승리와 구원을 얻는 것은 더더욱 불가능하다.

명상 단계에 들어서면 신념은 점차 지식으로 무르익고, 명상의 조용한 지혜와 고요한 아름다움, 질서 정연한 힘으로 삶이 새롭게 거듭나기 시작하며, 날마다 기쁨과 찬란함이 커진다.

이제 죄에 대한 마지막 승리가 확실해진다. 정욕, 증오, 분노, 탐욕, 교만, 허영, 쾌락, 부, 명예, 권력 등에 대한 욕망은 죽은 것이 되어 이내 영원히 사라진다. 이런 것들에는 더는 생명도 행복도 없다. 다시 태어난 사람의 삶에서 이것들이 차지할 자리는 없다. 그리고 그의 내면에서는 자아와 죄에 매몰되어 있던 '옛사람'이 죽고 사랑과 순결함으로 가득 찬 '새사람'이 태어나기에 그는 이전 모습으로 다시는 돌아갈 수 없다는 사실을 안다. 또한 그는 명상 과정이 무르익고 열매를 맺으면서 순결함, 사랑, 지혜, 평온함을 지배적 자질로 갖추고 다툼, 시기, 의심, 미움, 질투가 머무를 곳을 찾지 못하는 새로운 존재가 된다. "이전 것은 지나갔으니 보라 모든 것이 새것이 되었도다." 사람과 사물이 다른 빛으로 보이고 새로운 우주가 모습을 드러내지만 혼란은 없다. 욕망, 격정, 고통이 충돌하는 내적 혼돈에서 새로운 존재가 태어나듯이, 언뜻 보면 양립할 수 없을 것 같은 외부 세계에서도 질서 정연하고 순차적이며 조화롭고, 또한 형언할 수 없이 찬란하며 완벽하게 공정한 새로운 우주가 생겨난다.

명상은 정화와 순응의 과정이다. 정화를 가져오는 요소는 열망이며, 조화를 이루는 힘은 지적인 사고 과정에 있다.

명상 단계에서는 두 가지 뚜렷한 영적 변화 과정이 나타난다. 즉 다음과 같은 두 가지 영적 변화 과정이 일어나기 시작하는 것이다.

1. 격정의 변화
2. 고통의 변화

이 두 가지 상태는 상호 의존적이며, 서로에 대해 작용 및 반작용을 하면서 동시에 진행된다. 격정과 괴로움, 또는 죄와 고통은 인류를 괴롭히는 모든 문제의 원인인 자아의 두 가지 측면이다. 이들은 힘이 있지만, 그 힘이 잘못 사용되었다는 것을 보여준다. 격정은 더 고귀한 용도와 쓰임이 있는 신성한 에너지가 낮게 표현된 경우다. 괴로움은 신성한 에너지를 제한하고 부정하며, 그 결과 조화를 회복시키는 수단이 된다. 사실상 괴로움은 자아에 속박된 사람에게 "여기까지만 가고 더는 가지 마라"고 말한다. 명상을 하는 사람은 격정에 사로잡힌 에너지를 악의 영역(자기 추종)에서 선의 영역(자기 극복)으로 옮긴다. 그는 오늘은 반성하고 내일은 격정을 극복하며 모레는 기뻐한다. 아래쪽으로 향하던 마음이 위쪽을 향한다. 죄의 바탕인 금속이 진리의 순금으로 바뀐다. 정욕, 증오, 이기심이 사라지고 순결함, 사랑, 선의가 그 자리를 대신한다. 단계가 진행됨에 따라 에너지를 더 고귀하게 쓰는 데 마음을 집중하며, 그것보다 낮게 생각하고 행동하는 것이 점점 더 어려워진다. 낮고 난폭하며 조화를 이루지 않는 활동으로부터 마음이 자유로워진 만큼 격정은 힘으로, 괴로움은 행복으로 변한다.

이는 곧 죄가 없는 사람에게는 괴로움 같은 것이 없다는 의미다. 죄가 사라지면 괴로움도 사라진다.

자아는 고통의 원천이고, 진리는 행복의 원천이다.

거듭나지 않는 사람이 학대, 비방, 오해, 박해를 받으면 극심한 고통을 겪지만, 거듭나는 사람이 이런 일을 겪으면 그의 내면에서 천국의 행복이라는 환희가 생겨난다. 가장 큰 적인 자아를 발밑에 내려놓은 사람만이 다음의 말을 완전히 이해할 수 있다.

나로 말미암아 사람들이 너희를 욕하고 박해하며 거짓으로 온갖 악한 말을 할 때 너희에게 복이 있나니. 기뻐하고 넘치게 즐거워하라.

거듭나지 않는 불의한 사람은 불행을 느끼는 상황에서 거듭나는 의로운 사람은 왜 기뻐하는가? 이는 자기 안의 악을 극복한 사람은 외부의 악을 보지 않기 때문이다. 선한 사람에게는 모든 것이 선하며, 그는 모든 것을 세상의 선을 이루는 일에 사용한다. 그에게 박해는 악이 아니라 선이다. 통찰력과 지식, 힘을 얻은 그는 사랑의 정신으로 박해에 맞섬으로써 비록 그 당시에는 알지 못하더라도 박해자들을 고양하고 그들의 영적 발전을 가속화한다. 그는 악의 힘을 정복했기에 형언할 수 없는 행복으로 가득 차 있다. 악의 힘에 굴복하는 대신, 그것을 인류의 선과 이익을 위해 사용하고 다루는 방법을 배운 그는 늘 행복하다. 그는 모든 이들과 하나가 되어 복될 뿐 아니라, 우주와 융화하고 우주적 질서와 조화를 이루어 복되다.

241쪽에 나오는 기호는 지금까지 설명한 내용들을 더 쉽게 이해하는 데 도움이 될 것이다.

맨 밑에는 무지와 관련된 정욕, 어둠, 죽음의 낮은 세계가 있다. 십자가의 아랫부분, 즉 욕망이 여기에 뿌리를 둔다. 욕망은 십자가의 가운데 부분

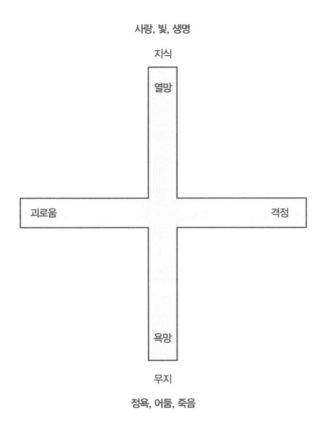

사랑, 빛, 생명

지식

열망

괴로움　　　　　격정

욕망

무지

정욕, 어둠, 죽음

에서 양쪽으로 갈라진다. 오른쪽(적극적 또는 긍정적)은 격정이고, 왼쪽(소극적 또는 부정적)은 괴로움으로, 둘은 똑같이 균형을 이룬다. 격정과 괴로움이 합쳐져 십자가의 머리 부분으로 올라가는 것이 열망이다. 여기에 가시관에 상처 입고 피 흘리는 인류의 머리가 놓여 있다. 그리고 바로 그 끝, 십자가의 정상에 지식이 있다. 지식은 자기중심적인 삶의 꼭대기에 있으며 동시에 진리를 추구하는 삶의 기초가 된다. 그리고 그 위로 사랑, 빛, 생명의 천상계가 자리하고 있다.

거듭나는 사람은 이 땅에 머물면서도 이렇게 지극히 아름다운 세계에서 살아간다. 그는 열반, 즉 천국에 도달한다. 십자가를 짊어진 그에게는 더 이상 죄와 고통이 없다. 욕망, 격정, 고통이 사라진다. 조화가 회복되며 모든 것이 행복이고 평화다.

십자가는 고통의 상징이다. 즉 욕망은 고통스럽고, 격정은 고통스럽고, 괴로움은 고통스럽고, 열망은 고통스럽다. 그래서 이것들을 두 쌍의 반대 극을 가진 십자가로 나타낸 것이다. 괴로움은 격정과 조화하면서 정화하는 요소, 열망은 욕망과 조화하면서 정화하는 요소다. 하나가 있는 곳에 다른 하나도 있어야 한다. 하나를 없애면 다른 하나도 사라진다. 괴로움, 즉 고통은 격정을 중화하는 데 필요하고 열망, 즉 기도는 욕망을 제거하는 데 필요하다. 하지만 거듭난 사람에게서는 이 모든 것이 끝난다. 그는 새로운 삶과 새로운 만물의 질서, 순결함의 의식으로 고양된다. 아무것도 부족하지 않으며 만물과 하나가 되었기에 그는 기도할 것이 없다. 구원을 받았고 조화를 이룬 데다, 만족스럽고 평화롭기까지 한 그는 우주에 미워하거나 두려워할 것이 없다. 오직 현재의 선과 인류 최후의 구원을 위해 멈추지 않고 일하는 것이 그가 가진 의무이자 그가 할 수 있는 일이다.

유혹

격정 뒤에는 슬픔이 따르고

모든 속세의 기쁨 뒤에는

비탄과 공허함, 상심이 기다리고 있음을 아네. 나도 슬프구나.

그러나 진리는 틀림없이 존재하고 발견할 수 있으니

나 비록 슬픔 속에 있지만 이것은 알고 있네

진리를 찾으면 기뻐하리라

　　인간을 유혹하는 유일한 외부 요소는 감각을 자극하는 대상들뿐이다. 다만, 이런 감각의 대상들은 내 마음이 그것을 소유하고 싶은 대상으로 인식하기 전까지는 그 자체로 무력하다. 따라서 인간의 유일한 적은 감각을 자극하는 대상에 대한 탐욕이다. 감각의 대상을 탐하지 않으면 유혹이나 불순한 욕망과의 고통스러운 싸움은 사라진다. 더는 감각의 대상을 탐하지 않는 것을 두고 '욕망을 버린다'라고 표현한다. 이것은 내면의 더러운 욕망을 버린다는 뜻이고, 그럼으로써 인간은 외적인 것의 노예가 되지 않고 스스로의 주인이 된다.

유혹은 다소 느린 발달 과정이다. 그래서 그 지속 기간은 오랫동안 정신 수양과 자기통제를 훈련한 덕분에 자신의 생각과 행동의 본질, 그리고 이를 지배하는 법칙을 정확히 깨달은 현자만이 측정할 수 있다. 유혹은 명확하게 정의할 수 있는 다섯 단계로 이루어져 있으며, 그 발달 과정도 정확히 추적할 수 있다.

반면, 여전히 유혹에 빠져 있는 사람은 자신의 생각과 행동의 본질, 그리고 그것을 지배하는 법칙에 관해 거의 또는 전혀 지식이 없다. 그는 외적인 것, 즉 감각의 대상에 너무 오랫동안 심취한 채 살아왔고 자기반성과 마음의 정화에는 거의 시간을 쏟지 않았기 때문에 매일 하는 생각과 행위의 진정한 본질에 대해서는 무지한 상태다. 그에게 유혹은 즉각적인 것처럼 비친다. 갑작스럽고 언뜻 설명이 불가능해 보이는 맹습에 맞서 싸울 힘이 없는 그는 유혹을 신비한 것으로 여긴다. 신비한 것은 미신의 어머니라서 그는 자신의 문제를 설명하기 위해 어떤 사변적인 믿음에 빠지게 된다. 이를테면 아무런 예고도 없이 갑자기 자신을 공격하고 괴롭히는 보이지 않는 악의 존재 또는 외부 힘에 대한 믿음에 빠지는 것이다. 이런 미신은 그를 더욱 무력하게 만든다. 그는 강력한 존재에 대처할 능력이 자신에게는 부족하다는 것을 알지만, 그 존재가 있는 장소와 전술에 대해서는 전혀 모르기 때문이다. 그래서 그는 이 딜레마를 푸는 데 필요해 보이는 믿음과 미신을 받아들임으로써 결국 자신의 모든 죄와 고통에 추가로 더해, 그의 관심을 빼앗아 문제의 진짜 원인에서 점점 멀어지게 하는 초자연적 믿음까지 짊어지게 된다. 그는 자기 복종과 자기 정화로 영적 본성의 인과관계를 파악할 수 있는 능력을 얻을 때까지 계속해서 유혹을 받고 실패를 경험한다. 그러다 마침내 깨끗이 정화된 통찰력을 얻으면 유혹의 순간은 마음속에 은밀히 품은 불순한 욕망을 이행하는 것에 불과하다는 사실을 깨닫게 된다. 이후 더 순수한 마음을 가지고 방황하는 생각에 대한 충분한 통제력을 얻어 분석하고 이해할 수 있게 되면 실제 유혹의 순간 자체에 그 시작과 성장, 결실이 있음을 인지하게 될 것이다.

그렇다면 유혹의 단계는 무엇인가? 유혹의 과정은 마음속에서 어떻게 시작되는가? 어떻게 자라나서 쓰디쓴 과실을 맺는가? 유혹은 ①인식 ②착상 ③관념 ④끌림 ⑤욕망 등 총 다섯 단계로 되어 있다.

첫 번째 단계에서는 감각의 대상을 어떤 대상으로서 인식한다. 이는 순수한 인식이며, 죄나 번뇌가 없다. 두 번째 단계에서는 감각을 자극하는 대상을 개인적 쾌락을 불러오는 대상으로 여긴다. 막연히 쾌락적 감각을 추구하면서 대상에 대해 거듭 생각하고, 이때 번뇌와 죄가 시작된다. 세 번째 단계에서는 감각의 대상을 쾌락의 대상으로서 마음에 품는다. 이 단계에서 대상은 특정한 쾌락적 감각과 연결되며, 이러한 감각은 마음속에 새겨져 생생하게 떠오른다. 네 번째 단계에서는 감각의 대상을 쾌락의 대상으로 인식한다. 쾌락을 분명하게 정의된 대상과 연결하지만 쾌락과 대상을 혼동해 두 가지를 하나라고 생각하며, 마음속에서 대상을 소유하고 싶은 바람이 생겨난다. 즉 대상에 마음을 빼앗긴다. 마지막 다섯 번째 단계에서는 강렬한 욕망이 생긴다. 대상이 제공하는 쾌락과 만족을 경험하기 위해 대상을 소유하고 싶은 탐욕과 갈망이 생기는 것이다. 마음속에서 앞의 네 단계를 반복할 때마다 욕망은 마치 불에 기름을 부은 것처럼 강하고 뜨거워지며, 마침내 즉각적인 쾌락과 만족 이외에 그 무엇도 보지 못하는 격렬한 격정으로 불타오른다. 이렇게 고통스러운 생각이 결실을 맺을 때 '유혹을 받는다'고 표현한다. 이후 행동 단계는 단지 욕망하는 바를 행하는 것으로, 이미 마음속에서 저지른 죄를 외부적으로 실현한다. 욕망에서 행동까지는 그저 한 걸음이다.

다음 표를 보면 그 과정과 원리를 더 잘 이해할 수 있을 것이다.

1. 부작위 Inaction**—거룩함: 안식**

① 인식: 감각의 대상을 있는 그대로 인식한다.

②착상: 감각의 대상을 쾌락의 원천으로 여긴다.

③관념: 감각의 대상을 쾌락을 제공하는 것으로서 마음속에 새긴다.

④끌림: 감각의 대상을 소유하고 싶은 것으로 인식한다.

⑤욕망: 감각의 대상을 그 자체로 탐낸다. 즉 개인적인 기쁨과 쾌락을 위해 갈
망한다.

2. 행동-죄: 불안

사람은 유혹을 받을 때마다 부작위의 다섯 단계를 연속적으로 통과해 결
국 행동에 이른다. 이 과정은 유혹의 성질과 유혹당하는 사람의 성격에 따
라 걸리는 시간이 크게 다르다. 하지만 수차례 굴복과 실패를 겪으면서 부
작위에서 행동으로의 변화에 익숙해지면 유혹이 순간적이고 불가분한 경
험으로 보일 만큼 모든 단계를 빠르게 넘어가게 된다.

그러나 현자는 유혹의 과정에 필요한 시간을 간과하지 않고 그 발전 과정
과 변화를 주시한다. 과학자가 뇌에서 신체 말단으로, 또는 신체 말단에서
뇌로 감각이 전환되는 데 시간이 소요되지 않는 것처럼 보여도 이 시간을
측정할 수 있듯이, 현자는 방법은 다르지만 갑작스러운 유혹을 경험할 때
순수한 인식에서 타오르는 욕망으로 변화되는 과정을 측정할 수 있다.

유혹의 본질에 대한 이러한 지식은 유혹의 힘, 더 정확히 말하자면 겉으
로 보이는 힘을 파괴한다. 힘은 거룩함 안에서만 존재하기 때문이다. 무지
는 모든 죄의 근원으로 마음속에 지식이 자리 잡으면 사라진다. 빛이 들어
오면 어둠과 어둠의 영향이 사라지는 것처럼 죄와 죄의 영향도 영적 본성
에 대한 지식을 습득하고 받아들이면 흩어진다.

그렇다면 현자는 어떻게 죄를 피하고 평화를 유지하는가? 죄스러운 행위
의 본질은 유혹의 결과이고, 유혹의 본질은 특정 사고 흐름의 끝이자 결실

이라는 사실을 아는 사람은 애초 그러한 사고 흐름을 시작부터 중단하고, 마음이 고통과 슬픔의 세계인 감각의 세계로 넘어가지 않게 단속한다. 또한 자신의 마음을 영원히 경계하고 지켜보면서 생각이 순수한 지각의 안전한 문 너머로 나가지 못하게 잡아둔다. 그는 마음이 순수하기에 '모든 것을 순수하게' 받아들인다. 쾌락을 추구하는 사람은 어떤 것을 개인적 즐거움의 대상으로 보고, 유혹을 받는 사람은 악과 고통의 원천으로 보지만, 현자는 물질적인 것이든 정신적인 것이든 모든 대상을 있는 그대로 본다. 그러나 그가 있는 자연스러운 영역은 완전한 거룩함과 안식이 있는 부작위의 영역이다. 즉 그는 쾌락과 고통에 무관심하기에 이를 전혀 고려하지 않으며, 모든 것을 쾌락의 관점이 아닌 옳음의 관점에서 바라본다.

그렇다면 현자, 죄가 없는 사람에게는 아무런 즐거움이 없는가? 그의 삶은 부작위의 상태로 죽은 듯 단조로운가? 현자는 세상이 '쾌락'이라고 칭하지만 마치 가면처럼 고통의 특징을 감추고 있는 모든 감각적 흥분으로부터 자유롭다. 그는 욕망과 쾌락의 속박에서 해방되어 쾌락을 추구하는 자나 죄에 빠진 방랑자는 알 수도, 이해할 수도 없는 신성하고 영원한 기쁨 속에서 살아간다. 다만, 여기에서 부작위란 죄에 대한 부작위를 의미한다. 저급한 동물적 활동을 삼가는 부작위는 동물적 활동에 묶여 있던 에너지를 해방시켜 구속받지 않는 영역과 자유를 제공하고, 더 높은 지적 · 도덕적 활동으로 옮겨가게 한다.

따라서 현자는 내면에서 죄의 뿌리를 뽑아 그것이 끌림으로 자라나 욕망의 꽃을 피우고 죄스러운 행동의 쓴 열매를 맺지 못하게 함으로써 죄를 피한다. 반면, 현명하지 않은 자는 마음속에 쾌락에 대한 생각을 뿌리내리게 하고, 그것이 자라 쾌락을 가져다주는 감각을 불러일으키게 만든다. 그는 마음속으로 '내가 죄스러운 행동을 하지 않는 한 죄로부터 자유롭다'고 생각하면서 즐겁게 감각을 추구하며 살아간다. 그는 자신의 생각이 원인이 되어 행동이라는 결과가 빚어진다는 사실을 알지 못할뿐더러, 악덕한 생각을 가지고 사는 사람은 악덕한 행동에서 벗어날 수 없다는 진리를 이해하지 못한다. 따라서 생각이 행동에 이르는 과정이 그의 마음속에서 발전해 욕망의 꽃을 피우고 유혹의 마지막 순간에, 즉 욕망에 의해 두드러지는 기회의 순간에 자신이 탐내던 대상을 아무런 거리낌 없이 취할 수 있다면 그는 순식간에 죄받을 행동을 하게 된다.

재창조

오직 고결함에 복종하고 기뻐하라

이기기 위해 온몸을 긴장하는 강한 운동선수처럼

네 모든 힘이 시험에 들 때

정욕과 갈망과 방종의 노예가 되지 마라

실망, 불행, 슬픔의 노예가 되지 마라

두려움, 의심, 비탄의 노예가 되지 마라

다만 평온함으로 너 자신을 통제하라

다른 사람들을 지배하고 지금까지 그대를 지배해왔던

네 안의 욕망을 다스려라

네 격정이 다스리게 하지 말고 네가 격정을 다스려라

격정이 평화로 바뀔 때까지 너 자신을 복종시켜라

그러면 지혜가 그대에게 면류관을 씌우리니 네가 얻으리라

그리고 얻음으로써 알리라

지금까지 유혹의 본질을 상호 의존적인 다섯 단계로 나누어 고찰하고 검

토했다. 이제는 재창조의 과정으로 넘어가서 재창조의 본질을 생각해보자. 이미 어느 정도 깨달음을 얻은 사람이라면 완전한 삶을 향한 힘겨운 싸움에서 큰 도움을 받을 수 있을 것이다.

재창조의 다섯 단계는 ①성찰 ②자기반성 ③자기 분석 ④명상 ⑤순수한 지각이다.

순수하고 진실한 삶의 첫 번째 단계는 사려 깊음이다. 경솔한 사람은 인생의 올바른 길로 들어서지 못한다. 오직 성찰하는 마음만이 지혜를 얻을 수 있다. 자신의 위치를 살피고 세상의 상태와 삶의 의미를 성찰하고자 더는 즐거움을 쫓지 않으면서 스스로를 멈출 때 그 사람은 재창조의 첫 번째 단계에 들어선다. 마음속에 심원하고 고귀한 목적을 품고 진지하게 생각하기 시작하면 경솔한 자와 어리석은 자가 쾌락의 거품을 잡으려 하는 넓은 길에서 벗어나, 사려 깊은 사람과 지혜로운 사람이 영원한 진리를 이해하고 있는 좁은 길로 들어서게 된다. 그럼 그에게는 죄와 고통으로부터 해방이 보장된다. 아직은 여러 불확실성이 그를 둘러싸고 있긴 해도 그는 자신을 기다리고 있는 평화를 미리 맛본다. 그의 격정은 여전히 강하지만 고요하고, 마음은 차분하고 명료하며, 타인과의 교제는 더 순수하고 엄숙하다. 가장 깊은 생각에 잠긴 순간 그는 환상처럼 언젠가 자신이 아는 힘, 평온함, 지혜를 당연히 소유하고 있는 모습을 보게 된다. 그리하여 그는 두 번째 단계로 나아간다.

두 번째 단계로 나아간 사람은 삶의 모든 측면을 날마다 점점 더 진지하게 성찰하면서 다른 이들이 빠져 있는 격정과 욕망을 지각하고, 덧없는 존재와 관련된 슬픔을 깨닫는다. 그는 정욕과 야망의 불타오르는 흥분이나 쾌락에 대한 갈망, 불안과 공포의 으스스한 오한, 서서히 다가오는 죽음의 불확실성을 목격해 그 모든 것의 의미를 알고자 하며, 슬프고 불가사의해 보이는 것들의 근원과 원인을 열렬히 찾으려 한다. 자신을 인류의 한 단위로, 다른 이들처럼 격정과 슬픔에 빠지는 존재로 인식한 그는 어쨌든 모든 인생의 비밀은 필연적으로 평온하고 정화된 마음, 그리고 스스로의 존재와 밀접하게 관련되어 있음을 막연하게 이해한다. 그는 관찰만을 기초로 하며, 여전히 자신을 격정과 슬픔에 빠지게 하고 불안과 두려움의 먹이가 되게 하는 표면적인 이론에 만족하지 않는다. 오직 자신이 바라던 지혜와 평화의 계시가 마음속에 기다리고 있다고 믿으면서 생각을 내부로 돌린다. 그리하여 그는 자기 반성적인 사람이 되고 세 번째 단계로 넘어간다.

자기반성적인 습관이 완전히 자기 것이 되어 무르익으면 마음속에 귀납적 사고의 미묘한 과정이 시작된다. 이로써 인간의 본성, 나아가 모든 인류가 지닌 본성의 가장 깊은 곳이 스스로 모습을 드러내고 인내심을 가진 탐구자의 날카로운 통찰력에 그 비밀을 풀어놓는다. 인내심을 가신 남구자는 엉킨 생각의 실타래를 풀고, 재빠르게 움직이는 생각의 북이 정신적 과정으로 짜놓은 삶이라는 편물의 날실과 씨실을 면밀히 검토한다. 그는 처음으로 인간 행위의 내적 원인과 존재의 의미, 목적을 어느 정도 명확하게 이해하기 시작한다. 이런 사고 과정이 진행되면서 욕망과 격정이 정화되고, 진리를 올바르게 인식하는 데 필요한 평온함을 얻는다. 그리고 점차 만물의 고정된 원리들을 이해하는 동시에, 영원한 삶의 법칙들을 논리적으로 파악하게 된다.

이후 구도자는 조용히 잠든 세상을 몰래 비추는 새벽의 부드러운 빛처럼, 자신도 모르는 사이 정화되고 고요하며 통제된 마음을 가지고 네 번째 단계로 넘어가 떠오르는 진리의 빛을 향해 오랫동안 잠자던 눈을 뜬다. 그는 으레 명상에 잠기고, 명상 속에서 지식의 문을 여는 열쇠를 발견한다. 이 단계는 죄인이 성자가 되고 제자가 스승으로 바뀌는 재창조 과정 중 고급 단계다. 이 단계에서는 지금까지 느리고 고통스러웠던 변화의 과정이 크게 가속화된다. 그래서 이전에 쾌락, 만족, 격정, 고통에 쓰였던 영적 힘이 보존되고 통제된 상태로 생산적 사고의 통로로 흘러들어가 마침내 마음에서 지혜가 탄생하고 행복과 평화가 생겨난다.

명상을 통해 기술과 힘을 얻으면 마지막 다섯 번째 단계에 도달한다. 다섯 번째 단계에서는 예언자와 현자의 완벽한 통찰력을 발달시켜 삶의 사실들을 파악하고, 만물의 법칙과 원리를 깨닫는다. 이 단계에서 인간은 완전히 재창조되고 정화되며 완전해진다. 모든 인간의 격정이 정복되고 슬픔이 극복된다. 사물을 있는 그대로 보게 되고, 삶의 모든 복잡성이 진리의 빛에 꾸밈없이 드러나며, 더는 의심과 혼란, 죄와 고뇌가 존재하지 않게 된다. 순수하고 깨달음을 얻은 눈으로 인간의 삶에서 오류 없이 작동하는 숨겨진 원인과 결과를 지각하는 사람, 격정의 쓴 열매가 무르익는 과정과 슬픔의 어두운 물이 샘솟는 지점을 아는 사람에게는 이제 죄도 슬픔도 없다. 보라! 그는 평화를 얻는다.

지금까지 살펴본 다섯 단계는 다음 표와 같이 정리할 수 있다.

무지-죄: 고통

① 성찰: 삶의 본질과 의미에 대해 깊고 진지하게 생각하는 것

② 자기반성: 삶에 작용하는 원인과 결과를 내면에서 찾는 것

③ 자기 분석: 삶의 진실을 찾기 위해 생각의 샘을 찾아내고 동기를 정화하는 것

④ 명상: 삶의 사실과 원리에 대해 순수하고 차별적으로 생각하는 것

⑤ 순수한 지각: 통찰력. 삶의 법칙에 대한 직접적인 지식을 얻는 것

깨달음-순수함: 평화

재창조의 전체 과정은 식물의 성장에 비유할 수 있다. 처음에는 성찰의 작은 씨앗이 무지의 깜깜한 토양에 던져진다. 그다음에는 작은 뿌리가 자라 빛과 물을 더듬어 찾고(자기반성) 빛을 향해 위로 뻗어나간다(치열한 자기

분석). 마침내 싹이 트고 명상의 꽃봉오리가 맺히면 현자가 얻는 영적 영광인 순수하고 현명한 통찰력, 깨달음의 완전한 꽃이 핀다.

죄와 고통에서 시작해 사색과 자기 탐색, 자기 정화, 명상, 통찰력을 거쳐 순수한 삶과 신성한 지혜를 추구하는 구도자는 마침내 흠결 없는 삶의 순결한 거처에 도달해 완전한 법칙을 알고 고통의 어두운 복도를 지나간다.

행동과 동기

옳은 것에 순종하라

그러면 그릇된 것이 다시는 네 평화를 공격하지 않으리

더 이상 죄가 너를 해치지 않으리

네 마음을 순결하게 하라

그러면 슬픔이 없는 곳

모든 악이 끝나는 곳에 이르리

"지옥으로 가는 길은 선한 의도로 포장되어 있다"는 말이 있다. '선한 동기'로 행한 것이라며 죄를 변명하는 말도 자주 듣는다.

행동에는 그 자체로 나쁜 행동과 선한 행동이 있다. 선한 의도가 전자를 선하게 만들 수 없고, 이기적인 의도가 후자를 나쁘게 만들 수도 없다. 그 자체로 나쁜 행동 가운데 으뜸은 모든 문명화된 사회가 '범죄'로 분류하는 행동들이다. 살인, 절도, 간통, 명예훼손 등은 언제나 나쁜 행동이며, 그 행동을 유발한 동기는 조사할 필요조차 없다. 흑과 백은 영원히 흑과 백일 뿐, 그럴듯하게 논증한다고 해서 변하지 않는다. 거짓말은 영원히 거짓말이며, 아무리 의도가 선하다 해도 그것이 진실이 되지는 않는다. 선한 의도로 거짓말을 한 사람은 어쨌든 거짓말을 한 것이다. 이기적인 의도로 진실을 말했다면 어쨌든 진실을 말한 것이다.

앞에서 언급한 행동 외에도 이 땅의 법이 범죄로 분류하고 있지는 않지만 거의 모든 지성인이 잘못으로 인식하는 행동들이 있다. 사회생활과 가정생활, 동료와의 일상적인 관계에 속한 행동들이다. 자녀가 부모에 대한 의무를 고의로 저버린다면 아버지는 그 이유를 묻는 데 그치지 않고 자녀에게 응당 받아야 할 벌을 내린다. 불효는 그 자체로 잘못된 행동이기 때문이다.

이쯤에서 "그렇다면 동기, 즉 마음의 상태를 가장 중요한 것으로 여기고 행위는 부차적인 것으로 생각하라는 말은 잘못된 가르침인가?"라고 질문할 수 있다. 대답은 "그렇지 않다"이다. 동기는 행위의 본질을 결정하기 때문에 중요하다. 여기서 우리는 의도와 동기를 구분해야 한다. 어떤 동기가 좋다, 나쁘다고 할 때 사람들은 거의 대부분 동기를 좋은 의도 또는 나쁜 의도라는 뜻으로 이해한다. 즉 좋든 나쁘든 특정 목표를 염두에 두고 행동한다는 의미로 받아들이는 것이다. 하지만 동기는 마음속에 깊이 자리 잡은 이유이자 습관적인 마음 상태인 반면, 의도는 추구하는 목표다. 즉 어떤 행동이 불순한 동기에서 비롯되어도 최선의 의도를 가지고 행할 수 있는 것이다. 동기가 불순한 사람이 선한 의도로 가득 차 있어서 "내 도움이 필요하다"는 착각에 빠진 채 끊임없이 타인을 간섭하고 그의 일과 삶을 방해할 수도 있다.

의도는 다소 피상적이고 주로 충동의 문제이지만, 좀 더 깊은 곳에 자리 잡고 있는 동기는 인간의 변하지 않는 도덕적 상태와 관련 있다. 오늘은 어떤 행동을 좋은 의도를 가지고 했다가도 몇 주 후에는 나쁜 의도로 똑같은 행동을 할 수 있는 것이다. 두 경우 모두 행동의 기초를 이루는 동기는 동일하다.

실제로 올바른 동기에서는 잘못된 행동이 나올 수 없다. 선한 의도로 잘못된 행동을 할 수는 있어도 말이다. 습관적이든, 아니면 유혹의 스트레스를 받아서이든 살인, 도둑질, 거짓말 같은 나쁜 행동을 하는 사람은 어둡고 혼란스러운 마음 상태를 가지고 있다. 이런 나쁜 행동들은 올바른 동기를 가지고는 할 수 없으며, 불순한 근원에서만 나온다. 그렇기에 위대한 스승들은 동기는 거의 언급하지 않고 늘 행동에 대해 말했다. 즉 스승들의 가르침은 동기에 대한 언급 없이 어떤 행동이 나쁘고 좋은지만 알려준다. "그들의 열매로 그들을 알 것이다"라는 말처럼 나쁜 행동과 좋은 행동은 그 자체로 니쁜 동기와 좋은 동기의 열매이기 때문이다.

"판단하지 말라"는 조언은 포도를 무화과라고, 무화과를 포도라고 믿으라는 가르침이 아니라, 둘을 명확하게 구별하는 판단력을 가져야 한다고 강조하는 가르침이다. 마찬가지로 나쁜 행동과 좋은 행동을 분명하게 구별해 전자를 피하고 후자를 받아들여야 한다. 이렇게 해야만 마음을 정화할 수 있고, 올바른 동기를 가지고 행동할 수 있다. 자신과 타인에게 무엇이 좋고 나쁜지를 명확히 인식하는 것은 잘못된 판단이 아니라 지혜다. 타인에 대해 근거 없는 의심을 품고 그들의 행동에서 나쁘고 이기적인 의도를 읽어낼 때 스승들이 경고한 유해한 판단에 빠지게 되는 것이다.

주변 사람들의 선한 의도를 의심할 필요는 없지만, 하지 않는 편이 나은 나쁜 행동과 하는 편이 나은 좋은 행동이 무엇인지 완벽하게 알고 있을 필요는 있다. 그리고 전자는 행하지 않고 후자는 스스로 행하도록 주의를 기울이면서 타인을 책망하고 비난하는 대신, 자신의 삶과 행동으로써 보여줘야 한다. 매일 셀 수 없이 많은 잘못된 행동이 선한 의도로 행해진다. 그 많은 선한 목적이 좌절되고 실망으로 끝나는 이유는 근간을 이루는 동기가 불순해 바라던 선한 열매가 맺히지 못하기 때문이다. 또한 행위가 선한 의도와 조화되지 않고 수단이 목적에 맞지 않기 때문이다. 나쁜 행동은 쓴 열매를 맺고, 좋은 행동은 달콤한 열매를 맺는다.

율법은 "살인하지 말라, 도둑질하지 말라, 간음하지 말라"고 규정하고 있을 뿐, "나쁜 동기로 살인, 도둑질, 간음하지 말라"고 규정해놓지는 않았다.

잘못된 행동은 항상 자기기만을 수반하며, 자기기만은 자기 정당화를 가장 주된 형태로 취한다. 누군가 악한 행동을 하고도 '순수한 동기'로 한 것이니 죄에서 자유롭다고 자만한다면 그가 저지를 수 있는 악에는 한계가 없게 된다.

나쁜 행동은 대부분 좋은 의도를 수반한다. 남을 비방하는 사람의 목적은 일반적으로 동료를 보호하는 것이다. 어리석은 의심에 괴로워하거나 해를 입었다는 생각에 상심한 사람은 주변 동료들에게 타인을 비방하면서 나쁜 자질만 이야기한다. 그리고 지나치게 열심히 경고하다가 진실을 왜곡한다. 그의 의도는 동료를 보호하려는 것으로 선하다. 하지만 그의 동기는 타인을 비방하고 증오하기에 악하다. 따라서 그의 선한 의도는 나쁜 행동 탓에 좌절되고, 결국 진리를 사랑하는 모든 이들로부터 멀어지기만 할 뿐이다.

나쁜 행동의 상처는 좋은 의도로 덮는다고 치유되지 않으며, 마음에서 번뇌의 원인이 제거되는 것도 아니다. 나쁜 행동을 하는 사람은 순수한 동기로 일할 수 없다. 더러운 물은 늘 더러운 수원에서 나오고, 불순한 행동은 불순한 마음에서 나오기 때문이다.

따라서 우리는 어떤 행동은 영원히 악한 것으로, 또 어떤 행동은 영원히 선한 것으로 인식하고, 악한 행동을 영원히 버린 다음 선한 행동을 마지막 피난처로 삼을 필요가 있다. 그럼 삶이 크게 단순화되면서 행위의 모든 복잡한 문제가 해결된다.

지혜롭고 선한 사람은 선한 행동을 한다. 동기, 행동, 의도가 조화롭게 조정되어 그들의 삶은 선을 이루는 데 강력하고, 실망에서 자유로우며, 때가 되면 노력의 선한 결실이 나타난다. 그들은 이해하기 어렵고 그럴듯한 논증으로 자신의 행동을 변호할 필요가 없고, 동기에 관해 끝없이 형이상학적 추측을 할 필요도 없다. 오직 행동하고 그 행동이 열매를 맺도록 놓아두는 것에 만족한다.

선한 의도가 나쁜 행동에 따른 결과를 덮을 것이라고 스스로를 설득하려
하지 말고 선한 행동을 실천하라. 그래야만 선함을 얻을 수 있고, 삶을 고
정된 원칙 위에 확립할 수 있으며, 마음이 순수한 동기를 이해해 그것을 바
탕으로 행동할 수 있다.

도덕성과 종교

현명한 사람은

생각에 생각을 더하고 행동에 행동을 더해

선한 방법으로 인격을 쌓아간다.

조금씩 고귀한 목적을 이루고

그윽히 인내하며 부지런히 일한다.

마침내 진리의 성전이 완성될 때까지

날마다 마음과 정신에

순수한 생각, 높은 열망, 이타적인 행동을 쌓는다.

그러면 보라!

완전함의 성전이 우뚝 설지니.

종교에서 도덕성의 분리만큼 영적 문제에서 혼란과 타락을 더 확실하게 보여주는 것도 없다. "그는 매우 도덕적인 사람이지만 종교적인 사람은 아니다"라거나 "그는 매우 선하고 덕이 높지만 전혀 영적인 사람은 아니다"라는 말은 종교와 선함, 순결함, 바른 삶을 사뭇 다른 것으로 간주하는 이들이 흔히 쓰는 표현이다.

　종교를 단순히 특정 형태의 신앙을 숭배하는 것으로만 여긴다면 살인자나 도둑, 그 외 악행을 저지르는 자도 때로는 독실한 종교인이자 열렬히 교의를 추종하는 사람이니 "그는 부도덕하긴 해도 매우 종교적인 사람이다"라고 할 수 있을 것이다. 마찬가지로 어떤 경우에는 "그는 아주 선하지만 종교적인 사람은 아니다"라고 말할 수도 있다.

　그러나 종교를 이렇게 좁은 계명으로 정의하면 종교적 관점에서 산상수훈의 많은 부분이 불필요해진디. 또한 종교의 수단과 목직을 혼동하게 되고, 종교의 형식을 우상화해 정신을 배제하게 된다. 이것이 도덕성이 종교에서 분리되어 종교와 별개의 부분으로 여겨질 때 실제로 일어나는 일이다.

　하지만 종교는 이보다 더 넓은 의미를 가지고 있다. 가장 눈에 띄지 않는 종교조차 많은 사람이 자신의 의식 안에서 무분별한 판단에 따라 종교에서 분리해버린 선, 미덕, 도덕성을 향한 인간의 열망을 표현한다. 도덕적으로 탁월하고 선하며 고귀한 인격과 순수한 마음을 가진 삶이 종교의 목적이자 목표 아닌가? 신앙의 형식에 대한 숭배와 집착은 실체와 정신이 아닌, 그림자와 형식에 불과한 것 아닌가?

　다른 분야도 그렇지만 종교 역시 수단과 목적, 방법을 가지고 있다. 예배, 신에 대한 믿음, 교의에 대한 복종은 수단이고 선과 미덕, 도덕성은 목적이다. 방법은 다양하고 수많은 신앙 형태로 구현되지만, 목적은 도덕적 위대함 단 하나다!

　그러므로 도덕적인 사람은 반종교적인 사람과는 거리가 멀다. 도덕적인 사람은 어떤 형태의 신앙을 공개적으로 고백하지 않더라도 이미 종교의 실체를 알고 있고, 그 정신을 전파하며, 그 목적을 달성했기 때문이다. 우리가 종교의 달콤한 열매를 발견하고 누린다면 알맹이를 보호하던 껍질은 그 목적을 달성한 것이고 더는 필요 없어진다.

다만 오해하면 안 되는 부분이 '도덕적인' 사람이란 자신의 악덕을 감추는 도덕성의 외형을 갖춰 세상눈에는 도덕적으로 보이는 자를 지칭하는 것은 아니라는 점이다. 또한 법적 한계까지만 도덕성이 미치는 사람, 도덕적인 것과 반대되는 교만으로 자신의 도덕성을 자랑스러워하는 사람을 가리키는 것도 아니다. 도덕적인 사람이란 순결함을 기뻐하는 사람, 인자하고 온유하며 이타적이고 사려 깊은 사람, 마음이 선해 순수한 생각과 선한 행동의 향기를 쏟아내는 사람을 말한다. 즉 선한 사람, 순수한 사람, 고귀한 사람, 마음이 진실한 사람이 도덕적인 사람이다.

　스스로를 기독교도, 유대교도, 불교도, 회교도, 힌두교도, 그 외 다른 어떤 종교를 믿는 자라고 칭하면서도 부도덕한 사람은 있을 수 있다. 하지만 마음이 순수한 사람, 진실하고 고귀하고 아름다운 인격을 가진 사람, 즉 도덕적인 사람은 이미 '성전이 없는 거룩한 도시'의 거주자다. 그는 모범을 보이고 영향력을 미쳐 인류를 거듭나게 하는 빛의 자녀 가운데 한 명이다.

기억, 반복, 습관

나는 얻으리라

순결함과 강한 자기통제를 통해

고통스러운 잠과 슬픔의 밤으로부터

인간을 자유롭게 하는 깨어 있는 비전을

특정 단어 조합을 여러 번 반복하면 확실히 기억할 수 있다고 한다. 즉 단어 자체를 시각적으로 참조하지 않아도, 잠깐 쉬거나 노력하지 않아도 머릿속에 저장된다는 것이다. 실제로 특정 단어 조합이 마음속에서 반복되는 경우가 있다. 때때로 사람들은 계속해서 노래 후렴구가 떠오르거나 마음속에서 어떤 문장이 반복적으로 생각나 괴로워하고, 떠오른 것을 지우거나 잊기가 매우 어렵다고 느낀다.

인생 전체는 기억의 과정이라고 볼 수도 있다. 처음에는 행동을 하고, 행동에서 경험이 생기고, 경험에서 기억이 만들어지고, 기억이 반복되고, 반복에서 습관이 형성되어 충동과 능력, 인격을 갖춘 개별적인 존재로 나아가는 것이다.

사실 같은 일을 계속 반복하는 것이 인생이다. 삶에서 며칠, 몇 년은 거의 차이가 없다. 하루는 다른 하루와 거의 똑같이 반복된다. 모든 존재는 영겁의 시간을 관통하는 헤아릴 수 없이 많은 삶에서 끊임없는 반복을 통해 모으고 배운 경험의 축적물이다.

세포 단계에서부터 성인이 될 때까지 인간은 삶에서 진화의 전 과정을 종합적으로 반복한다. 모든 성장과 진보의 뿌리에는 우주의 기억이 있으며, 이것은 진화 과정에서 발전을 자극하고 유지하는 원리다.

인간의 감각적 기억은 변덕스럽고 덧없다. 하지만 모든 물질에 내재되어 형태와 기능을 구축하는 초감각적 기억은 경험을 재생산한다는 점에서만큼은 틀림이 없다.

삶은 끊임없는 반복이다. 자연은 언제나 오래되고 익숙한 땅을 여행한다. 인간은 배움을 얻은 경험이라는 학교를 오래전에 잊었더라도 배운 것은 매일 반복한다. 습관은 잊히지 않고 계속 행동으로 이어진다. 무의식적이고 자동적인 편안함은 습관화된 정신 기능의 특징으로, 이는 자의적인 창조자가 미리 만들어놓은 메커니즘이 아니라 연습으로 얻는 기술이며, 같은 생각과 행동을 수백만 번 반복한 끝에야 완성되는 것이다. 오랫동안 지속된 생각과 행동은 마침내 자발적인 충동이 된다.

"태양 아래 새로운 것은 없다"라는 말은 심오한 진리다. 영원의 순환 속에서 우리가 이룬 모든 현대적 발명품과 기계적 발전조차 다른 세계에서는 이미 무수히 많이 만들어졌을 개연성이 크다. 이 세상에 때때로 나타나는 새로운 물질 조합이 우주에서도 새로운 것일까? 영원을 지배하는 마음속에서 우주의 기억이 오래전에 스스로 만들어진 것을 재현하지 않는다고 누가 감히 말할 수 있겠는가?

우주에 더하거나 뺄 수 있는 것은 아무것도 없다. 우주의 물질은 증가하거나 감소하지 않는다. 물질의 화학적 조합은 변할 수 있어도 물질 자체는 변할 수 없다. 삶도 마찬가지다. 삶의 형태는 부단히 변하지만 삶의 원리는 증가하거나 감소하지 않는다. 형태는 생겨났다가 사라지지만, 사라진다고 잊히는 것은 아니다. 그 기억은 남아서 계속 반복된다. 영원한 붕괴는 영원한 회복으로 균형을 이룬다.

인간의 마음은 영원한 마음과 별개로 분리되어 있지 않다. 매일의 반복 속에 모든 과거 기록이 지워지지 않고 남아 있다. 인격은 행동의 축적물이다. 개인은 진화의 긴 덧셈에서 마지막 총합이며, 이 셈에 거짓은 없다. 인간의 마음은 동일한 행위를 수백만 번 반복해 생긴 습관을 자동으로 계속해서 수행힌다. 이런 지워지지 않는 무의식적인 기억에 비하면, 70년간의 기억은 이집트 피라미드의 희미한 증기와도 같다. 한 인간이 빠지는 성향, 충동, 습관은 그가 쌓아온 행위의 반복에 불과하다. 이런 것들이 그가 만들어온 운명을 감싼다. 의식적으로 노력하지 않아도 드러나는 우아함, 선함, 천재성은 축적된 노력의 결실이다. 인간은 고통스러운 노력을 통해 배운 것을 쉽게 반복한다. 현명한 사람은 본인에게 닥친 운명 속에서 자신의 모습을 본다.

인생은 물길을 따라 흐른다. 모든 사람은 틀 속에서 산다. 흔히 "틀에서 벗어나라"고 하지만 그렇게 말하는 사람조차 다른 종류의 틀에 갇혀 산다. 법칙의 흐름, 자연의 흐름은 피할 수 없으나 활용할 수는 있다. 틀에서 벗어나 사는 것은 불가능해도 나쁜 틀을 피할 수 있고, 좋은 틀은 따라갈 수 있다.

교육면에서 오늘날 아이들은 아주 오랜 세대에 걸쳐 내려와 이미 다 닳아빠진 방식에 엄격하게 갇혀 있다. 마찬가지로 지금 사람들은 고정된 습관과 성격 속에서 1,000세대에 걸쳐 내려온 행동을 되풀이하고 있다.

인간이 속박되어 있는 것은 사실이지만, 속박을 풀 수 있는 것도 사실이다. 자신이 저지른 잘못된 행위의 슬픈 희생자가 나 자신이 된다는 법칙은 저주가 아니라 축복이다. 똑같은 법칙에 의해 그는 모든 선한 것의 도구가 될 수도 있기 때문이다. 습관은 사람을 속박하지만 그 고리는 자기 자신이 만든다. 내면의 눈을 뜨고 법칙을 이해하는 사람은 불평하지 않는다. 악에 속박되는 것은 가혹한 노예 생활이지만 선에 속박되는 것은 복된 봉사다.

인간의 의지는 삶의 법칙을 바꾸는 데는 힘이 없어도 법칙에 순응할 힘은 있다. 대법칙은 선으로 향하고, 악에는 무거운 형벌을 내린다. 인간은 자신의 사슬을 끊고 속박에서 벗어날 수 있다. 우리가 진지하게 자기 해방에 임한다면 온 우주가 그 노력에 함께할 것이다. 반복과 습관은 피할 수 없지만, 대법칙과 조화를 이루는 반복은 가능하며 이를 통해 순수하고 고귀한 인격을 형성할 습관을 만들 수 있다.

스스로 세운 마음의 기록 보관소에는 인간 진화의 모든 기록이 저장되어 있다. 사람은 세상의 집약된 역사다. 사람이 분노를 폭발할 때는 초원에서 사자의 포효가 들리는 것 같고, 바라는 목적을 이루고자 이기적인 계략을 짤 때는 먹이를 노리는 호랑이의 모습이 보인다. 인간의 정욕, 복수, 증오, 두려움은 원시적 경험에서 비롯된 본능이다. 우주는 잊지 않는다. 삶은 기억하고 복원한다.

감각 세계와 초감각 세계 사이에는 망각의 강 레테가 흐른다. 순수한 선의 세계인 초감각 세계로 넘어간 사람만이 100만 번의 죽음을 초월하는 삶의 기억을 떠올린다. 우주의 의지에 순종하는 사람, 마음이 우주적 질서와 조화를 이루는 사람만이 시간과 물질의 골짜기를 관통하는 비전을 얻고 그 이전과 그 너머를 본다.

인간은 금방 잊어버리고 또 잊는 것이 좋지만, 우주는 기억하고 기록한다. 악행을 반복하는 것은 그 자체로 보복이고, 선행을 반복하는 것은 그 자체로 보상이다. 악에 대한 가장 깊은 처벌은 악이며, 선에 대한 가장 높은 보상은 선이다. 어떤 행위를 하면 그것으로 끝이 아니라 시작이다. 행위는 행한 자에게 남아 그 행위가 악행이면 저주를, 선행이면 축복을 내린다. 행위는 반복을 통해 축적되어 인격으로 남고, 인격에는 저주와 축복이 모두 다 있다.

고통은 악의 조화롭지 않은 반복 속에 있으며, 행복은 선의 조화로운 반복 속에 있다. 반복의 법칙에서 벗어날 수 없다는 사실을 깨닫고 선한 일을 행하라. 순결한 습관이 자리 잡으면 내면에서 신성한 기억이 깨어날 것이다.

말과 지혜

나는 찾을 것이네

지혜가 있는 곳, 평화가 거하는 곳,

세상의 환상에 흔들리지 않고

장엄하고 불변하는 영원한 진리가 서 있는 곳

지식, 진리, 평화는

찾는 자에게는 반드시 있으리니

생각, 말, 행동이 합쳐져 개인의 삶 전체를 구성한다. 말과 행동은 생각의 표현이다. 우리는 말로 생각한다. 말은 사고 과정에서 의식 속에 저장된 채 표현되거나 사용될 순간을 기다린다.

말은 그것을 받아들인 정신과 꼭 맞으며, 말을 사용하는 사람이 가진 지성의 총합이다. 마음이 상스러울수록 어휘가 빈약하다. 제한적인 지성과 광범위한 지성은 똑같이 제한적인 언어와 광범위한 언어 사용을 통해 자신을 표현한다. 그리고 위대한 마음은 유려하면서도 고상한 언어를 매개로 자신을 드러낸다.

말은 개념을 상징하며, 개념은 말로 구체화된다. 마음속에 개념이 형성되는 순간 그것에 상응하는 말이 생각 속에서 생겨난다. 개념과 말을 무한정 숨길 수는 없다. 이것들은 조만간 외부 세계로 표현되어 나온다. 우주의 물질은 끊임없이 순환하고 있으며, 그중 숨겨진 것들은 계속해서 눈에 보이는 공개된 삶에서 모습을 드러낸다. 마찬가지로 인간의 정신 작용은 항상 활발하게 순환하고, 숨겨진 생각은 매일 말과 행동으로 스스로를 표현한다. 모든 사람의 말과 행동은 그가 습관적으로 하는 생각에 의해 결정된다.

말은 들을 수 있는 생각이다. 사람은 말을 통해 스스로를 드러낸다. 순수하든 불순하든, 어리석든 악하든 사람은 자신이 하는 말을 통해 스스로의 내면 상태를 알린다. 어리석은 사람은 그가 말하는 방식으로 알 수 있고, 현명한 사람은 그가 하는 말의 순수성, 위엄, 탁월함으로 알 수 있다. 공자는 이렇게 말했다. "사람에 대한 지식을 얻으려는 자는 먼저 말의 의미를 이해하는 법부터 배워야 한다."

모든 현자와 성인, 위대한 스승은 지혜의 첫걸음이 혀를 다스리는 것이라고 단언했다. 말의 제자가 곧 정신의 제자다. 혀를 다스리면 마음을 다스리게 되고, 말을 정화하면 마음을 정화하게 된다. 말과 마음은 분리할 수 없다. 이 둘은 인격의 두 가지 측면이기 때문이다.

아무리 경전을 읽고 종교를 공부하고 신비한 의식을 수행한 사람이라도 혀를 제멋대로 굴린다면 모든 노력이 끝나도 처음처럼 어리석을 것이다. 경전을 읽거나 종교를 공부하거나 수행을 하지 않더라도 혀를 다스리고 현명하게 말하는 법을 공부한 사람은 지혜로워질 것이다.

지혜는 그것의 표현인 말에서 알아볼 수 있다. 우리는 어떤 사람을 현명하다고 평가한다. 셰익스피어가 대표적 예다. 그를 본 적도 없고 그의 삶에 대해 아는 바도 거의 없는데 어떻게 그가 현명했다는 것을 알 수 있을까? 오직 그가 한 말 때문이다. 우리는 현명한 말이 있는 곳에 현명한 마음이 있다는 사실을 안다. 어리석은 사람은 앵무새처럼 지혜로운 말을 따라 하지만, 지혜로운 사람은 지혜로운 문장을 만들어내며 그의 지혜는 독창적으로 표현된 언어 속에서 드러난다.

사람들은 왜 말을 나쁘다거나 좋다고, 비하한다거나 고무한다고, 천하다거나 고상하다고, 약하다거나 강하다고 표현하는가? 말이 생각에서 분리될 수 없음을 무의식적으로 인식하고 있기 때문은 아닌가? 순수한 마음을 가진 사람이 습관적으로 불순한 언어를 사용하는 자를 피하는 이유는 무엇인가? 불순한 말은 부정한 마음에서 나온다는 사실을 알고 있기 때문이 아닌가?

생각 형태로 마음속에 자리 잡지 않은 말을 내뱉을 수 있는 사람은 없다. 불순한 마음은 순수한 말을 할 수 없고, 순수한 마음은 불순한 말을 할 수 없다. 무지한 사람은 학식 있게 말할 수 없으며, 배운 사람은 무지하게 말할 수 없다. 어리석은 사람은 현명하게 말할 수 없고, 지혜로운 사람은 어리석게 말할 수 없다.

마음이 달라지면 말도 달라진다. 악한 사람이 선해지면 그의 표현도 정화된다. 지혜가 많을수록 말을 조심스럽게 소설하면서 완진히게 한다.

어리석은 사람과 지혜로운 사람을 그들이 하는 말로 알 수 있다면, 어리석은 말은 무엇이며 지혜로운 말은 무엇인가?

이런 사람은 어리석다.

- 목적 없이 논리가 일관되지 않은 말을 한다.
- 불순한 대화를 한다.
- 거짓을 말한다.
- 자리에 없는 사람에 대해 나쁘게 말하고 타인에 대한 악담을 퍼뜨린다.
- 아첨하는 말을 한다.
- 폭력적인 말을 하고 욕설을 한다.

- 말이 불손하며, 위대하고 선한 사람에 대해 무례하게 말한다.
- 자신을 칭찬하는 말을 한다.

이런 사람은 현명하다.

- 목적과 지성을 가지고 말한다.
- 순결한 대화를 한다.
- 징직하고 신실한 말을 한다.
- 자리에 없는 사람에 대해 좋은 말을 하고 그를 옹호한다.
- 덕이 있는 조언을 한다.
- 부드럽고 친절하게 말한다.
- 위대하고 선한 사람에 대해 겸손하게 말한다.
- 다른 사람을 칭찬하는 말을 한다.

모든 사람은 언제나, 심지어 지금도 자기가 한 말로 정당화되고 비난을 받는다. 진리의 법칙은 미결로 남겨두는 법이 없으며 매일이 심판의 날이다. 우리는 내뱉는 '모든 쓸데없는 말'에 대해 즉각적이고 확실하게 행복과 영향력을 상실함으로써 '책임을 진다'. 그리고 습관적으로 내뱉는 말을 통해 우주에 자신의 지성과 도덕성의 수준을 드러내고, 세상의 심판을 받는다. 어리석은 자는 제멋대로 구는 자신의 혀가 진짜 회초리라는 사실은 모른 채 다른 사람들이 자신을 가혹하게 판단하고 나쁘게 대우한다고 생각한다.

혀를 다스리고 말을 절제하며 더 순수하고 부드러운 말을 사용하고자 노력하는 것은 매우 겸손한 일이지만, 많은 멸시를 받기도 한다. 그럼에도 지혜의 길을 걷기를 간절히 열망하는 사람은 이를 게을리할 수 없다.

분명히 나타난 진리

진리의 높은 정상

구름과 어둠이 없고 영원한 찬란함이 머무르는 곳

그곳에서 영원한 기쁨이

당신이 오기를 기다리네.

깨어 있고 두려워하지 말며 충실하고 인내하며 순수하라

진지한 명상으로 삶의 심연을 이해하고

사랑과 지혜의 고지에 올라라.

진리는 행위라는 매개체를 통해 눈에 보이게 된다. 진리는 들리는 것이
아니라 보이는 것이다. 말은 진리를 담고 있지 않고 진리를 상징할 뿐이다.
진리를 담는 유일한 그릇은 선행이다.

존재가 행위에 앞서야 한다는 말을 자주 한다. 존재는 항상 행위에 앞서
지만 존재와 행위는 임의로 분리할 수 없다. 행위는 그 사람 자신을 표현
하는 실재의 언어다. 내면의 존재가 진리와 일치한다면 그의 행위는 진리
를 나타낼 것이고, 내면의 존재가 죄와 일치한다면 행위는 죄를 드러낼 것

이다.

자신이 누구인지 숨길 수 있는 사람은 없다. 사람은 반드시 행동하며, 행동할 때마다 자기 자신을 드러낸다.

진리 관점에서 봤을 때 어느 누구도 인류나 우주를 속일 수 없다. 속일 수 있는 대상은 오직 자기 자신뿐이다.

순결함, 사랑, 온화함, 인내, 겸손, 연민, 지혜의 행동은 진리가 구체화된 특성들이다. 책은 이러한 특성을 지칭하는 말은 담고 있지만, 이것들을 온전히 다 넣을 수는 없다. 이들 특성은 삶 그 자체다.

불순함, 증오, 분노, 교만, 허영심, 어리석음이 담긴 행동은 죄를 드러내는 것이다. 행동은 자신을 세상에 알린다.

진리는 읽어서 이해하는 것이 아니며, 자기 자신을 바로잡고 변화시킴으로써만 이해할 수 있다. 가르침은 지혜를 얻는 데 도움이 되지만 지혜는 실천을 통해서만 얻을 수 있다. 자신이 진리를 어느 정도 얻었는지 알고 싶다면 스스로에게 "나는 누구인가? 나의 행동은 어떤가?"라고 물어야 한다.

사람들은 진리를 듣고 읽을 수 있다고 생각하면서 말에 대해 논쟁한다. 그러나 진리는 듣거나 읽을 수 있는 것이 아니라 볼 수 있는 것이다. 진리가 눈에 보이게 구체화된 것이 바로 선행이다. 선행은 지식의 사자이고 지혜의 천사이지만, 죄가 있는 눈은 어두워서 그것을 보지 못한다.

영적 겸손

지혜로운 자의 벗이 되고

우주의 찬란함을 알게 될 사람

서려고 하는 사람은 숙여야 하고

기꺼이 일어서려는 사람은 넘어져야 하며

높은 곳으로 오르는 자는 낮은 곳을 알아야 하네

위대한 것을 알고자 하는 자는

부지런히 작은 것을 기다려야 하네

겸손함을 찾는 자가 지혜를 찾네

　　종교 성서에는 겸손에 대한 가르침이 은빛 실처럼 흐르고 있다. 성서뿐 아니라 모든 시대의 현자도 겸손의 문을 통해서만 진리를 깨달은 삶으로 들어갈 수 있다고 단언했다. 진리를 깨달은 삶은 완전히 영적인 성질을 지니기에 그 삶으로 인도하는 겸손함도 완전히 영적이다. 따라서 겸손함은 결코 유형화될 수 없고, 교리로 구체화할 수 없으며, 신앙 형식으로 규정할 수도 없다. 겸손은 외적인 것이 아닐뿐더러, 그 이름을 빼앗은 자기 비하를 실천하는 것도 아니다.

　성직자들은 자기 비하가 진정한 겸손이라고 가르쳐왔으며 또 많은 사람이 그렇게 믿고 있지만 실제로는 정반대다. 자기 비하는 스스로를 깎아내리는 행위다. 심지어 일종의 자기 파괴이자 영적 자살이다. 자신이 가진 모든 의로움이 더러운 누더기와 같다고 믿으면서 자신에게는 선한 것이 없고 자신의 노력으로는 결코 일어설 수 없다고 생각하는 사람은 바로 그런 마음가짐 때문에 스스로 무력해진다. 그는 성령을 질식시킬 뿐 아니라, 자신의 인격에서 가장 높고 고귀한 모든 것을 약화하고 무너뜨린다. 인격을 높이는 대신 그것을 파괴하는 데 바쁘다. "사람은 생각하는 대로 된다." 자고로 생각이 곧 인격이다.

　사실 인간은 생각으로 이루어진 존재이며, 생각은 영혼의 건물을 끊임없이 쌓아 올리는 벽돌이다. 집을 지을 때 형편없는 벽돌을 많이 쓰면 고작 비참한 오두막만 짓게 된다. 모든 자기 비하적인 생각은 이미 무너지고 있는 벽돌과도 같다. 계속해서 자기 비하의 태도를 갖고 살아가는 사람은 평생, 또는 적어도 더 고상한 태도를 취할 때까지는 거듭 비참한 실패를 경험한다. 이것은 믿기 어려울 만큼 정확한 법칙이다. 내 주변에도 그런 사람이 많이 있다. 어떻게 그렇지 않을 수 있겠는가? 자기 자신에 대한 믿음도 없는 사람이 어떻게 다른 이들의 신뢰를 얻거나 가치 있는 일을 성취할 수 있겠는가? 게다가 이런 사람은 인간 본성에 대한 믿음이 없으며, 믿음을 가질 수도 없다. 그는 자신을 경멸하면서 다른 모든 것을 경멸하고, 그 결과 과오를 범하지 않는 인과법칙에 따라 모든 이로부터 경멸을 받는다.

　그런데 이렇게 믿음을 파괴하는 마음의 태도를 가진 사람이 늘 신에 대한 가장 큰 믿음을 고백하는 것은 참으로 이상하다. 게다가 그들은 이런 마음의 태도를 자신의 우월한 영적 믿음에 대한 확실한 증거로 여긴다. 그렇다면 나는 이렇게 묻겠다. 참된 자비가 가정에서 시작되는 것처럼 참된 믿음도 그렇지 아니한가? 영혼의 성장 과정에서는 자기 자신에 대한 믿음이 가장 먼저 오고, 그다음에는 인간 본성에 대한 믿음이 오며, 마지막으로 신에 대한 믿음이 온다. 앞의 두 가지 믿음을 제외하고 마지막 믿음만 가지고 있다고 고백한다면 그것은 거짓된 믿음일뿐더러 가짜 겸손의 결과다.

또 다른 종류의 거짓 겸손은 어떤 개인이나 확립된 권위에 대한 개인적 비하personal abasement다. 이는 겸손이 유형화되거나 부패한 것이다. 즉 다곤 Dagon(메소포타미아 북서부에 살던 셈족과 동부 셈족의 곡물·다산의 신—편집자 주)을 숭배하고, 바알Baal(고대 가나안인들이 숭배하던 풍요와 폭풍우의 남신—편집자 주)에게 무릎 꿇고 절하며, 황금 송아지를 맹목적으로 숭배하는 것이나 마찬가지다. 자신의 인격을 훼손하고 결국 자신의 영적·정신적 에너지를 소진하지 않으면서 이것을 지속할 수 있는 사람은 아무도 없다. 인간이나 일시적인 권위에 대한 겸손은 비굴하고 품위를 떨어뜨리는 반면, 가장 높으신 분에 대한 겸손은 숭고하고 아름답다.

영적 겸손은 믿음과 밀접하게 연결되어 있으며 겸손할수록 믿음도 깊다. 겸손은 모든 진정한 위대함의 핵심이다. 이를 증명하려면 역대 위대한 현자, 성인, 개혁가를 언급할 수밖에 없다. 그중에서도 가장 위대한 사람은 영적 겸손을 많이 지녔던 이들이다. 거짓 겸손과 구별되는 참된 겸손에는 강화하는 힘, 발전시키는 힘이 있다. 영혼에 영감을 주고 활력을 불어넣어 더욱더 노력하도록 자극한다.

그렇다면 참된 겸손은 무엇으로 이루어져 있는가? 신에게 개인적 은혜를 구하고자 무릎을 굽히는 것? 아니면 우리의 하찮고 편협한 계획을 성취하기 위해 신에게 맹목적으로 간구하는 것? 이런 것들은 모두 가짜다. 참된 겸손은 이 모든 것을 훨씬 넘어선다. 참된 겸손은 인간 마음의 가장 깊고 거룩한 열망이다. 즉 신성을 더럽히는 모든 시선에서 벗어난 내면 깊은 곳에 자리하면서 조용하고 강력한 힘을 통해 육체와 자아를 가진 인간을 정화하고 변화시킨다. 겸손함의 고독한 위엄에 들어간 소외된 영혼은 신의 발판으로 돌아가 지복의 환희 속에서 모든 것을 포용하는 사랑의 빛으로 목욕을 한다. 이는 자신의 낮은 자아를 넘어서야만 들어갈 수 있는 상태다. 즉 자아가 비자아에 잠기는 것이며, 신에게 격정과 지성을 복종시키고 인간 영혼이 가장 높은 개념을 받드는 태도다.

　이러한 겸손은 모든 비열하고 가난한 본성을 극복하게 하고, 인간을 하나님 앞으로 데려가 평온하고 강하며 고귀하고 자립적인 신과 같은 사람이 되게 이끈다. 겸손은 모든 열망하는 영혼에게 생명의 포도주다. 그 힘을 느끼지 못한 영혼은 죽은 것이다.

　보순처럼 들릴지도 모르겠지만, 그럼에도 겸손할수록 더 독립적인 사람이라는 말은 사실이다. 예수, 부처, 공자, 소크라테스, 야코프 뵈메Jacob Boehme(독일 신비주의자 · 1575~1624—편집자 주), 조지 폭스George Fox(퀘이커교 창시자 · 1624~1691—편집자 주) 등 위대한 스승과 종교 개혁가의 삶을 잠깐만 생각해보면 이 사실은 더욱 분명해진다. 이들은 홀로 똑바로 걸었다. 즉 겸손의 단순함에 자신을 내주고 신과 함께 걸었다.

　비유적으로 말하자면, 네발로 기어가게 만드는 겸손은 가짜다. 참된 겸손이 사람을 고양하고 강화하는 것만큼 가짜 겸손은 사람을 떨어뜨리고 파괴한다. 우리는 왜 자신을 가련한 죄인이라고 부르면서 두려움에 가득 차 움츠린 짐승처럼 사람들 속으로 들어가려 하는가? 그렇게 함으로써 죄를 극복할 수 있을까? 우리의 절대적인 부덕함을 끊임없이 숙고함으로써 일어설 수 있을까? 아니다. 우리는 지극히 높으신 분을 끊임없이 숙고해야만 일어설 수 있다. 사람 마음에는 부덕한 부분이 많지만 거룩함, 위엄, 신성도 있으니 그것에 대해 생각하라. 끊임없이 인간 본성의 선함, 순수함, 본질적인 아름다움을 묵상하고 영혼의 신성을 찾으면서 겸손의 문을 통해 그것을 발견한다면 모든 사람 안에 있는 보이지 않는 신을 알아보게 될 것이다. 그렇게 함으로써 우리는 이기적 욕망의 구속적인 한계를 뛰어넘어 더 크고 건강하며 거룩한 사랑의 삶으로 들어갈 수 있다.

영적 힘

거룩한 마음에는 모든 것이 거룩하다
모든 쓰임이 원칙에 맞고 순수하며
모든 직업이 복되고 신성하니
매일이 안식일이다

명확하고 확고한 머리는 깨끗하고 온화한 마음에 선행하며, 또 그것과 동반해야 한다. 전자가 없으면 후자는 불가능한데, 이는 옳고 그름에 대한 명확한 인식을 가지고 억누를 수 없는 의지를 행사해야만 순수함과 온유함에 도달할 수 있기 때문이다. 강력한 동물적 힘, 즉 공격하고 저항해 타인을 상대로 승리를 거두는 동물적 힘은 자기 자신을 극복하고 순종하도록 인간을 길들여 거룩한 목적을 위해 봉사하게 훈련시키는 조용하고 인내심 있는 무적의 의지에 비하면 약하다.

개가 짖고 싸울 수 있듯이, 어리석은 사람은 욕하고 학대하며 거친 말로 발뺌하는 등 고약하게 성질을 부릴 수 있다. 그에게 이런 일은 쉽고 자연스러우며 노력과 힘이 필요하지 않다. 그러나 지혜로운 사람은 이런 어리석음을 모두 버리고 자기통제를 훈련한다. 불안정한 본성의 일시적 충동이 아닌, 불변하는 원칙에 따라 틀림없이 행동하도록 스스로를 훈련하는 것이다.

그렇게 자신을 훈련하는 데 성공한 사람은 권고로써 다른 이들을 가르칠 수도 있지만, 주로 실천이나 모범을 통해 직접 가르친다. 행동을 보여 가르치는 것은 현명한 사람의 특권이기 때문이다. 헤롯의 조롱, 사람들의 비난, 성직자들의 광신적인 박해조차 예수에게서 불평이나 괴로움, 자기 방어의 말을 끌어내지 못했다. 이렇게 숭고한 침묵과 자기통제의 행동은 성직자와 학식 있는 논평자들로 이루어진 세상의 거대한 무리가 이야기하고 쓴 모든 말이나 책보다 훨씬 더 큰 힘을 지녀 오랫동안 계속해서 개인과 국가에 영향을 미치고 있다.

보복하고 싸우는 것은 짐승이 가진 특징인 만큼 인간의 동물적 측면에 속한다. 그러나 어떤 외부 압력이 있어도 신성한 원리를 실천하는 데 흔들리지 않는 것, 비난이나 칭찬에도 선과 진리 안에서 변치 않고 굳건히 서는 것은 인간과 우주의 신성한 측면에 속한다.

타인을 기쁘게 하거나 비난 또는 오해를 피하려고 자신의 행동을 바꾸는 것은 결코 영적인 힘으로 이어질 수 없다. 언제나 영적 이해와 힘을 동반하는 신성한 친절은 단순히 기분 좋은 말을 하는 것과는 매우 다르다. 기분 좋은 말이 항상 참된 말은 아니기 때문이다. 신성한 친절은 다른 이들의 영원한 행복을 위해 최선의 일을 하는 것이다.

자녀를 양육하기에 부적격한 나약한 아버지는 자녀들과 문제를 만들지 않을 방법만 생각하기 때문에 자녀가 이기적인 행동을 해도 눈감아주고 아이를 기쁘게 하려고만 노력한다. 반면 자녀의 인격과 행복을 생각하는 강한 아버지는 언제 어떻게 엄하게 꾸짖어야 하는지를 안다. 그는 자신이 꾸짖어 몇 분 동안 마음이 편하지 않은 것이 부모가 방임해 느슨한 생활을 한 결과로 얻게 되는 수년간의 고통으로부터 자녀를 구하는 일임을 충분히 이해한다. 지금 당장 자신의 편안함이 아닌, 자녀의 향후 유익을 위해 자녀를 보살피는 강하고 친절하며 이타적인 아버지는 따뜻하게 애정을 베푸는 법을 안다. 또한 부드럽게 훈육하는 법은 물론, 자녀가 잘못된 길에서 무지한 상태로 방황할 때 자녀를 구하기 위해 당시에는 가혹하다고 느껴질 수 있는 강한 제지의 팔을 뻗는 방법도 알고 있다.

이렇듯 영적으로 강한 사람은 나약하게 듣기 좋은 말만 하는 사람이 아니라 올바른 행동을 하는 사람, 생명력 있고 진실한 말을 하는 사람, 그럼으로써 영원히 친절한 사람이다.

영적으로 약한 사람은 그 본성 때문에 올바름이 욕망에 반하기 마련인데, 실제로 옳음이 자신의 욕망에 빈할 때면 옳음에서 물러나고, 죄가 즐거우면 죄를 받아들인다. 반면 영적으로 강한 사람은 특히 죄가 기분 좋은 옷을 입고 그에게 다가올 경우 죄에서 물러나 옳음을 받아들인다. 설령 옳음을 받아들였다는 이유로 신성한 원칙과 그 유익한 쓰임에 대해 무지한 사람들이 자신을 비난할지라도 상관하지 않는다.

영적 이해를 가진 사람은 옳음만이 선이라는 사실을 알기에 옳음에 관한 한 강철 막대처럼 구부러지지 않고, 자아만이 악이라는 사실을 알기에 자아에 관한 한 물처럼 유연하다. 또한 자아의 덧없는 욕망이 아닌, 불멸의 원칙을 따르기 때문에 그의 행동은 그 행동이 비롯된 불멸하는 원칙의 본성을 띠며, 무수한 세대에 걸쳐 계속 교훈과 영감을 준다.

옳음에 관한 한 확고하고, 자아에 관한 한 유연하게 행동하는 사람은 늘 오해를 받는다. 대다수는 욕망과 충동 속에 살면서 외부 자극이 영향을 미치는 대로 욕망과 충동을 맹목적으로 따르기 때문이다. 이들은 이기심에서 완전히 자유로운 상태로 올바르고 변치 않는 원칙에 따라 감정에 휘둘리지 않고 행동하는 것이 어떤 의미인지 이해하지 못한다. 욕망에 따라 사는 자들은 옳음을 실천하는 사람을 오해하고 잘못 판단해 옳음에 대해 확고부동한 태도를 고수하는 그를 차갑고 잔인하다고 생각하거나, 열정적으로 자신을 방어하지 않는다며 나약한 겁쟁이로 여기곤 한다. 옳음을 실천하는 사람은 "많은 부분에서 비난받겠지만" 덕분에 그는 어떤 고통도 받지 않고, 괴로워하거나 불안해하지도 않는다. 그가 실천하는 진리는 영원한 기쁨의 원천이며, 그는 자신을 이해하고 따를 이웃들이 있다는 사실을 알기에 안식할 것이기 때문이다. 또한 자신을 비난하는 이들의 선까지 포함한 궁극적인 선을 위해 일하고 매일의 행동에서 진리를 드러냄으로써 세상을 고요함과 평화의 길로 인도하는 신성하고 강한 사람들과 함께하고 있음을 알기 때문이다.

20

네 생각과 행동을 선택하는 사람은 너다
네 내면의 상태를 만드는 사람은 너다
되고자 하는 것이 될 수 있는 힘이 네게 있으니
네가 진리와 사랑 또는 거짓과 증오를 만든다

G.A.D.에게

당신은 존경하는 우정으로 나의 노력을 확장해주었고

아낌없는 도움으로 진리의 일을 격려해주었습니다.

그 이름을 애정 어린 기억 속에 영원히 간직할 것입니다.

애정을 담아 이 시집을 바칩니다.

서문

워즈워스는 "모든 진정한 시인은 스승"이라면서 "나는 스승으로 여겨지든지, 아무것도 아닌 이로 여겨지기를 바란다"고 말했다. 이 책에 실린 시들은 가르침을 주고자 쓴 것이다. 가르침은 배우는 사람이 고양되고 기쁨을 느낄 때 가장 효과적이기에 여기 실린 시들은 독자에게 위로와 축복을 전하고 그들을 행복하게 만드는 것이 당장의 목적이다. 이 시들은 진리의 원칙에 기초해 쓰인 만큼 사람들에게 더 높은 삶의 이상을 받아들일 영감을 주고, 미덕에 대해 더 가까이 알게 하며, '기쁨의 길'이자 '평화의 길'인 완전한 지혜와 좀 더 친밀하게 하나가 되도록 할 것이다.

— 제임스 앨런

1907년 11월 영국 일프렉콤 브린골루에서

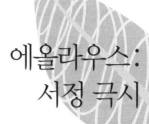

에올라우스:
서정 극시

등장인물

에올라우스

예언자

지구

하늘

우주

자연의 목소리

진리의 목소리

메아리

장면

숲이 우거진 아름다운 섬. 에올라우스가 해변 근처 쓰러진 나무 위에 앉
아 있다.

에올라우스

평화를 찾아 도착한 이 외로운 섬

긴 낮과 밤을 보낸 후

바다 위 폭풍우에 시달리고 지친 내 작은 배가

당신의 공정한 항구, 복된 섬에 닿았네

이제 나 당신의 향기로운 가슴 위에서 쉴지니

당신의 영적 황홀경 속에서 즐거이 함께하네

당신의 사랑스러움은 나를 무아경에 이르게 하고

당신의 편안함은 내 생가을 영원한 평화로 엮네

당신의 예술은 고요하고 고독하며 아름답네

나 외로우나 당신의 고독이 나를 위로하고

외로움과 고통을 사라지게 하네. 오, 고독이여!

당신은 열망하는 마음들의 거처

순수한 자의 빛과 등불

어둠 속에서 우는 사람들의 안내자

슬픔에 빠진 방랑자들의 달콤한 친구

길도 없고 낯선 진리의 언덕을

힘차게 오르는 이의 지팡이이자 버팀목

당신은 스승이네

배울 수 있고 진실한 사람의 스승

낮고 지혜로우며 선한 자의 사랑받는 자

이제 나의 벗이 되어

마음에서 세상의 고통을 가져가주오!

나는 온갖 소음이 슬픈 기억 외의 모든 것을 익사시키는

공허한 큰 길에 지쳐버렸네

인생이라는 집에서 불협화음을 다스리는

모든 소란과 두려움, 눈물에 지쳤네

바다와 폭풍우가

바위에 둘러싸인 육지 끝, 해안을 뒤흔들듯

흔들되 파괴하지 않는 것들.

나는 변하지 않는 평화를 찾네

폭풍을 모르는 잔잔함을 구하네. 남아 있는 고요함.

쾌락은 마음을 어지럽히고 만족을 모르는 것

감각의 흥분이 사라지면

슬픔과 고통이 돌아와

후회와 외로움을 남기니

황량한 불모의 벌판 위 외로운 마노요가 울듯

쾌락으로 배부른 마음 위로 번민의 새가 울부짖네

고뇌와 욕구는 이기심이 머무는 곳으로

고통의 군대를 데려가네

나는 지혜가 있는 곳, 평화가 머무는 곳,

당당하고 변함없는 영원한 진리가

세상의 미망에 상하지 않고 서 있는 곳을 찾겠네

앎과 진리, 평화는 분명히 존재하는 것

무지와 죄와 고통은 그것을 보며 앎과 진리, 평화를 구하는 자에게

눈에 보이지 않는 진실을 겉으로 드러내네

비록 우리가 보지 못한다 해도

어둠은 빛을 분명하고 확실하게 만드네

우리는 잠자고 깨어나며, 깨어나면

자면서 우리를 괴롭혔던 것이 꿈임을 아네

그 꿈이 어떻게 생겨난 것인지 안다네

비현실적이고 무질서한 꿈, 마음속

모든 것을 엉망으로 만드는 꿈

평화의
시
·

285

그럼에도 불구하고 (괴롭고 혼란스러우며 이해되지 않는)

격정의 인생, 거친 욕망의 인생은

이를테면 꿈이네

통제되지 않은 마음이 꿈이라면

우리는 불행이라는 악몽에서 깨어나

현실의 기쁨을 알 것이네

그러나 어떻게 깨어날 것인가?

의지를 완벽히 통제해

격정에 고삐를 달고 욕망에 재갈을 물리지 않는다면 어떻게 할 것인가?

격정이 인생의 괴로운 꿈이요

실재와 현실이 아니라면

격정을 떨쳐버리는 자는 깨어나

진리를 알 것이니, 반드시 그러하리라!

그리하여 나 이 인적 드문 곳을 찾으니

순수함과 강한 자제심으로

인간을 고통스러운 잠과 슬픔의 밤에서

해방시킬 깨어 있는 비전을 얻으리라

눈에 띄지 않는 고독한 이곳에서

자아와 격정을 이겨내는

달콤한 이타심의 참된 길로

마음을 정화하고 정신을 단련하겠네

그리하여 불변의 진리가 내게 모습을 드러내면

의무가 부르는 어디든 가겠네

고요하고 슬픔이 없는 그곳으로

게다가 여기

나이든 예언자가 있다고 들었네
진리를 얻는 단단한 고지까지
마음의 습지를 가로질러 흐르는
침묵의 방법으로 나를 가르칠 이
잠깐 잠을 자고 나면 그분을 찾으리라
이제 피곤함이 나를 쉬게 하네.

눕는다.

제피러스여! 그대의 달콤하고 시원한 숨결이
유월의 타는 듯한 더위
한낮의 뜨거운 햇살을 식혀주며
나를 달콤한 망각으로 이끄네!
파도와 싸우느라 지친 나
바다 위의 길고 긴 헤맴, 고생 끝에
이제 잘 것이니
자연이여, 지켜주소서. 당신과 함께라면 안전하리니.

잠든다.

자연의 목소리
첫 번째 음성
들거라, 에올라우스여!
격정이 얽히고설킨 것이 우주
그것을 끊으려는 너의 미약한 힘은 헛되다
네 안의 외침에 복종하라

자연을 만족시켜라. 기쁨을 날려버리지 마라.
에올라우스여, 여기로 오라!
에올라우스, 내가 너를 이끌겠노라!
에올라우스, 내가 너를 인도하리라!

여기로 오라, 에올라우스여! 에올라우스여, 여기로!

메아리
에올라우스여, 여기로!

두 번째 음성
지구라는 쾌락의 집에
달콤한 도취가 있네
영원히 새로워지는 흥분감
사랑과 행복과 환희가 있네.

첫 번째 음성
여기로 오라, 에올라우스여! 에올라우스여, 여기로!

메아리
에올라우스여, 여기로!

세 번째 음성
보이는 것은 분명한 것
느껴지는 것은 알려진 것
쾌락은 난공불락이며

인생은 다만 기쁨이네

첫 번째 음성
여기로 오라, 에올라우스여! 에올라우스여, 여기로!

메아리
에올라우스여, 여기로!

두 번째 음성
와서 생명의 포노주를 마셔라
와서 쾌락의 포도주를 음미하라
무익한 탐구와 싸움을 그만둬라
틀에 끼워진 사랑과 축연을 위한 성스러운 철야 기도는
젊음을 닳게 하고 낭비하네
그리하여 자연은 맹목적으로 비난받는다네.

첫 번째 음성
여기로 오라, 에올라우스여! 에올라우스여, 여기로!

메아리
에올라우스여, 여기로!

세 번째 음성
높고 낮음에 대해서는 더는 생각하지 마라
정상을 향한 등정은 그만두고
목적과 투쟁, 의심과 한숨은 잊어라

즐거움이 가득한 평탄한 길로 가라
더는 탐구하지 마라
너의 슬픔은 끝났으니 이곳에서 쉬어라.

첫 번째 음성
여기로 오라, 에올라우스여!
에올라우스여, 내가 너를 인도하리라!
에올라우스여, 내가 너를 안내히리라!

여기로 오라, 에올라우스여! 에올라우스여, 여기로!

메아리
에올라우스여, 여기로!

지구
무수한 세월을 시나왔네
심연의 공간을
영겁에서 영겁으로
영원한 손가락의 자취
나는 그 자취를 따라가네
쉼 없이! 쉼 없이!
희망과 두려움, 미움과 사랑을 안고
불행하도다! 불행하도다!

네 번째 음성
오, 에올라우스여! 듣거라

슬픔은 온 우주를 어둡게 하나니
우주의 피조물들은 고통과 슬픔 속에 있네
아무도 그들의 무력한 울음을 듣고 돕지 않네
어둠, 삶은 어둠이고 그 의미를 아는 이는 없네

에올라우스여! 듣거라
아무도 너를 인도할 수 없다!
아무도 너를 안내할 수 없다!

듣거라, 에올라우스여! 에올라우스여, 듣거라!

메아리
듣거라, 에올라우스여!

다섯 번째 음성
지구라는 병원에
고통과 비애와 슬픔이 있네
매일 밤, 새벽, 아침마다
부족과 죽음, 결핍을 가져오네.

네 번째 음성
듣거라, 에올라우스여! 에올라우스여, 듣거라!

메아리
듣거라, 에올라우스여!

여섯 번째 음성
보이는 것은 불확실한 것
느껴지는 것은 날아가버리는 것
그 자신은 불안정하고
인생은 다만 고통이네.

네 번째 음성
듣기라, 에올라우스어! 에올라우스여, 듣거라!

메아리
듣거라, 에올라우스여!

여러 음성
우리는 신음하고 한숨 쉬네
흐느끼며 부르짖네
시냇물 위의 바람처럼 방황하네
평화를 위해 헛되이
끝없는 꿈의 날카로운 고통에서
해방을 찾네.

네 번째 음성
에올라우스여! 듣거라
아무도 너를 인도할 수 없다!
아무도 너를 안내할 수 없다!
듣거라, 에올라우스여! 에올라우스여, 듣거라!

메아리

듣거라, 에올라우스여!

진리의 목소리들
진리의 목소리들
첫 번째 목소리

에올라우스여, 깨어나라!

일어나라! 밤의 꿈을 떨쳐버리고

눈을 뜨고 빛을 보라

슬픔 없는 고요함 속에서

정념 없는 지혜가 너를 기다린다

시간의 덧없는 형체를 버려라

진리의 험난한 길은 숭고하니

먼지로 끝나는 자신을 비웃으며

두려워하지도 슬퍼하지도 욕망하지도 말고 걸어가라

일어나라, 에올라우스여! 에올라우스여, 일어나라!

목소리들

에올라우스여, 일어나라!

두 번째 목소리

지식은 구하는 자를 위한 것

지혜는 노력하는 자에게 왕관을 씌우네

죄 없는 침묵 속 평화가 말하네

모든 것이 소멸하지만 진리는 살아남는다고.

첫 번째 목소리

일어나라, 에올라우스여! 에올라우스여, 일어나라!
목소리들
에올라우스여, 일어나라!

세 번째 목소리
덕이 이끄는 곳으로 가라
높이, 더 높이
순수함의 탄원을 들어라
순수함의 불을 끄지 마라
보라! 모든 욕망에서 정화되어 위로 오는 이
그는 실재를 보게 될 것이네.

첫 번째 목소리
일어나라, 에올라우스여! 에올라우스여, 일어나라!

목소리들
에올라우스여, 일어나라!

네 번째 목소리
순수함을 얻은 자는
흠결 없는 진리의 파르테논 신전을 보리라
깨어나라! 자아와 죄의 꿈을 흩어버려라!
빛나는 입구를 보라! 그리로 들어가라!

첫 번째 목소리
일어나라, 에올라우스여! 에올라우스여, 일어나라!

목소리들
에올라우스여, 일어나라!

다섯 번째 목소리
너 자신을 정복하라
그러면 알게 될지니
낮은 곳을 떠나
높은 곳으로 올라가라
해방은
성취될 때까지
죄와 슬픔, 눈물과 고통과 싸우는 이에게
황홀함을 안겨줄 것이니.

첫 번째 목소리
일어나라, 에올라우스여! 에올라우스여, 일어나라!

목소리들
에올라우스여, 일어나라!

하늘
나는 시대의 비전 속에
늘 나타나네
현자들의 가르침 속에서
이야기되고 또 거부당하네
나는 왜곡되지 않으며
죄와 슬픔으로 더럽혀지지 않네

균형 속에서 흠결 없이 불변하네

그러므로 내게 이르는 자는 몸을 굽혀야 하나니.

잠에서 깨는 에올라우스

에올라우스

깊은 혼란 속에서

누가 나를 이끌 것인가, 누가 나를 인도할 것인가?

하늘

섬 가운데에서

네가 찾는 현자가 기다리고 있다!

무너지지 않는 바위 위에

너를 이끌 예언자가 앉아 있노라.

에올라우스 잠에서 완전히 깬다.

에올라우스

충돌하는 마음의 환영 속에서

희미하게 더듬어 찾았으나

바라는 꿋꿋함과 확신을 찾을 수 없었네

여러 목소리가 아우성치는 곳에서 침묵은 말을 하지 않네

목소리도 길도 너무나 많구나!

밤낮으로 수없이 찾아 헤매었네!

내가 찾는 하나의 길, 듣고 싶은 하나의 목소리

그러나 진리는 나를 피해 나타나지 않네

이제 섬의 한가운데로 가서
그곳에 계신 예언자를 찾겠네.

장면이 섬 중앙으로 바뀐다.
바위 위에 덕망 있어 보이는 노령의 남자가 앉아 있다.

에올라우스
당신이 내가 찾는 예언자이시나이까?

예언자
그렇다.

에올라우스
당신은 지혜로우시고 저는 무지하오니
제 인도자가 되어주소서
말씀하시면 듣겠나이다
가르치시면 배우겠나이다
진리로 이어지는 길을 보게 하소서
그 길이 울퉁불퉁하고 거칠어도 나 걸어갈 테니
맨발로 걸어야 할 성스러운 시련이 필요하다면
그리고 시련을 겪지 않아 진리라는 목적을 버려야 한다면
나 맨발로 그 길을 걷겠나이다
출혈과 상처와 열상을
의지와 인내의 조력자로 여기고
지혜로이 운명 지어진 과업으로 받아들여
순례 길에서 기꺼이 마주하겠나이다

제 귀는 열려 있으니 제 눈을 뜨게 하소서
눈이 멀어 길을 찾지 못하나이다.

예언자
만물을 꿰뚫는 눈으로 보려는 자
단 하나의 진리가 있으니, 먼저 눈이 멀었음을 알아야 하네
보려고 하지 않는 자는 볼 수 없으니
이미 본다고 생각하니 그의 행동은
영적으로 눈이 멀었음을 증명할 뿐
진리는 마음이 낮은 사람을 기다리네
격정에 사로잡혀 있는 자, 아직 눈이 멀었네
지혜로 가는 길을 더듬어 찾네. 그대는 보이는구나.

에올라우스
내 마음의 어둠만 보이나이다
그리고 그 어둠 속에서 끊임없이 변화하며
혼란케 하고 계속 떠올라 사람을 괴롭히는 허깨비 같은 것들
지식은 손에 잡히지 않고 저는 무지하나이다
그러나 이룰 때까지
알고자 애쓰며 노력을 멈추지 않겠나이다.

예언자
네 어둠을 보며
지금까지 보았노라
네 무지를 알며
지금까지 지식을 얻었노라

구하라, 그리하면 반드시 찾으리라.

에올라우스
제가 어떻게 구하리이까?

예언자
힘과 자립심을 키워라
마음의 망령들이 네 뜻에 순종케 하라
네가 너 자신을 지휘하라
기분이나 미묘한 격정, 방탕한 욕망이
너를 밑바닥으로 내던지게 하지 마라
그러나 내던져진다면
일어나 인간다움을 되찾아라
네 추락에서 겸손과 지혜를 얻으라
네 마음을 다스리기 위해 영원히 노력하라
그리고 직면하는 모든 상황에서 좋은 것을 무으라
마주치는 악을 극복하기 위해 힘의 저장고를 채우라
오직 고결함에 복종하고 기뻐하라
상을 받기 위해 애쓰는 강한 운동선수처럼
너의 모든 힘이 시험에 들 때
정욕, 갈망, 방종의 노예가 되지 마라
실망, 불행, 슬픔, 두려움, 의심, 비탄의 노예가 되지 마라
그러나 평온함으로 너 자신을 다스려라
네 안에 있는 것을 통제하라
다른 사람들을 지배하는 것
그리고 지금까지 너를 지배해온 것

네 정념이 너를 다스리게 하지 말고

네가 정념을 다스려라

정념이 평화로 바뀔 때까지

너 자신을 극복하라

그러면 지혜가 네게 면류관을 씌우리니 네가 얻으리라

그리고 얻음으로써 알게 되리라.

에올리우스

길이 험하구나

당신께서 내 앞에 두신 길은 가파르고 이상하네

경사지고 낯설고 알려지지 않은 길

그 길이 이끄는 곳은

오를 수는 있어도 깎아지른 듯 솟아 있네

시야가 닿지 않는 곳에서 등반가를 기다리는 것

올라가는 사람 외에는 아무도 알 수 없구나

누군가 물으며 믿음을 가진 귀로

영적인 등반가를 경청한다면

미지의 정상에 대해 그가 묘사한들

더 많이 믿을지언정 무엇을 더 알겠는가?

직접 오르지 않는 한

다만 말과 궁금증과 꿈 외에 무엇을 얻겠는가?

나는 신념을 세우고 지식으로 오를지니

믿음의 골짜기에서 무익하게 쉬지 않겠네

추측에 만족하지 않겠네

나는 산을 올라 직접 알겠네

예언자

등산가는 굽히지 않고 산을 오르는 자.

에올라우스

하지만 그 길은 어디로 인도하는가?

시야에 닿지 않는 모든 곳은

어둡고 알려지지 않았으며 신비롭구나

용감한 등반가의 목숨을 빼앗는 절벽이나

그를 죽음으로 밀어 넣는 위태위태한 바위,

그의 힘을 앗아가는 추위와 굶주림이 있는데

무엇이 힘겨운 등반에 도움이 되는가?

정념은 달콤하며 즐겁고 이미 알려져 있네

그것은 산기슭 마을에 있다네

익숙한 마음의 계곡에

부드러운 애정의 달콤한 꽃을 엮어

향기와 기쁨으로 공기를 채우네

사랑과 노동의 달콤한 열매가 탐스럽게 익어

수확을 기다리며 매달려 있네

나는 불확실하고 알려지지 않은 것을 위해

확실하고 알려진 것을 포기해야 하는가?

이것들은 위험하고 실재하지 않으며 잘 동하는가?

내가 찾는 것은 어디에 있는가?

내 마음을 괴롭히고, 내가 알지 못하는 곳으로 나를 몰고 가는

실재에 대한 생각, 진리는 그 자체로 추측인가?

무엇이 남는가?

아아! 우리가 가지고 있고 알고 있는 모든 것이 무상하네

결코 끝나지 않는 변화는 불안한 우주에 파도처럼 밀려오고

인간은 그 가운데 던져지네

영원한 기쁨의 얼굴을 지니고

그의 손아귀에 들어오는 모든 것

작은 기쁨의 열병이 다시 파괴되면 지속되는 것은 아무것도 없네

모든 것은 살아 있는 동안에도 죽어가고

삶은 기다리는 것처럼 보일 때도 흘러가고 있네

"절대 그렇지 않을 때가 없다"고 말할 수 있는

달콤한 소유도, 드문 기쁨도

소중한 환경도, 중요한 기쁨도

사랑스러운 것도 없네

생겨나고 지나가고 더는 오지 않네

성장하고 쇠퇴하네

오르고 떨어지네

살고 번성하다가 죽고 사라지네

그렇다면 확실성은 어디에 있는가?

지식은 어디에 있는가?

안식과 피난처는 어디에 있는가?

예언자

진리 속에 안식이 있다.

에올라우스

죽음에는 안식이 없나이까?

예언자

죽음에는 안식이 없다.

에올라우스
죽음에도 삶에도 안식이 없나이까?

예언자
죽음에도 삶에도 안식은 없다.
그러나 죽음에나 삶에나
진리가 있는 곳에 안식이 있느니라.

에올라우스
선의 예언자여
나를 영원한 이에게로 인도하소서
영원한 도시로 가는 엄격한 길 위에
내 발을 세워주소서
나는 불멸의 진리라는 안식과 피난처를 찾겠나이다.

예언자
네 내면을 보라.
자, 변화의 한가운데 불변함이 거하고
다툼의 중심에 완전한 평화가 쉬네
세상의 모든 불안한 다툼의 뿌리에는
정념이 있고 정념의 중심에는 진리가 있네
그렇다, 네 마음속에 법 중의 법이 있나니
그 영원한 명령이 네 마음의 석판에 기록되어 있도다
네 정념을 복종시키면 진리가 드러날 것이네

정념을 따르는 자 고통을 얻지만
정념을 정복하는 자 평안을 얻느니라.

에올라우스
정념에 복종하지 않고
정념을 지배하는 것, 그러면 이것이 길입니까?

예언자
잘 말하였다.
맛있는 견과가 딱딱한 껍질 안에 있어
껍질을 깨지 않으면 즐길 수 없듯이
정념 안에 있는 진리도
정념을 부수고 버리기 전까지는 알 수 없노라
단맛과 즐거움을 잃을까 봐 두려워하며
정념을 버리지 않는 자는
진리가 주는 행복을 알 수 없고
지혜가 있는 곳을 찾지 못하니
그는 삶의 껍질, 사물의 공허한 겉모습을 먹는
탕자이니라
그는 알맹이를 알지 못하며
실재의 변하지 않는 본체를 보지 못하노라
악을 정복하는 사람만이 알리라
자기 자신을 지배하는 사람은
믿음의 희미하고 불확실한 빛을 넘어
해방, 기쁨, 완전한 평화를 감싸는
완전한 지식의 빛을 얻으리라.

에올라우스

정념에는 슬픔이 따른다는 것을

지상의 모든 기쁨 뒤에는

슬픔, 공허함, 상심이 기다리고 있음을 알고 있나이다

그래서 슬프나니

그래도 진리는 반드시 존재해야 하며, 존재하고 있고, 발견할 수 있으니

나 비록 슬픔에 빠져 있지만

진리를 찾으면 기뻐하리라.

예언사

진리의 기쁨 같은 기쁨은 없노라

마음이 순수한 자 행복의 바다에서 헤엄치고

슬픔도 고통도 영원히 알지 못하노라

누가 우주를 보고 슬퍼할 수 있으랴?

아는 것은 행복해지는 것

완전함을 성취한 이들은 기뻐하노라

그들은 진리를 살고, 알고, 깨달은 이들이다.

에올라우스

저는 그 완전함을 얻기 위해 노력하나이다

제가 복된 비전의 정상에 도달하겠나이까?

예언자

너를 편히 하라

너는 복된 비전의 정상에 도달할 것이다.

에올라우스

그러나 언제, 어떻게, 어디서 말입니까?
혼란스럽나이다.
길은 가까이 있는데 나는 보지 못하는구나!

예언자

현명한 자의 벗이 되려는 자
우주의 찬란함을 알고자 하는 이는
벌레 같은 인간과 어리석은 사람에게도 친절해야 하네
서려는 자 몸을 굽혀야 하고
기꺼이 오르려는 자 내려가야 하네
높은 곳으로 올라가려면 낮은 것을 알아야 하느니
위대함을 알고자 하는 이는
작은 것을 부지런히 섬기는 것을 업신여기지 말아야 하노라
겸손을 찾는 자가 지혜를 찾으리니.

에올라우스

예언자여, 말씀하소서!
당신의 말씀에 귀 기울이겠나이다.

예언자

짐승은 몸을 굽히지도 똑바로 설 수도 없네
짐승이 되는 것은 짐승 같은 성향에 나를 내던지는 것
그러나 사람은 몸을 굽힐 수도 똑바로 설 수도 있네
사람이 되는 것은 순수한 생각과 죄 없는 행동을 받아들이는 것
여기에 구원이 있네. 인간의 구원은

자기 안에 있지만 자기 자신에게서 비롯되는 것이 아니라
진리에서 비롯되네. 사람은 성취할 수 있으니
자기통제력을 찾는 자 진리를 찾으리라.

에올라우스
내가 당신이 하는 말씀의 의미를 찾았을 때
당신이 지혜로운 것처럼 나도 지혜로워질 것임을 알고 있나이다
그러나 지금은 당신의 말씀을 듣고도 듣지 못하나이다.

예언사
너는 내 말의 본질을 깨닫고
그 의미를 이해하리라
그 의미는 너 자신과 네 마음속에서
분명히 잘 반영되리라
오직 자기 자신을 정복하고
가장 높은 것을 실천했을 때만 알 수 있느라
모든 진실한 것은 내면에 있고
외적인 것은 무상한 겉껍데기이니
헛되고 실체가 없네
현명한 사람을 위한 안식도 피난처도 없네
옳음에 순종하면 다시는 그릇됨이 네 평화를 공격하지 않으리
더는 죄가 너를 해하지 못하리
마음이 순결함을 향하면
슬픔이 없고 모든 악이 끝나는 곳에 닿으리라
거룩한 자들은 죄의 이름을 알지 못하나니
선과 진리는 선하고 진실한 자를 기쁘게 하네

완전한 자들은 완전한 법을 보나니
투쟁과 다툼은 진리 안에서 종결되네
거룩한 마음에는 모든 것이 거룩하고
모든 쓰임은 법을 따르며 순수하네
모든 일이 복되고 신성하네
매일이 안식일이네.

에올리우스
빛을 초월하는 빛의 미광
아름다움보다 더 아름다운
강력한 원리의 윤곽이 느껴지네
삶보다 더 광활한 삶의 비전이
어렴풋이 나타나는 것이 보이네
우주는 장엄하도다!
내 눈이 뜨이고 진리를 보리라
보면 영원히 기뻐하리라!

예언자
마음에 새겨라. 그렇지 않으면 치솟는 생각이 가라앉을 것이다.
겸손하고 인내하며 잘 배워라
스스로를 견제하라
여러 단계를 거쳐 모든 여정이 완성에 도달하리니
그늘과 쉼터를 제공하며
하늘을 향해 당당히 고개를 드는 나무는
작은 씨앗에서 나와 끈기 있게 성장의 법칙을 따르며
지금 보이는 장엄한 모습이 되었노라

그처럼 단 하나의 선한 행동에서 싹튼 지혜도

잘 심고 지켜보고 물을 주면 마침내

장엄해지리라.

에올라우스

지혜의 나무를 부지런히 돌보겠나이다

그것이 완전함을 향해 성장하는 것을 지켜보겠나이다

보이지 않는 낮은 길을 보여주소서

칭찬, 보상, 인기가 더는 달콤하지 않아

제가 추구하지 않게 하소서

자아를 지우고 진리를 찾나이다.

예언자

이제 귀 기울여 들어라

비둘기들이 건물에 구멍을 내고

폭풍이 그 약해진 곳을 무너뜨리노라

작은 단점이 성격의 요새에 생긴 구멍을 침식시키니

약해져 상황의 폭풍을 견디지 못하고

광포한 유혹 앞에 힘없이 떨어지는구나

벌이 벌집을 짓고 새가 둥지를 짓듯

집을 짓는 사람은 조금씩 조금씩

완성된 것, 완전한 전체가

노력에 성공의 왕관을 씌울 때까지

짚 위에 짚을 놓고 돌 위에 돌을 쌓아

튼튼한 집을 짓네

지혜로운 사람도 마찬가지로다

생각에 생각을 더하고 행동에 행동을 더해

선한 방법으로 자신의 성품을 만들어가노라

조금씩 자신의 고귀한 목적을 성취하노라

다른 이들이 자고 있거나

그들의 끓어오르는 욕망을 만족시킬 때

조용한 인내심이 부지런히 일하네

혼란, 타락, 죄, 실패, 어려움, 고통에 빠져

자신의 주목적에서 흔들리는 일 없이

날마다 순수한 생각, 높은 열망, 이타적인 행동으로

마침내 진리의 건물이 완성될 때까지

마음과 정신을 구축하도다

그리고 보라!

저기 완전함의 성전이 나타나노니.

에올라우스

나는 찾았네

어둡고 멸시받고 외면받는 길로 이어지는

평범하고 이끼 낀 작은 문을

이 문은 더 나아가 찬란한 산책길

장려함의 고지로 인도하네

어리석은 자들은 낮은 것을 피하고

그로 인해 높은 것을 잃네

작은 것을 경멸하여

장엄한 것을 놓치고 보지 못하네

선과 진실의 예언자가 내게

현명하게 잘 가르쳐주시니

내게 평화의 길을 보여주셨네

내 눈이 뜨여 마침내 당신의 낮은 길을 보네

그리 들어가겠나이다.

예언자

완전한 길이 너의 힘찬 걸음을 기다리고 있노라

깎아지른 듯 가파르지만 웅장한 미덕의 언덕을 보라

그보다 더 높은 곳 그 너머 복됨의 정상을

구름과 어둠 없이 영원한 찬란함이 있는

진리의 높은 정상 위를

거기서 영원한 기쁨이 너를 기다리는구나

앞으로 나아가 네 자아의 어두운 망상을 쫓아버려라!

악은 선의 부정이며 어둠일 뿐 그 이상 무엇도 아니다

자아는 아무것도 아니게 하고 진리가 모든 것이 되게 하라

그리하여 고통을 정복하고 평온을 얻으라

시혜는 평온을 동반하나니

자기를 정복한 자들은 변치 않는 영광을 알리라

주의 깊고 두려워하지 않으며 충실하고 인내하며 순수하라

진지한 명상으로 삶의 심오한 깊이를 재고

사랑과 지혜의 숭고한 고지를 오르라

명상의 길을 찾지 않는 자는

해방과 깨달음에 도달할 수 없도다

그러나 마음을 평온하고 굳건히 한다면

거룩한 생각의 길을 찾으리라

변덕스러운 것 가운데 영원불변한 것을 보리라

변하는 것들 속에서 영원한 진리를 보리라

너는 완전한 법칙을 보리라

인간의 발뒤꿈치 아래에 놓여 있던

자신을 정복했을 때

혼돈에서 질서가 일어나리니

사랑이 네 힘이 되게 하라

격정으로 괴로워하는 무리를 보고

그들에게 동정심을 가지라

네 오랜 슬픔을 끝내고

그들의 고통을 알라

찾는 그들의 발길을

높고 거룩한 길로 인도하여

너는 완전한 평화에 이르고 세상을 복되게 하리라

이제 나는 내가 사는 곳으로 가노니

너는 네 일을 하라.

에올라우스

평화의 예언자여, 제가 당신께 가나이다

진리의 영, 당신께 가겠나이다

온 세상에, 그리고 살아 있는 모든 것에게

영원히 평화가 있기를.

우주

나는 완전함이요 평화네

악은 나를 보며 사라지노라

나의 조화를 바라보는 이

죄와 슬픔에서 비롯된 악을 멈추리

잘못과 실패가 내 모습을 발견하면

보라, 더는 잘못과 실패는 없노라!

나는 햇살과 폭풍이고

속삭임이며 바다의 포효다!

남을 기만하는 은밀한 행동과

거짓말, 도둑질, 살인자의 분노

이 모든 것은 나의 용광로에서

천상의 불에 타오른다

나는 모든 미신, 죄, 속임수, 아첨, 잔인한 욕망

품성을 떨어뜨리고 더럽히는 모든 것들을

갈아서 먼지로 흩어버리네

국가는 흥하고 제국은 무너지며

나는 장엄한 장면과 긴장을 위해

영원히 우주의 연극을 시연하네

영겁이 지나면 체제는 시들어버리네

그들은 변함없이 변하네

그들은 듣고, 나는 내 이야기를 들려주네

나는 그들의 모든 덧없는 형태를 감싸네

나를 아는 자는 내가 되고

나의 비전을 가진 사람은

어둠과 속박에서 해방되네

나는 완전함이요 평화네.

여러 가지 시

부처

라트나기리산 서쪽 그늘 아래
진리를 향한 오랜 탐구에 지친 부처가
수심에 잠겨 만족하지 못한 채 슬퍼하며
그토록 오랫동안 찾던 진리를 찾아
어디로 가야 할지 모른 채 앉아 있었다
굳건하고 강하며 순수하게 만드는 진리
평화와 복된 안식을 가져다주는 진리
학자들과 고색창연한 철학은
그의 마음속 정념의 외침을 가라앉히지 못했고
그리하여 정념의 자녀, 슬픔이 여전히 함께했다
경전, 교의, 고귀한 신분의 기둥도
그의 큰 고뇌의 무게를 견디지 못하고 유혹에 무너져 내려
그를 욕망과 고통과 흐린 마음의 먹잇감으로 남겨두었다

그가 시도했던 고행은

진리를 갈망하는 그를 힘없고 병약하게 만들었고

이제 그는 패배한 사람처럼 보였으며

운명의 흐름을 받아들이고 무력하게 홀로 있었다

그러나 부처가 그늘에서 골똘히 생각에 잠겨 있을 때

갑자기 울음소리가 들렸으니

고통의 흐느낌, 낯설고 가엾은 한숨 소리였다

부처는 일어나서 그늘을 나와 찾아보았다

(이유는 거의 알지 못했으나 슬픔에 잠긴 그의 마음속에서 알지 못하는 강력한 사랑

이 샘솟았다)

울음소리가 나는 곳으로 가보니 곧 보였다

건조한 먼지 구름이 이는 길 위

인도의 작열하는 태양 아래

열심히 양떼를 모는 양치기가 있었다

그리고 뒤에는 어린 양 한 마리가 뒤떨어져

발에 상처를 입고 가련하게 울고 있었다

암양은 자신에게 새끼를 구할 힘이 없음을 알고

깊고 쓰라린 번민을 품고

어린 새끼를 보며 울었다

부처가 그 불쌍한 모습을 보았을 때

연민이 그의 깊은 슬픔을 사라지게 했다

그는 즉시 다친 양을 품에 안고 말했다

"헛된 지식을 쫓는 영혼의 노력은 헛되다

동정이 없는 지식은 헛되다

사랑 없는 삶은 헛되고 모든 것이 거짓이니라

진실처럼 보이지만 불확실한 것

내가 너를 불쌍히 여겨야 한다는 것은 진실이구나

기도하고 읽고 또 읽고 기도하는 제사장들은

결국 자신의 죄 속에서 죽으며

내가 애도하는 사랑, 내가 찾는 깊은 진리를 찾지 못한다

내가 그들과 함께 기도하고 구하며 결코 찾지 못하는 것보다

니의 고통을 덜어주는 것이 더 나으리

내가 너를 사랑할 것이요

아무도 동정하지 않는 너를 불쌍히 여기리라

내가 너를 구원하리라

인간의 무정한 이론에 지친

나, 부처가 사람들이 경멸하는 말 못하는 연약한 네게

허리를 굽히리니, 이것이 진리임을 아네

모든 것이 의심스럽고 불확실하나

연민과 사랑은 틀림없고

모든 것이 흐려지고 사라져도

연민은 흐려지지 않고 사랑은 사라지지 않을 것이네."

그리하여 부처는 지치고 상처 입은 것을 품에 안았다

어린 양은 그의 가슴에 자리를 잡고 조용히 평화를 얻었다

불안해하던 암양은 그 곁을 걸으며 부처의 얼굴을 바라보고

새끼가 그 복된 품을 찾은 것을 기뻐했다

암양은 걸으며 말없이 부처를 찬양했다

그를 자비로운 분, 부처로 알았다

그때 부처는 학교와 교의에서 헛되이 구해왔던

그 길로 들어섰다

자신을 잊은 다정한 사랑의 행위로

어떤 철학도 인도하지 않고

그 누구도 찾지 못하는 길에 들어섰다

그의 마음에 거룩한 사랑이 자라났다

그의 정신에 새롭고 낯선 지식이 들어왔다

그의 존재 전체가 고통 없는 평화를 느꼈다

슬픔과 고통이 없었다

그리하여 부처는 마침내 거룩한 진리를 찾았음을 알았다

그때부터 부처는 진리를 살았다

그리고 그 실천을 가르쳤다

멀고 가까운 데서 진리를 추구하는 사람들이 찾아왔고

그의 발치에 앉아 그를 경배하였다

사랑과 연민을 배우고

실패하지 않는 행복과 평화를 찾으며

부처를 구원자, 구세주, 축복의 주님이라고 불렀다

그리고 이해하지 못한 사람들조차

언젠가는 알아야 할 이 진리를 희미하게나마 느꼈다

배우는 것보다 사랑하는 마음이 더 훌륭하다는 것

상처 입은 어린 양 한 마리에게 위안을 주는 것이

학교에서 배우는 지혜보다 높고

세상의 철학보다 위대하는 것을

사람들이 이해하기만 한다면

사람들이 이해하기만 한다면
형제의 잘못된 행동을
똑같이 잘못된 행동으로 받지 않고
친절로 무효화해야 함을
그들의 눈빛이 형제의 무지함을 치유할 것임을
그러면 영원한 사랑으로 이어지는 천국의 입구를 찾으리
이해하기만 한다면

사람들이 이해하기만 한다면
그들의 잘못이 다른 이의 잘못을
결코 덮을 수 없음을
증오는 증오를 키우고
선이 모든 악을 멈춤을
그러면 마음과 행동을 정화하고
그곳에서부터 모든 악한 비난을 떨쳐버리리
이해하기만 한다면

사람들이 이해하기만 한다면
죄를 범한 마음은 반드시 슬퍼하고
증오에 찬 마음은
울며 굶주리고 쉬지도 자지도 못한 채
내일 그 메마른 추수를 수확할 것임을
그러면 친절이 그들의 존재를 채우고
그들은 동정의 눈으로 바라보리
이해하기만 한다면

사람들이 이해하기만 한다면
잠자는 자와 깨어 있는 자의
그들이 무턱대고 판단하는 영혼의
불친절하게 내찌르는 마음의
모든 공허함과 아픔을
그러면 더 부드러운 말과 감정으로
치유의 향유를 발라주리
이해하기만 한다면

사람들이 이해하기만 한다면
그들의 증오와 분노가
평화와 달콤한 만족을 사라지게 하고
스스로를 다치게 하며 다른 사람을 돕지 않음을
외로운 형제를 위로하지 않음을
그러면 그들은 비탄을 남기지 않는 선한 행동의
더 나은 일을 추구하리
이해하기만 한다면

사람들이 이해하기만 한다면
사랑이 어떻게 정복하는지
냉혹한 증오가 엄습할 때 그 힘이 얼마나 효과적인지
연민이 어떻게 슬픔을 끝내는지
지혜롭게 만들고 정념의 고통을 빌려오지 않는지
그러면 영원히 사랑에 살고 결코 증오에 살지 않으리
이해하기만 한다면

실천과 이해

나는 삶과 운명, 진리에 대해 의문을 품고
어둡고 미로 같은 스핑크스를 찾았네
스핑크스는 내게 이렇게 불가사의한 말을 했네
"가려짐은 보지 못하는 눈에만 있고
신의 형상은 오직 신만이 볼 수 있다."

나는 이 숨겨진 수수께끼를 풀려고 했네
무지와 고통의 길로 헛되이
그러나 사랑과 평화의 길을 찾았을 때
가려짐이 벗겨지고 나는 볼 수 있었네
그때 나는 신의 눈으로 신을 보았네

자유

지혜롭지 못한 자들은 이렇게 말하네
"나의 고통은 부당하다
나의 고통과 비애는 죄 많은 조상의 흩어진 먼지에서 비롯되었다
우리는 자유롭지 않다
조상들은 그들이 한 일로 우리의 자유를 가져가버렸다
우리는 약하고 연약하다
조상들은 죄를 범했기 때문에 무너졌고 우리는 실패할 수밖에 없다

우리가 술에 취하는 것은 포도주에 대한 조상들의 사랑에서 비롯되었고

우리의 정욕은 그들의 향락에서 만들어졌다

조상들이 걸었던 길을 통해 우리는 여러 가지 타락을 알아차린다

조상들이 그들의 발로 만든 미로를 걸었듯

우리도 똑같이 걸어야 한다

죽은 자들이 우리를 속박하고 조종하기 때문이다"

오 사람아! 네 죄는 네 것이다

네 행위로부터 모든 행복과 불행, 네 삶이 이루어지노라

너를 속박하는 사람은 다른 누구도 아닌 너 자신이니

내게 평화기 없는 모든 이유는

너 자신의 의지와 마음에 그 뿌리가 있노라

눈을 떠라, 죽은 과거를 버리고 내면을 바라보라, 지혜로워져라

마음을 정결케 하라 그리하면

삶이 풍요롭고 달콤하고 아름다워지며 다툼으로 망가지지 않으리라

마음을 잘 지키고 고귀하고 강하며 자유로울지어다

아무것도 너를 해치거나 방해하거나 정복하지 못하리니

네 적은 네 마음과 생각 속에 있고

거기에서 네 구원도 찾으리라

마음은 주조하고 창조하는 지배적인 힘

인간은 곧 마음이며

언제나 생각의 도구로 의도하는 것을 만들어낼지니

천 가지 기쁨과 천 가지 죄악을 가져오는구나

은밀하게 한 생각이 이루어진다

환경은 그저 그를 비추는 거울에 불과할 뿐

마음속에 어두운 욕망을 키우거나

선을 위해 분투하거나 높은 열망을 품으면

인생에서는 뿌린 대로 거둘 뿐

고통이든 평화든 자신이 뿌린 것을 거두네

물려받은 것에 굴복하는 이여

자유가 삶의 법칙임을 알아라

우리는 생각으로 일어나고 생각으로 넘어지며 생각으로 서거나 가네

모든 운명이 그 순간의 능력으로 결정되네

생각의 주인으로 선 사람은 자신의 욕망을 지휘하고

사랑과 힘의 생각을 세심하게 엮어서

진리의 틀림없는 빛 속에서 자신의 높은 목표를 이루네

오랫동안 당신을 찾았습니다

나 오랫동안 당신을 찾았습니다, 성령이시여

온유하고 겸손하신 주인의 영이시여

인간의 불행에 대해 곱씹으며 고요한 슬픔으로 당신을 찾았습니다

순종의 멍에를 헛되이 구했습니다

불행과 나약함의 무게 아래서

아직 찾지 못했으나 실패 속에서 계속 찾았습니다

나 불안과 의심과 슬픔 속에서 살았으나

어딘가에서 당신의 기쁨이 기다리고 있음을 알았습니다

어딘가에서 나처럼 찢기고 슬퍼하는 마음을 맞이해주심을

죄와 불행을 남겨두고 떠나

어떻게든 당신을 찾아야 함을 알았습니다

그러면 마침내 당신의 사랑이 나를 신성한 안식에 들어가게 할 것입니다

증오, 조롱, 비난이

당신을 찾는 내 영혼을 불태우고 더럽혔습니다

당신이 움직이고 거할 성전이 되어야 했던 것

기도하고, 노력하고, 바라고, 불렀습니다

나의 실패에 고통받고 슬퍼하며

나는 여전히 지옥의 음침한 깊은 곳에서 눈이 먼 채 더듬으며 당신을 찾

았습니다

그리고 당신을 발견할 때까지 찾았습니다

내 주위의 모든 어둠의 힘이 달아나

침묵과 평화 속에 남겨져 당신의 거룩한 주제에 대해 생각했습니다

당신에 대한 의심을 멈추자

내 안과 밖에서 그늘이 노방졌습니다.

그리고 나는 당신의 영광 속에서 당신을 찾았습니다, 내 꿈의 전지전능한

주인이시여!

그렇습니다. 내가 당신을 찾았습니다, 거룩한 영이시여

아름답고 순수하고 겸손하신 분

당신의 환희와 평화와 기쁨을 찾았습니다

당신의 안식의 집에서 당신을 찾았습니다

사랑과 온유함에서 당신의 힘을 찾았습니다

그리고 고통과 불행과 나약함이

나를 떠났고 나는 복된 자만이 밟은 길을 걸었습니다

현실

사람들이 먼 하늘을 응시하는 것을 보네
도달할 수 없는 헛된 이상을
그리하여 그들은 가까이 거룩한 길을 잃어버리네
끊임없이 죄와 고통을 정복하는 길

손을 들어 애원하는 것을 보네
공허함에 아파하며
스스로 만든 오랜 슬픔의 원인이 보이네
자초하여 스스로를 옭아 묶은 끈이 보이네
어긴 법이 보이네

지혜는 평범한 삶 속에 숨어 있고
올바르게 묻는 자 그것을 찾으리니
성마른 열병과 다툼이 샘솟는 곳
심지어 매일의 일과 속에도 진리가 있네

영원한 사랑이 숨겨져 있는 곳을 보라!
(저 멀리 있는 것처럼 보였던 죽음 없는 사랑!)
오늘도 죄 없는 삶을 사는 이에게
모습을 드러내 낮은 마음속에도 거하네

우리에게 천국의 문을 열어줄 열쇠는
가장 가까운 의무에 싸여 있네
그가 보게 될 천상의 비전이 베일을 벗고

너무 이르지도 늦지도 않게 오시네

미래는 눈물로 얼룩진 눈에서 진리의 영광을 가리지 않으며
과거는 진리를 지우지 못하네
수고로 지친 발에게 좁고 잡초가 자란 길은
즐거운 문으로 향하는 보통의 길

우리가 어디를 가든 불멸의 찬란함이 함께 가네
다만 스스로 멀어버린 눈이 볼 수 없을 뿐
영원한 영광이 인간의 불행을 비추고 있네
불행의 어두운 밤을 뚫고

보라! 그림자 없는 광채가 빛나는 곳
흠결 없는 생각과 행동으로 완성된 과업들 속에서
미래의 보상을 약속하는 하늘에 달린 영광
그 꿈이 아닌 사랑과 동정의 말 속에서!

평화는 오직 평화로운 영혼에게만 오고
고통 없는 사랑은 사랑으로 태어난 마음에 자리를 잡네
기쁨은 자아가 전체를 위해 가라앉은 곳에서 샘솟고
불멸의 아름다움은 정복된 죄에서 시작되네

우리에게는 해야 할 과제가 있고
숭고한 길은 자아의 늪에서 일어나 의무의 길을 지나네
그 분명한 길을 걸어 시간의 가파른 언덕을 오르리
완벽한 날의 찬란함에 닿을 때까지

오늘과 내일

나는 내일이라는 어두운 땅에서

고통, 슬픔과 함께 살았네

달리며 놓친 기쁨과 행복을 그리워하며 한숨지었네

그러자 어둠이 주위에 모여들었네

내일은 할 수 있는 일이 아니라

'해야 할 일' 속에 사는 나를 발견했네

나는 희미하고 어두운 무지의 유령들 속에서

자애를 구했네

빛이 없는 자아의 동굴에서 축복과 안식을 찾았네

그리고 호소하는 손을 뻗어

빛과 치유를 애처롭게 더듬었네

최선의 참된 것이 아니라 '내가 갖고 싶은 것'을 얻으려 애썼네

그러다 그 이기적인 바람을 발견했네

남몰래 추구하고, 맹목적으로 더듬으며

헛된 소망과 후회 속에서 내 이마에서 인생의 영광을 쫓았네

그리하여 나는 이기적인 불안을 멈추고

사랑과 자기 망각으로 방향을 돌려

지금 내가 될 것을 위해

'내가 갖고 싶고 지키고 싶은 것'을 떠났네

그래서 나는 자아와 슬픔으로부터 도망쳤네

내일의 어두운 땅을 떠나

어떤 선행을 하고 어떤 사랑의 말을 할까 생각했네
그러자 평화와 기쁨의 빛이
슬픔의 구름을 쫓아내고
오늘이라는 밝은 세상에서 과거와 미래가 사라졌네

지혜의 별

비슈누의 탄생을 상징하는 별
크리슈나, 부처, 예수의 단생을 알리는 별
하늘을 바라보며 당신의 빛나는 모습을 기다리고 지켜보는
지혜로운 자들에게 알리니
밤의 어둠 속에서
별빛 하나 없는 자정의 어둠 속에서
의의 왕국이 다가온다는 것을 알리는
빛나는 사자
정념의 마구간,
마음과 영혼의 구유에서 일어난
하나님의 미천하신 탄생에 관한
신비로운 이야기를 전하는 전령
슬픔을 짊어진 마음,
기다림에 지친 영혼에게
깊고 거룩한 연민의
비밀을 노래하는 조용한 가수
모든 것을 초월하는 밝음의 별
당신은 다시 한밤중을 장식하네

교리의 어둠 속에서 지켜보며

죄의 벼린 날로

끝없이 싸우다 지친

지혜로운 자들을 다시 격려하네

무익하고 생명이 없는 우상들

죽은 형태의 종교에 지쳐버렸네

당신의 빛을 기다리다가 고단해졌네

당신이 그들의 설망을 끝내고

그들의 길을 비추었으며

오래된 진리를 다시금 가져왔네

당신을 바라보던 모든 사람의 마음에

당신을 사랑하는 사람들의 영혼에

그리고 당신은 환희와 기쁨을 말하네

슬픔을 끝내는 평화에 대해.

당신을 볼 수 있는 자는 복이 있나니

밤에 지친 방랑자

전율을 느끼는 자들에게 복이 있나니

당신 빛의 위대한 힘으로

내면에서 일어난 깊은 사랑의 고동을

가슴에서 느끼네

당신의 가르침을 진정으로 배우게 하소서

충실하고 겸허히 배우게 하소서

온유하고 지혜롭고 기꺼이 배우게 하소서

거룩한 비슈누의 고대의 별

크리슈나, 부처, 예수의 빛이여

가장 높은 천국에 오르겠는가

가장 높은 천국에 오르겠는가
가장 낮은 지옥에 떨어지겠는가
끊임없는 아름다움의 꿈속에서 살 것인가
아니면 가장 낮은 생각에 머무를 것인가

당신의 생각이 곧 위의 천국이고
당신의 생각이 곧 아래의 지옥이다
행복은 생각에만 있고
고통은 생각만이 알 수 있다

생각이 없다면 세상은 사라져버릴 것이고
영광은 오직 꿈속에만 존재한다
시대의 드라마는
영원한 생각으로부터 나온다

존엄, 수치, 슬픔
고통과 번민, 사랑과 증오는
위대한 것의 가장일 뿐
고동치는 생각이 운명을 지배한다

무지개의 여러 색깔이
하나의 색이 없는 빛을 만들듯
우주의 여러 변화도
하나의 영원한 꿈을 만든다

그리고 그 꿈은 모두 당신 안에 있다
꿈꾸는 사람은 오랫동안 기다리며 울부짖는다
생생한 생각과 강인함으로
아침이 그를 깨우기를

순수하고 완벽한 이들이 사는
가장 높고 신성한 천국에서
이상을 현실로 만들고
지옥의 꿈을 사라지게 할 것이다

악은 악에 대한 생각이고
선은 선하게 만드는 생각이다
빛과 어둠, 죄와 순수함도
마찬가지로 생각에서 자란다

가장 위대하신 분을 생각하며 거하라
그리하면 가장 위대하신 분을 보게 될 것이다
가장 높으신 분께 집중하라
그리하면 가장 높은 자가 될 것이다

가장 높은 선을 찾는 자에게는

가장 높은 선을 찾는 자에게는
모든 것이 가장 현명한 목적을 섬기네
순수하게 악으로 오는 것은 없으며

지혜는 모든 형태의 악한 무리에게
날개를 빌려주네

어두운 슬픔 뒤에는
기쁜 빛으로 빛나기를 기다리는 별이 있네
지옥 뒤에는 천국이 기다리고
밤이 지나면 멀리서 황금빛 영광이 찾아오네

패배는 숭고한 목적을 이루겠다는 더 순수한 목표를 가지고
우리가 오르는 계단
상실은 이득으로 이어지고
기쁨은 시간의 언덕을 오르는 참된 발걸음을 따르네

고통은 신성한 축복의 길로
신성한 생각과 말과 행동으로 인도하네
그리고 어두운 구름과 찬란한 빛은
위로 향한 삶의 고속도로를 따라 입을 맞추네

불행은 길을 가릴 뿐
그 끝과 정상은 햇빛이 환하고 높은
밝은 성공의 하늘에 있네
우리가 찾고 머물기를 기다리고 있네

희망의 계곡을 어둡게 하는
의심과 두려움의 무거운 장막
영혼이 맞서는 그늘

눈물의 쓰라린 수확

아픔, 고통, 슬픔
끊어진 관계에서 태어난 멍든 상처
이 모든 것이 건전한 신념의 삶으로
나아가는 단계네

동정적이고 세심한 사랑이
운명의 땅에서 온 순례자를 만나러 달려가네
모든 영광과 선함이
순종하는 발걸음이 오시길 기다리네

한 가지 부족한 것

스승의 거룩한 발밑에 낮게 무릎을 꿇고
세상의 욕망이나 억압도 모르는 사람이 왔다
그는 진리를 찾지 못해 슬퍼하며
아마도 세상의 스승이 자신을 축복해줄지도 모른다고 생각했다
그리하여 그는 겸손히 탄원하며 물었다
"선하신 스승이시여, 제 내면의 싸움을 진정시켜주실 수 있습니까?
당신이 인도하시는 높은 길을 보여주소서.
제가 영생을 얻으려면 어떻게 해야 합니까?"

그러자 생명의 주인이신 스승은
무릎 꿇은 자를 친절히 내려다보며 이렇게 답하셨다

"너는 계명을 알고 있으니 이를 지켜라

그러면 죽었어도 살아 있으리라."

무릎 꿇은 자가 대답했다

"저는 이 모든 것들을 지키며

젊은 시절부터 오늘까지 당신을 찾았나이다

그러나 여전히 잠에서 깨어나지 못하고 방황하고 있습니다

높고 거룩한 길을 찾지 못했나이다."

"그러나 한 가지 부족한 것이 있으니 네 욕망을 버려라."

(스승이 이렇게 말씀하셨다) "움켜쥐시 말고 내주어라

네가 가진 것을 버리고 자유로운 열망으로 와서

나를 따르라, 그러면 네가 진정으로 살리라

나를 따르는 자는 모든 이기적인 집착을

순수하고 완전한 마음으로 내주고

아무것도 부족하지 않으리라. 그는 내주었기에

반드시 하늘의 보물을 찾으리라."

무릎 꿇은 자는 매우 부유했고

내심으로는 지상의 보물을 소중히 여겼다

그러자 그의 영혼조차 거기서 멈춰 죽어버렸다

버림에서 오는 진리를 얻지 못했다

고귀하지만 완전하지는 않은 그가 스승을 떠났다

필멸의 삶에 매달리기 위해

그는 지나가는 것들과 슬픔의 길을 택했으며

슬픔에 잠긴 채 외로운 길을 걸었다

야샤스Yashas

보라, 세상이 모두 잠든 밤에
야샤스, 고귀하고 야망에 찬 젊은이
세상의 큰 슬픔을 생각하며 눈물을 흘렸네
그는 진리에 이르는 거룩한 길을 찾았다
"헛되이 찾아다녔으니
복된 자에게 가서 해탈을 구하리라.
슬픔의 치유자, 아마도 그분이 나를
깊은 열반의 평화에 함께하게 하시리라."

젊은이가 발걸음을 빠르게 더 빠르게 하며
인류의 복된 스승께로 왔다
그는 거룩한 스승 앞에 엎드려 울더니 말했다
"위대한 주여, 구하지만 찾을 수 없나이다.
제 고통과 번뇌가 얼마나 큰지!
제 모든 슬픔과 고통을 알고 계시니
제게 구원의 거룩한 유약을 주소서.
다시는 당신의 곁을 떠나지 않게 하소서."

복된 스승이 그의 근심을 보시더니
조용한 젊은이에게 부드럽게 말씀하셨다
"보라, 여기에는 고통도 번뇌도 없노라.
내게로 오라, 내가 진리를 보여주리라.
진리는 슬픔을 쫓아버리고 기쁨을 가져다주리라.
낮이 오기 전 밤이

달아나 떠나는 것처럼 네 기쁨이 떠오르면
슬픔, 고통, 근심이 쫓겨나리라."

스승은 지혜의 저장고를 마음껏 베푸시며
순수하고 높고 거룩한 것들에 대해 말씀하셨다
야샤스는 황홀해하며 온유하고 겸손히 말씀을 듣고
스승의 놀라운 가르침을 깊이 마셨다
그러자 보라! 지혜의 시원한 숨결이 그를 덮었다
그의 모든 근심을 부드럽게 훔치고 바람을 불어 쉬게 했다
슬픔은 떠났고 연민이 그를 안내하네
스승이 밝은 길로

낮은 길

모든 길이 내 발걸음이 닿기를 기다리고 있네
빛과 어둠, 산 자와 죽은 자
넓은 길과 좁은 길, 높은 곳과 낮은 곳
좋은 길과 나쁜 길, 빠른 걸음이나 느린 걸음으로
이제 내가 원하는 어느 길이든 들어갈 수 있네
걸으면서 무엇이 좋고 무엇이 나쁜지 알게 되네

모든 선한 것들이 나의 헤매는 발걸음을 기다리네
다만 변치 않는 서약과 함께
마음에서 비롯된 순수함의 좁고 높고 거룩한 길로 가서
그곳에 머물기만 한다면

조롱하고 경멸하는 자로부터 안전하게
가시밭길을 가로질러 꽃이 핀 들판으로 걸어가네

건강, 성공, 힘이 기다리는 곳에 나 설 것이네
내가 만약 덧없는 순간
사랑과 인내에 매달린다면
흠결 없이 거하며
높은 진실성에서 절대 비켜서지 않는다면
마침내 불멸의 땅을 보리라

나는 구하고 발견하리라, 성취하리라
요구하지는 않되 잃는다면 되찾으리라
고난의 끝에 다다르려 한다면
영혼을 빛과 생명으로 회복하고
더는 울지 않으려 한다면
법칙은 나를 위해 굽히지 않지만, 나는 법칙에 굽혀야 하네
모든 선한 것에 대한
오만하고 이기적인 요구는 내 것이 아니요
구하고 찾는 것, 알고 이해하는 것
모든 거룩한 발걸음이 지혜를 향해 가는 것
이 겸손한 목표가 내 것이어라
나는 아무것도 요구하거나 명하지 않으나
다만 알고 이해하려 하네

바다의 음악

나는 바다가 연주하는 음악을 좋아하네
바다는 영원의 해변에서
그 이상하고 심오하고 신비로운 멜로디를 연주하며
영원히 인간의 영혼을 노래하네

바다는 억제되지 않은 난폭함으로 바위를 때리며
파괴적인 격정을 노래하고는
자초한 충격의 고통에 흐느껴 울며
연이은 슬픔을 안고 후퇴하네

바다는 말없이 신음하고 힘없이 일렁이며
순교와 묵묵한 고통을 말하네
바위에 부딪혀 깨지며
인간 영혼의 허무함과 절망을
기묘하게 울부짖네
햇살, 장난스러운 바람과 어우러져
자갈밭에 반짝이는 바다의 빛은
감각적인 시각이 볼 수 있는 것보다 깊은 곳은 닿지 않는
즐거움과 환희를 방울방울 만들어내네

나직이 소곤거리며 평온히 존재할 때
바다는 고요한 평화의 마음을 속삭이네
격정이 사라지고 모든 인간의 슬픔이 멈추는
그 형언할 수 없는 상태에 대해

장난스러움, 불안함, 평화로움, 격렬함
그대의 마음에 비친 그대의 평화, 그대의 투쟁
우리 안에 이상한 격정과 평화가 있네
우리 삶의 광기와 지혜가 있네

인간 영혼의 표상이여, 오 바다여!
외로운 해안가에서 당신의 노래를 듣고 싶네
당신의 영원한 멜로디를 노래하며
인간의 영혼을 영원히 노래하네

사랑의 승리

해안가에 서서 바위들을 보았네
거대한 바다의 공격에 저항하는 모습을
영겁의 시간 동안 얼마나 많은 충격을
견뎌왔는지 생각하며 말했네
"이 단단한 바위를 닳게 하려는
파도의 끊임없는 노력은 헛되구나."

하지만 파도가 바위를 어떻게 부쉈는지 생각하며
발아래의 모래와 자갈을 보았을 때
(저항에 지친 불쌍하고 소극적인 잔재들)
그들은 물과 만나는 곳에서 굴러다니며 흔들리고 있었네
그러다 파도 아래 고대의 지형지물을 보았네
그러자 물이 돌들을 노예로 잡고 있음을 알게 되었네

나는 인내심 있는 부드러움과 끊임없는 흐름으로
물이 이뤄낸 위대한 일을 보았네
거만한 곳을 어떻게 그들의 발아래에 가져왔고
거대한 언덕을 낮게 눕혔는지
부드러운 물방울이 단단한 벽을 어떻게
마침내 정복하고 무너뜨렸는지

그러고는 깨달았네. 극복하기 어려운 죄도
결국에는 부드럽고 부단한 사랑의 물결에 굴복할 것을
오고 가며 항상 흘러오네
인간 영혼의 거만한 바위로
모든 저항이 소진되어 지나가면
모든 마음이 결국 사랑의 물결에 굴복하리라

열 번째 생일을 맞은 딸 노라에게

타고난 매력을 뽐내며 네가 태어난 이후
엄마 품에서 울던 아기가
10년이 훌쩍 지나 이제는 머리가 내 가슴까지 오는구나
사랑이 가득했던 10년은 지나갔지만
그 시간의 모든 순수함과 행복은
너와 함께 남아 있단다.
네 어머니와 나의 키스가
그것을 영원히 네 것으로 봉인해두었단다!
네 어린 날들을 채운 그 순진한 길을 영원히 지키기를

평화의 시 ·

네 순수한 마음을 늘 그대로 간직하기를

어떤 부정한 화살도 그 마음을 번뇌로 꿰뚫지 않기를

후회와 고통은 네 신성한 존재 앞에서 작아지고

어떤 얼룩도 네 평화의 흰 옷을 더럽히지 않기를

오! 행복은 순수한 자의 발걸음을 따른다는 걸 확신하렴.

그리고 그 무엇이 악이나 다툼으로 너를 유혹해도

흠결 없는 삶이라는 진귀한 보석을 꼭 잡고 있으렴.

잃지도 말고 살살 잡지도 말고 네게 묶어놓아라.

네 순수함이라는 귀중한 보석을

내면의 순수함

삶은 고뇌이고 자기애는 사슬임을 알라

그것이 떨리는 네 영혼을 묶고 날카로운 고통으로 상처를 입히는가?

비방의 뱀이 신뢰의 공정한 꽃 아래로 기어가는 것을 보고 슬퍼하는가?

우정이 증오의 역겨운 먼지 아래 묻혀 있으면 눈물 흘리는가?

그렇다면 들어라, 이기심의 단맛은 순간이고 자기 본위로 형성된 관계는
덧없다

그러나 시들지 않는 사랑, 결코 죽지 않는 삶이 있다

뱀의 점액으로 아직 더러워지지 않은 길이 있다

지친 발이 안식과 평화를 찾고 더는 기만당하지 않는 곳

그 순수한 사랑과 삶을 가진 사람의 가장 깊은 마음은

분노, 거짓 판단, 자아와 적의로부터 자유롭다

또한 공정한 평화의 길을 걷는 이는 과거 악으로 인한 얼룩이 기억에 없다

그 흠결 없는 마음이 고통의 끝에 다다른다

자기희생

고단한 싸움의 승리로 얻은 희망의 고지를 위대한 영광이 장식하네
빛나는 명예가 위업을 이룬 백발의 머리를 둘러싸네
황금으로 된 이익을 얻기 위해 노력한 사람은 온당한 부귀를 얻고
천재성이 번뜩이는 머리로 일한 사람의 이름에는 명성이 깃드네
그러나 자기 자신과 죄에 맞서는 무혈의 싸움에서
사랑으로 희생적인 삶을 택하는 사람에게는 더 큰 영광이 기다리고 있네
맹목적으로 자아를 숭배하는 자들이 보내는 경멸 속에서
가시 면류관을 받아들인 사람의 이마를 더 밝은 명예가 둘러싸네
인간의 삶을 더 아름답게 만드는 사랑과 진리의 길을 걷기 위해
크게 노력하는 사람에게는 더 온당하고 순수한 부귀가 찾아오리니
인류에 봉사하는 사람은 덧없는 명성을
영원한 빛, 기쁨과 평화, 천상의 광채로 빛나는 옷과 교환하네

나 진리로 피난하리니

오 주님, 나 당신께 갑니다!
당신의 가슴 위에 내 지친 머리를 눕히고
눈물과 입맞춤, 추구의 고통으로 당신의 발을 씻습니다
아픈 가슴과 쓰린 패배를 가지고 왔으니
당신의 거룩한 기쁨과 완벽한 안식을 구하나이다

내 타는 이마 위에 당신의 손을 얹어
내 영혼을 달래시고, 내 죄를 떠나게 하소서

지금도 당신의 다정한 구원을 청합니다
두근거리는 가슴을 안심시킬 당신의 안식을 구하나이다
당신은 진리요, 나 당신께 매달리며 머리를 숙입니다

당신은 세상의 변화 속에서도 불변하시니
모든 세속적인 기쁨과 부패하는 강한 정념
인색한 생각과 품위를 떨어뜨리는 행동,
이들은 당신이 아니며 그러기에 사라질 것입니다
당신의 변함없는 힘에 내 영혼을 기댑니다

나의 발을 당신의 거룩한 장소로 인도하소서
나는 당신을 꾸지람을 받아들이고, 당신의 위대한 사랑을 봅니다
깊은 부끄러움 속에 당신의 회초리에 입 맞추고
동경과 겸손한 마음을 안고 당신께 매달립니다
당신이 고개를 돌리시지 않을 것임을 알기 때문입니다

진리인 내가 너의 구원자이니

진리인 내가 너의 구원자이니 내게로 오라
네 죄와 고통, 거친 불안을 내려놓으라
내가 네 영혼의 폭풍우 치는 바다를 잔잔하게 하리라
네 가슴에 평화의 기름을 부어주리라
고독하고 외로운 자여, 보라, 내가 너와 함께하리라

패배하고 버려진 자여

네 피난처는 어디인가? 어디로 날아갈 수 있는가?

나의 변치 않는 가슴 위에 네 짐을 올려놓아라

내가 너의 확실한 피난처이니

모든 것이 지나가도 나는 남을 것이다

보라, 나, 고독하고 위대한 자

버림받은 사람들의 친구이니

사람들의 멸시를 받는 내가

약하고 무력하고 멸시받는 자를 지키노라

나는 마음이 고통 속에 있고 눈물 흘리는 사람을 기쁘게 하니

내 안에서 쉬어라, 나는 네 슬픔의 끝이니라

연인, 친구, 부와 쾌락과 명성

이것들은 실패하고 변하며 부패하노라

그러나 내 사랑은 변하지 않으리니

너의 비난에도 나는 너를 비난하지 않으며

너를 외면하지도 않으리라

나의 고요한 가슴에 네 죄와 부끄러움을 감추어라

흰 옷

보이지 않는 마음의 흰 옷

죄와 슬픔, 비탄과 고통으로 얼룩져 있네

회개의 연못과 기도의 샘으로는

그 옷을 희게 씻을 수 없네

무지의 길을 걷는 동안
죄의 얼룩은 그대로 묻어 있네
더러움이 구부러진 자아의 길을 표시하네
고뇌가 숨어 있고 실망이 찌르는 길

오직 지식과 지혜만이
내 옷을 씻어 깨끗하게 만들 수 있구나
그 안에 사랑의 물이 있고, 평화가 있네
방해받지 않고 영원하며 고요한 평화

죄와 회개는 고통의 길이고
지식과 지혜는 평화의 길이니
실천의 가까운 길을 통해 나 찾으려 하네
지복이 시작되는 곳, 고통과 슬픔을 멈추는 방법을

자아는 떠나고 진리가 그 자리를 차지하리
변하지 않는 자, 불가분의 자
내 안에 거하며
보이지 않는 마음의 흰 옷을 깨끗이 하네

의로운 사람

어떤 위험한 창도 의로운 사람에게는 닿지 못한다
그는 증오의 폭풍 속에서도 똑바로 서서
상처와 모욕과 비난을 물리치고

전율하는 운명의 노예들에 둘러싸여 있네

고요한 힘의 위엄
그는 고요히 서서 변하지 않으며 돌아서지도 않네
고통의 가장 어두운 시간 속에서도 굳건히 인내하니
시간도 그에게 굴복하고 죽음과 운명도 물러나네

분노의 섬뜩한 번개가 주위에 내리치고
지옥의 천둥소리가 머리 위에서 포효해도
이것들은 그를 죽일 수 없기에 그는 주의를 기울이지 않네
땅과 시간과 공간이 사라져도 서 있는 사람
불멸의 사랑이 보호하니 무슨 두려움이 있겠는가?
변하지 않는 진리로 무장했으니 손실과 이득을 어찌 알겠는가?
영원을 알고 있으니
그림자가 왔다가 가는 동안 움직이지 않네

그를 불멸이라 부르고 진리와 빛이라고 불러라
예언자적 위엄의 찬란함이라 불러라
신성의 영광을 입으시고
밤의 힘 가운데서 거하시는 분

선택

악에 대한 의지와 선에 대한 의지
둘 다 네 안에 있으니 무엇을 사용하겠는가?

무엇이 옳고 그른지 알고 있으니
무엇을 사랑하고 기르겠는가? 무엇을 파괴하겠는가?

네 생각과 행동을 선택하는 사람은 너다
네 내면의 상태를 만드는 사람은 너다
되고자 하는 것이 될 수 있는 힘이 네게 있으니
네가 진리와 사랑 또는 거짓과 증오를 만든다

악한 것, 사랑하는 자아를 선택한다면
선을 향한 네 부름과 기도는 모두 헛되리라
네 생각과 행동이 선을 가져다주기도 악을 가져다주기도 하노라
네가 마음 깊은 곳에 기쁨과 고통을 만드는도다

선을 추구하고 악을 떠나보내려고 노력할 때
너는 기뻐하며 말하리라
"보라! 빛과 사랑과 평화가 나와 함께하는구나
진리는 사라지지 않고 선은 풍성하도다."

네 생각과 말과 행동을 선택하라
선택한 대로 네 인생도 그렇게 될 것이다
선을 향한 의지는 네게 기쁨과 평화를 가져다주고
악을 향한 의지는 불행과 다툼을 가져다주리라

진리의 승리

오르지 못할 고지가 없네
보지 못할 웅장함도 없네
시간에 묶여 있는 것들을 넘어
순수한 것, 아름다운 것, 참된 것에 다다른다면

성스러운 비전도, 선지자의 기쁜 선견도
거룩한 현자의 꿈이란 것도 없네
그러나 당신의 것이 될 수도 있으니,
스스로의 왕다운 자질을 주장한다면
사실 이것은 당신이 지닌 천상의 권리

정복할 수 없는 죄는 없고
문어 같은 사악함도 없네
당신을 산 제물로 옭아매도
강한 적을 공격할 방법과 무기를 곧 알게 되리니

당신은 죄와 슬픔, 수치심에 빠지거나
수렁에 엎드려 기는 운명이 아니네
바로 세워지고 이름이 주어졌으니
손은 뻗을 수 있고 영혼은 열망할 수 있네

영광과 힘과 승리는 당신의 것
일어나서 내면의 모든 적을 정복하라
하늘을 보라, 얼마나 찬란하게 빛나는가!
오, 비애의 정복자여, 일어나서 공격하라!

오 그대, 가르치려는 이여!

오, 진리를 가르치려는 이여!
당신은 의심의 사막을 통과하였는가?
고통의 불길로 정화되었는가?
동정이 인간적인 마음에서
의견이라는 친구를 몰아냈는가?
영혼은 공정하여 어떤 거짓된 생각도 머무르지 않는가?

오, 사랑을 가르치려는 이여!
당신은 절망의 장소를 지나왔는가?
슬픔의 어두운 밤을 울며 보냈는가?
(이제는 슬픔과 근심에서 벗어나)
잘못과 증오와 끊임없는 압박을 바라보는
인간적인 마음을 동정하고 온유한 마음으로 움직였는가?

오, 평화를 가르치려는 이여!
당신은 다툼의 넓은 바다를 건넜는가?
삶의 거친 불안에서 해방되어
침묵의 기슭을 찾았는가?
인간적인 마음에서 다투던 모든 것이 사라지고
오직 진리와 사랑과 평화만이 남았는가?

세상을 바로잡으려거든

세상을 바로잡으려거든
모든 악과 비애를 추방하려거든
황무지를 꽃피워라
그 황량한 사막이 장미처럼 피어오르게 하라
그런 다음 너 자신을 바로잡아라

죄에 갇힌 길고 외로운 속박으로부터
세상을 바꾸려 한나면
모든 상처받은 마음을 치유하고
슬픔을 없애고 달콤한 위로가 들어오게 하라
너 자신을 바꿔라
오랜 아픔에서 세상을 고치려 한다면
그 슬픔과 고통을 끝내려 한다면
모든 치유하는 기쁨을 가져오라
고통받는 이들에게 다시 안식을 주고
그런 다음 너 자신을 고쳐라

죽음과 어두운 다툼의 꿈에서
세상을 깨우려 한다면
사랑과 평화로
영원한 생명의 빛과 밝음으로 인도하라
너 자신을 깨워라

밤은 어떠한가?

오, 파수꾼이여, 밤은 어떠한가!
산봉우리의 희미한 여명
빛 중 빛의 황금빛 전령
그의 고운 발이 산 정상을 밟았는가?

새벽이 와서 어둠, 그리고
밤의 온갖 악령들을 쫓아내지 않았는가?
그 돌진하는 빛이 아직 보이지 않는가?
죄가 소멸하는 소리, 새벽의 소리가 들리는가?

빛의 연인, 아침이 온다
산등성이를 금빛으로 물들이며
그의 빛나는 발이 밤을 향해 가는
길을 희미하게 본다

어둠은 사라질 것이고
어둠을 사랑하고 빛을 미워하는 것들도
밤과 함께 영원히 사라질 것이니
새벽의 전령이 빠르게 다가오고 있음을 기뻐하라!

깨달음

우리는 선해짐으로써 선을 발견하고

진실해짐으로써 진실함을 찾으며

좋아하는 미망을 사라지게 함으로써 실재를 본다

그로써 그림자를 꿰뚫고 본질을 알게 된다

결심하여 얻을 수 있고 얻음으로써 알게 되나니

알게 되면 누가 우리에게 슬픔이나 해악을 일으키겠는가?

세상 헛된 쇼에 떠는 희생자 중 누가

갑옷 입은 심장을 꿰뚫거나 지혜를 방패로 삼은 사람의 팔을 이기겠는가?

어떤 사건, 어떤 상황, 어떤 가변성이

변하지 않는 자를 흔들 수 있겠는가?

변함없는 선에 삶을 조화시킨 사람은

깨달음 속에 굳건히 서서

아무것도 두려워하지 않고 아무것도 미워하지 않네

그의 마음과 정신은 사랑으로 빚어지고 지혜로 만들어졌네

악의 종말

선의 길을 찾을 때

모든 악은 우리에게서 사라지네

말과 행동과 마음이

진리와 지혜를 따를 때

속박과 굴종의 끝을 보네

모든 선은 언제나 우리와 함께 있네

다만 그것을 취하려면 지혜가 있어야 하니

오직 지혜가 부족할 때 우리는 가난하고 부족하네
지혜를 얻으면 바라왔던 선이 우리의 것이 되네

내 영혼을 고요히 하고 평화가 네 것임을 알아라
마음을 굳건히 하고 신성한 힘이 네게 있음을 알아라
마음의 근심에서 벗어나라
그리하면 영원한 안식을 찾으리라

신성한 사람

사람은 죄와 부끄러움보다 우월하다
악과 오류를 권좌에서 몰아내리라
내면의 짐승을 억누르고 길들이리라
짐승이 사라지고 천사가 알려지리
지금도 신성한 사람이 나타나네
모든 두려움을 이겨내고 정복의 왕관을 쓰고

그대, 신성한 사람을 환영하노라!
죄와 수치와 슬픔의 정복자여
그대는 더는 나약하지 않고
벌레처럼 낮지 않도다
다시는 그대를 괴롭히는
채찍과 죽음에 굴복하지 않으리
그대의 힘, 선함과 순수함, 지혜로움으로
승리를 거두리라

인내심

목적을 달성하기 위해 왜 이토록 치열한 투쟁을 벌이는가?
이기적인 이유 때문인가?
분노에 열을, 후회에 재를 제공하는 불길 때문인가?
진리와 자연을 그대의 뜻대로 굽힐 수 있는가?
나를 굽히고 일하고 기다리며 강해지고 잔잔해져라
부드러운 성장이 맹렬한 힘보다 강하니

꽃처럼 존재에 만족하고 나날이 날콤함을 키우며 만족하리
저주처럼 보이는 것 속에 숨겨진 축복을 아는 것에 만족하라
논쟁의 여지가 없는 사랑의 자녀
우주의 단순한 비밀에 따라 살면서
존재에 만족하고 그 비밀을 아는 것에 만족하라

회복

다툼과 투쟁, 자아와 이득에 열중하며
진리의 부드러운 목소리에 귀를 기울이지 않네
고통이라는 어두운 방식으로 노력하고 씨름하네
격정에 눈이 멀고 길을 잃어
겸손한 사랑과 연민의 방법을 경멸하네
그리하여 슬픔과 비애 속에서 살며
안식을 찾지 못하고 복된 기쁨을 알지 못하네

분쟁과 분노, 증오와 고통에 지쳤네
학파의 논쟁에도 질렸네
사랑하는 형제자매여
돌아서서 당신의 얼굴을 다시 보니
우리는 더 순수한 눈으로 찾네
연못을 응시하듯 부드럽고 깊고 조용히 안식을 찾아
그러니 새로워지고 복된 마음으로 우리의 길을 가려네

잡힌 새를 풀어줄 때

덫에 걸려 무자비한 손에 붙잡힌
작은 새 한 마리를 보았네
사로잡힌 그 온순한 사냥감은
자유를 갈망하며 가련하게도 겁에 질려 있었네
도망쳐 날아오르기 위해 헛되이 발버둥치고 있었네

나는 작은 새의 공포를 알아보고 새를 들어 올렸네
새의 두근대는 심장이 거친 절망을 외쳐댔네
"너와 나는 오늘 위대한 신들과 함께 저녁을 먹겠구나."
이렇게 말하고 새를 공중으로 날려 보냈네

그러자 새는 날아올라 한 바퀴 선회하더니 날아갔네
새는 큰 기쁨을 얻었고, 나는 연민에서 태어난 축복을 얻었네
그리하여 우리 둘은 그날 높은 신들과 함께 저녁을 먹었네
신들의 넥타를 맛보고 그들의 포도주를 마셨네

슬픔에 잠겼는가?

슬픔에 잠겼는가? 의심과 깊은 불안에 빠져
절망 속에 있는가?
너 자신을 떠나 동료들과 네가 가진 선을 함께 나누라
그러면 축복받으리라

사랑의 밝은 햇살이 네 마음을 비추게 하라
이제 네 기쁨과 평화와 안식으로 오라
이기심의 어두운 그늘을 떠나게 하라
그러면 지금 그리고 영원히 진정으로 복되리라

내가 순수할 때

내가 순수할 때
인생의 신비를 풀 것이네
나는 확신하네
증오와 욕망, 다툼에서 자유로울 때
나는 진리 안에 있고 진리는 내 안에 거하리
안전하고 온전하며 완전히 자유로우리
내가 순수할 때

불멸

진리의 길을 찾는 자는 죽지 않으리라
깨끗한 발로 순결의 길을 걷는 자는
타락을 보지 못하리라
선의 문을 발견하고 그곳에 들어가는 자는
비애의 어두운 세계에서 방황하지 않으리라
주님의 식탁에서 잔치하는 동안
불멸을 맛볼 것이니
당신은 찾고 있는가?

사라지지 않는 행복을 찾고 있는가?
슬픈 날을 남기지 않는 살아 있는 기쁨을 원하는가?
사랑과 생명과 평화의 시냇물을 갈망하는가?
그렇다면 모든 어두운 욕망은 떠나보내고 이기적인 추구를 멈춰라

슬픔에 사로잡히고 아픔에 시달리며 고통의 길에서 서성대고 있는가?
지친 발을 더 상처 입히는 길에서 배회하고 있는가?
눈물과 슬픔이 멈추는 안식처를 동경하는가?
그렇다면 자아의 마음을 버리고 평화의 마음을 찾으라